El Libro Negro de los Secretos de Entrenamiento

Edición Mejorada

Por Christian Thibaudeau

Prólogo de Chris Shugart

Editor: Tony Schwartz

Fotos: Patrick Lemieux, Jean Boutet Jr.

Traducido por Juan Ignacio Arenillas

Editorial F.Lepine

ISBN 978-0-9783194-5-8

Publicado en 2007

Índice

CAPÍTULO 1: Introducción 5

CAPÍTULO 2: Claves para fuerza y tamaño 17

CAPÍTULO 3: Evaluación de las necesidades 27

CAPÍTULO 4: Métodos de entrenamiento 45

CAPÍTULO 5: Planificando el volumen 61

CAPÍTULO 6: Variables de entrenamiento críticas 65

CAPÍTULO 7: Bloques de entrenamiento 81

CAPÍTULO 8: Planificando la intensidad 89

CAPÍTULO 9: Frecuencia de entrenamiento 93

CAPÍTULO 10: Consejos de culturismo 113

CAPÍTULO 11: Ejemplos de programas de culturismo 119

CAPÍTULO 12: Ej. de un programa de 12-semanas de fútbol americano 139

CAPÍTULO 13: Aprendiendo los levantamientos Olímpicos 167

CAPÍTULO 14: Temáticas breves 237

CAPÍTULO 15: Más ejemplos de programas 251

CAPÍTULO 1
Introducción

En este capítulo ...

- Acerca de mí
- Lo que conseguirá de este libro
- Acerca del editor

Acerca del autor

Asesor de Potencia
Una entrevista con Christian Thibaudeau
por Chris Shugart
(Publicada originalmente en www.t-mag.com)

T-mag escucha a sus lectores. Cuando obtenemos mucha repercusión acerca de un artículo o un colaborador en particular, prestamos atención. Después de que Christian Thibaudeau publicara unos pocos artículos con nosotros, el mensaje que recibimos de los lectores fue muy claro: "¡Queremos oír más de este tipo!".

Thibaudeau (se pronuncia Ti-bou-du) es otro fenómeno franco canadiense en la comunidad de la fuerza y el acondicionamiento. Él ha entrenado exitosamente a una gran variedad de atletas, desde levantadores olímpicos y hombres fuertes hasta jugadores de hockey y patinadores artísticos. Él es además halterófilo competitivo, entrenador de fútbol americano y se encuentra finalizando sus estudios de grado de maestría en ciencias del ejercicio. Juzgando por sus artículos hasta ahora en T-mag, él además sabe muchísimo en lo que se refiere a ganar masa muscular.

Decidimos sentarnos con Thibaudeau y picotearle el cerebro acerca de una variedad de temas.

Testosterone: Comencemos con algo de su historia personal. ¿Cuáles son sus antecedentes atléticos y cómo eso lo lleva a convertirse a usted mismo en entrenador?

Christian Thibaudeau: Yo era la clase de niño que jamás nadie seleccionaba para el balón prisionero en la escuela primaria. Usted sabe, el tipo: flaco-con-grasa sin habilidad atlética, mucho menos capacidades físicas. Lo triste es que amaba los deportes. He mirado cada tipo de deporte que estaba en TV, día y noche. ¡Amaba tanto lo atlético pero era casi el peor atleta del mundo!

T: ¡Lo he visto levantando y obviamente mucho ha cambiado! ¿Qué sucedió?

CT: Cuando cumplí 11, decidí que ya era suficiente. Comencé a hacer lagartijas, abdominales y otros ejercicios de ese tipo todos los días. A pesar de que no me convirtieron en un futuro olímpico, mejoraron en algo mi autoestima. ¡A partir de ese momento fui atrapado por el entrenamiento!

En la secundaria pude entrar al equipo de fútbol americano como receptor. Ahí es cuando empecé a entrenar realmente duro. Tenía alrededor de 13 años de edad y entrenaba a la hora del almuerzo. Cuando miro hacia atrás, debo decir que comencé mi carrera de entrenamiento haciendo exactamente lo opuesto de lo que todos los demás hicieron. La mayoría de los jóvenes comienzan entrenando solo la parte superior del cuerpo, yo solo entrenaba mis piernas. Había razonado que siendo receptor únicamente necesitaba piernas fuertes.

¡Para cuando tuve 17 ya era un entrenalcohólico! Jugaba de liniero defensivo y entrenaba cada vez que podía. Por la mañana hacía curl de bíceps para verme bien en la escuela, (¡sí, he sido ese tipo!) a la hora de comer entrenaba las piernas y por la tarde trabajaba la parte superior de mi cuerpo. Lo triste de esto es que era adicto a entrenar, pero no sabía nada de nutrición. Como resultado solo gané un poco de masa muscular y terminé mi carrera de escuela secundaria con 1,78 metros y 79 kilos.

En el college comencé a entrenar realmente con inteligencia. Nuestro equipo tenía un muy buen entrenador de fuerza (con el que estoy trabajando ahora) y mi peso alcanzó los 102 kilogramos en dos años y tenía la fuerza para jugar, al menos para un chico de 19 años.

Básicamente nunca tuve talento para ningún deporte; eso es lo que motivó mi interés por el entrenamiento. Irónicamente, no había un día en el que no maldiciera mi falta de talento. Hoy en realidad pienso en ello como una bendición disfrazada. Me di cuenta que me gustaba más entrenar que jugar al fútbol. Por lo tanto, luego de que mi "carrera" finalizara, me volqué hacia el levantamiento Olímpico. También competí en torneos de "hombre fuerte". Lo hice bastante bien, pero con 1,78 metros es difícil ser competitivo.

T: ¿Qué hace usted ahora como entrenador? ¿Cómo es su semana?

CT: Mi horario varía durante el año. En el verano paso entre cinco y ocho horas diarias entrenando jugadores de hockey; ese es su período fuera de temporada. Durante la temporada la mayoría se va a sus respectivos equipos. Nos mantenemos en contacto, pero no los entreno personalmente. También entreno jugadores de fútbol americano en mi grupo. Algunos días tengo 15 a 20 atletas entrenando juntos. Eso genera una atmósfera muy positiva y motivadora. En invierno mi clientela está compuesta mayormente por jugadores de fútbol americano y patinadores artísticos.

Soy además entrenador de fútbol americano y eso consume mucho de mi tiempo, pero yo simplemente amo trabajar con atletas jóvenes. Como digo, siempre amé a los atletas y considero cualquier oportunidad de trabajar con ellos una bendición, sin importar su nivel.

T: ¡Juzgando por sus fotos de entrenamiento, adivino que usted es ahora un fuerte y potente HDP! ¿Cuáles son sus mejores levantamientos?

CT: Bueno, tengo lo que denominaría una buena fuerza en general; no soy extremadamente fuerte en unos pocos levantamientos. No puedo competir con levantadores de potencia de elite en lo que concierne al peso muerto, la sentadilla y el press de banca y comencé con el levantamiento olímpico demasiado tarde como para tener nivel internacional, pero no tengo debilidades.

Hice cargada desde bloques con 170kg (374lbs), cargada de potencia desde colgado con 145kg (319lbs) en cuatro reps, cargada y segundo tiempo con 162.5kg (357lbs), arranque con correas con 132.5kg (291lbs), arranque de potencia con 120kg (264lbs), sentadilla profunda con 255kg (561lbs) sin chaqueta o faja, sentadilla por delante con 200kg (440lbs). No entreno el press de banca por más de tres meses al año aproximadamente, pero levanté 180kg (395lbs). También hice fuerza con impulso con 150kg (330lbs).

Nada como para escribirle a la familia, pero muestra un cierto balance de fuerza. ¡Y siento que no está mal para la peor genética del planeta!

T: Bien, puede usted no tener una fuerza de "nivel internacional", ¡pero resultará bastante impresionante para la mayoría de la gente! Cambiando de tema, usted una vez escribió que el acondicionamiento aeróbico estaba sobrevalorado para boxeadores. ¿Qué hay de todos los demás?

CT: Está sobrevalorado para todos a excepción de los atletas de distancia. Mis atletas jamás hacen ningún trabajo aeróbico. Sin embargo, realizan muchos sprints de 50 a 60 segundos arrastrando un trineo, muchas corridas de 400m con breves intervalos de descanso y muchas corridas del tipo EIAI (Entrenamiento Intervalado de Alta Intensidad).

Pienso que estos métodos de entrenamiento son mucho más específicos deportivamente y más efectivos para quemar la grasa corporal. Debería ver el físico del jugador de hockey Alex Tremblay, el goleador del equipo de hockey de la Universidad de Canadá. ¡La mayoría de los competidores de culturismo natural se parecen a Alberto el Gordo al lado de él!

T: Usted también escribió acerca de algo llamado hipertrofia no-funcional. Cuéntenos acerca de eso.

CT: Yo no soy el primero en hablar de la hipertrofia no-funcional. El Dr. Mel C. Siff es probablemente uno de los primeros en haber explicado este concepto. Más recientemente Brian Haycock ha hecho también un repaso sobre el tema.

Básicamente, la hipertrofia no-funcional se refiere a ganancias en el tamaño del músculo que no se asocian con un aumento de la capacidad para producir fuerza. Esto puede deberse tanto a una hipertrofia de los elementos no contráctiles de la estructura del músculo (sarcoplasma, colágeno, etc.) o a un aumento en el tamaño de la fibra que resulta excesivo y lleva a una fricción interna que reduce el potencial de fuerza concéntrica.

T: Y en español esto significaría…

CT: La hipertrofia no-funcional es como agregar peso a su automóvil sin tocar el motor. Su coche es más pesado pero usted no tiene más potencia para equilibrar ese aumento en el peso. Puede que le haga verse bien, ¡pero ciertamente no lo hará más eficiente! Es el caso clásico de parecerse a Tarzán pero rendir como Jane.

Los atletas deben enfocarse en la hipertrofia funcional. Para promoverla usted debe utilizar métodos que conduzcan a un alto nivel de tensión muscular. Estamos hablando de entrenamiento con cargas pesadas y entrenamiento explosivo. Los dos mejores ejemplos de hipertrofia funcional son los levantadores del Westside Barbell Club y los levantadores olímpicos de elite.

T: Genial. Vemos mucho material actualmente que anima a los culturistas a incorporar los levantamientos olímpicos a su entrenamiento. ¿Por qué debería un culturista — o simplemente una persona deseando verse grande y potente — utilizar los levantamientos olímpicos?

CT: ¡Porque yo lo digo! Nah, seriamente yo pienso que todo proviene de una variedad de estímulos. Los culturistas tienen cubierto bastante bien los ejercicios lentos, controlados. Ellos usan mayormente métodos de tensión moderada / largo TBT los cuales son buenos hasta cierto punto, pero yo siempre he creído que si usted ataca al enemigo desde varios frentes usted posee mayor chance de ganar. ¡Lo mismo ocurre con el entrenamiento!

El entrenamiento explosivo, no solo los levantamientos olímpicos, crean una muy breve pero extremadamente alta tensión intramuscular. Este es un poderoso estímulo que no debe ser olvidado. $F = m*a$ [Fuerza es igual a masa por aceleración]. Utilizando ejercicios de alta aceleración usted aumenta su producción de fuerza, lo que incrementa la tensión intramuscular, lo que a su vez aumenta el estímulo de crecimiento.

Pero con total imparcialidad, los culturistas no tienen que usar los levantamientos olímpicos. Incluir levantamientos regulares realizados explosivamente es un buen comienzo.

T: ¿Puede darnos un ejemplo?

CT: La gente del Westside usa el press de banca y la sentadilla por ser sus levantamientos competitivos principales, pero un atleta o un culturista podría usar el mismo método con otros ejercicios. Aunque yo recomendaría utilizar solamente ejercicios multiarticulares para ese propósito.

Diría que los levantamientos olímpicos son superiores para desarrollar la potencia de todo el cuerpo, pero para aquellos quienes no tienen acceso a un entrenador de halterofilia, esta última opción puede ser una opción viable.

T: De acuerdo, esto puede sonar loco, pero hablando de levantar explosivamente, he leído algo una vez acerca de lanzar de verdad la barra hacia arriba al hacer press de banca y luego agarrarla. ¿Es esto una técnica real de entrenamiento o apenas una manera rimbombante de cometer suicidio?

CT: ¡Es gracioso que usted mencione eso! He visto una forma de ejercitación lanzando la barra realizada por varios atletas. De hecho, Alexeyev mismo usaba lo que llamaba "lanzamientos de arranque" en los que arrojaba la barra en altura, algo parecido a los hombres fuertes y atletas de los highland games quienes lanzan objetos lo más alto posible.

He visto también a Adam Archuletta realizar lanzamientos en press de banca, pero él utilizaba un aparato semejante a una máquina Smith. Odio la máquina Smith, pero creo que este es un caso en el que quizás pueda resultar útil. Yo mismo he utilizado esta ejercitación. Lo comparo con una sentadilla con salto para el tren superior y por tanto recomiendo usar un 20 o 30% de su máx. en press de banca.

T: ¡Muy interesante! De hecho, creo que TC escribió acerca de usar la máquina Smith de esta forma allá en los primeros tiempos de T-mag. Creo que los llamó "Katzenjammers". De todos modos, vamos a cambiar de tema. ¿Cuál es su opinión general acerca de los esteroides?

CT: Eso es difícil de contestar en mi posición, dado que todavía compito en un deporte con controles y que trabajo con un montón de atletas jóvenes, pero pienso que no son tan malos como la mayoría de la gente cree. Ciertamente no se los daría a mis atletas, pero sé que para el 90% de los atletas allá afuera, los esteroides son necesarios para alcanzar la cima. En algunos deportes, usted simplemente no puede ganar sin ellos. Triste pero real.

Pienso que con una apropiada alimentación y suplementación usted puede acercarse a los efectos de los esteroides, al menos en lo que a fuerza y potencia se refiere. Odio hacer generalizaciones, pero un óptimo acopio de suplementación podría brindarle a la mayoría de la gente el 50% de los resultados de un ciclo con esteroides. ¡Sé que suena trillado, pero lo he visto funcionar! He tenido numerosos atletas que aumentaron 9 kilos de músculo y de un 10 a un 15% en todos los levantamientos principales en tres meses de entrenamiento duro y un óptimo régimen de suplementación.

Sin embargo, para atletas que deciden usar esteroides, pienso que una táctica de ciclo corto es óptima. Obviamente para culturistas es otra historia.

T: ¿Algunos suplementos que usted considere esenciales?

CT: Bueno, depende de las necesidades (y del presupuesto) del atleta. Pero para darle una idea, mi propio gabinete de suplementos contiene aceite de semilla de lino en cantidades industriales, Tribex-500, M, enzimas digestivas de proteína, Grow!, multivitaminas, ZMA, y Power Drive. También estoy evaluando Myostat y uso creatina, pero solo intermitentemente. Creo que esta es una gran lista para cualquier atleta. Dependiendo de los objetivos podría agregar algunas cosas.

T: Cuando se trata de atletas profesionales, a veces me asombro acerca de lo poco que saben sobre dieta y entrenamiento. Parecen ser buenos a pesar de su nivel de conocimiento. ¿Es esto una evidencia de genes superiores, grandes entrenadores o qué?

CT: Hace un año hubiese dicho genes superiores, pero hoy pienso que un control motor superior es la razón. Los mejores atletas son genios motores. El control motor está de algún modo predeterminado, pero el potencial motor se puede mejorar enormemente durante la niñez. En mi opinión, ese es el período durante el cual se hacen los atletas de elite.

Una de las equivocaciones más grandes en la que incurren los padres es la especialización temprana. ¡Aquí en Canadá los padres deciden convertir a su hijo en el próximo Mario Lemieux cuando tiene cinco años de edad! Desde entonces él únicamente practicará hockey. ¡Gran error! Creo que durante la niñez es importante desarrollar todas las habilidades motoras y esto requiere una amplia gama de estímulos. El niño debe participar en muchas actividades diferentes. Por ejemplo, creo que la gimnasia es un gran deporte de iniciación para la mayoría de los niños.

T: Vayamos a los temas feos. ¿Qué cosas o gente en su área lo ponen loco y realmente lo sacan de sus casillas?

CT: Hay dos cosas que me ponen loco. Primero, los entrenadores deportivos. En la mayoría de los deportes existe una cierta "tradición de entrenamiento", por ej. los jugadores de hockey deben realizar gran cantidad de trabajo aeróbico, los patinadores artísticos no pueden hacer entrenamiento de fuerza porque se volverán demasiado grandes, etc. Cuando uno se acerca con una propuesta de entrenamiento novedosa son a menudo escépticos y algunos son hasta totalmente contrarios a lo que usted está haciendo. Eso al final complica su trabajo, ellos tienen la sartén por el mango.

La otra cosa que me pone loco es la necesidad constante de "vender". Usted tiene que ser más innovador que los demás, sonar mejor, ser lo máximo. El tema es, ¡ya casi todo ha sido hecho! Al menos todo lo que es realmente efectivo. Pero muchos entrenadores — que tratan de verse mejor de lo que son — siempre aparecen con alguna cosa nueva solo con motivo de la novedad. La innovación es buena, pero no a expensas de la eficacia.

T: Usted una vez escribió, "La complejidad es el lenguaje de las mentes simples. Siempre tenga cuidado con el tipo que suena impresionante". ¿Fue eso un golpe a algunas personas en el campo del entrenamiento?

CT: ¡Será mejor que lo crea! Siento que hay muchos entrenadores ahí fuera tratando de dejar su marca sonando inteligente y soltando palabras y conceptos complejos. Yo no voy a señalarlos, pero son gente que generalmente, muy en el fondo, carecen de confianza. Esta gente es también conocida por aferrarse a otros entrenadores más reconocidos para favorecer su propio progreso y multiplicar sus ataques personales contra otros entrenadores.

T: ¡No sorprende en esta loca industria! Ahora, me gusta mucho emplear el término "ingrediente perdido". ¿Qué ingredientes perdidos ve usted en atletas y culturistas? En otras palabras, ¿qué es lo que están pasando por alto y que realmente los podría ayudar?

CT: Si usted lee mi artículo sobre los isquiotibiales en T-mag tendrá la respuesta: ¡necesitan mejores isquiotibiales! La mayoría de los atletas se beneficiarán inmediatamente con un trabajo adicional de isquiotibiales.

Creo también que la mayoría de los atletas no utilizan la suplementación sabiamente. Solo he visto dos enfoques que los atletas toman respecto a la suplementación: ¡o bien la ignoran o bien la toman toda! Aquellos que usan suplementos no saben lo que están tomando la mitad de las veces. Es más, muchos de ellos "sobreconsumen" suplementos. El equilibrio y la sincronización son más importantes que la cantidad total.

T: Concuerdo. Solo por diversión, déme un ejercicio que usted piense que todos los atletas de sobrecarga deberían realizar, más la mayoría no lo hace.

CT: Para atletas diría que el arranque de potencia desde bloques. Para individuos y culturistas regulares, iría con el peso muerto con toma de arranque y el press con impulso.

T: ¿Cuál es el peor, el más inútil ejercicio que existe y que la gente pone en sus programas?

CT: No hay realmente ningún ejercicio "malo". Cualquier ejercicio es mejor que no hacer nada. ¡Pero hay algunos que no son mucho mejores que no hacer nada! Personalmente no pienso demasiado bien de cualquier oración que termine "en la máquina Smith".

T: Como halterófilo, ¿qué piensa usted de la sentadilla?

CT: Obviamente, creo que la sentadilla es el mejor ejercicio para desarrollar la fuerza del tren inferior. Nada lo vence. Sin embargo, pienso que descuidar los isquiotibiales mientras se desarrolla una gran sentadilla es una manera segura de lesionarse. Todos los ejercicios son buenos, pero existe algo tal como demasiado de una cosa buena.

La única cosa que me pone enfermo de la sentadilla es que se ha convertido en un levantamiento de macho. ¡El tipo cargará los platos, gruñirá, gritará y hará un octavo de una repetición! Pienso que cuando se trata de la sentadilla, la cosa más importante es utilizar una técnica apropiada y un rango completo de movimiento; ¡solo agregue peso si usted puede manejar una repetición completa!

T: ¿Qué hay del press de piernas? Oímos muchas opiniones encontradas sobre ellos de varios entrenadores.

CT: Raramente uso el press de piernas en el entrenamiento de mis atletas. ¡El único caso en el que lo he usado fue un atleta que tenía un problema en el hombro y ni siquiera podía ponerse la barra sobre los hombros (el estiramiento era demasiado)! Mientras trabajé en rehabilitar sus hombros lo hice entrenar en la prensa de piernas y la sentadilla hack.

También creo que el press de piernas puede ser un viable tercer ejercicio de piernas, detrás de la sentadilla y las estocadas en un programa. Yo no veo al press de piernas como un ejercicio principal. Cuando se lo realiza bien, no es más peligroso que ningún otro ejercicio, pero simplemente no es tan efectivo.

T: Usted entrena a atletas de combate, levantadores y hombres fuertes pero también entrena a patinadoras artísticas. Eso es un poco raro. ¿Qué es lo que usted hace con ellas exactamente?

CT: [riéndose] Bueno, ¡yo no voy a contarle lo que querría hacer con algunas de ellas seguramente!

T: Mmm, Michelle Kwan vistiendo nada más que crema batida... Oh perdón, continúe.

CT: Hace tres años un amigo mío llamado Martin Gervais vino a mí por ayuda. Él era lo suficientemente inteligente para reconocer el valor de los levantamientos olímpicos para los patinadores. Al principio fui llevado para enseñarles los levantamientos olímpicos y finalmente comencé a entrenarlas tiempo completo. Pronto ya habíamos agregado otros dos clubes de patinaje de elite a nuestra lista.

T: ¿Qué tal lo hicieron?

CT: Le diría que ¡no subestime a estas niñas! Puede que se vean como pequeñas princesitas de hielo pero en el gimnasio significan negocio. Incluso tuve una patinadora compitiendo en levantamiento olímpico donde ganó tres medallas de bronce en los Juegos de Quebec (equivalente a un campeonato tri-estatal). Con 14 años de edad y un peso corporal de 58kg, hizo envión de potencia con 60kg (135lbs) y arranque de potencia con 50kg (110lbs). ¡En entrenamiento incluso realizó una serie de cinco reps con 45kg (100lbs) en el arranque de potencia luego de menos de tres meses de entrenamiento!

Es muy divertido trabajar con las patinadoras. Una vez que usted supera esos adorables pequeños vestiditos, son como cualquier otro atleta.

T: Parece que cada tipo de atleta entrena con pesas en estos días. Digo, en los viejos tiempos, los golfistas no levantaban pesas, solo jugaban golf. Hoy los mejores de ellos entrenan con sobrecarga. También leí acerca de los conductores de NASCAR martillando las pesas. ¿Su pensamiento?

CT: Pienso que cada actividad que requiera cierta forma de capacidad física puede ser mejorada con el entrenamiento de fuerza. Es solo cuestión de encontrar los ejercicios apropiados.

Es gracioso que mencione a los conductores de NASCAR. Yo trabajé con un piloto de la serie Panoz durante todo el verano. El entrenamiento incluyó un montón de ejercicios "raros" pero también algunas cosas básicas como cargadas de potencia y otros movimientos de ese tipo. También realizamos mucho trabajo abdominal y de cuello.

T: ¿Qué hay acerca del aspecto mental o psicológico del entrenamiento? ¿Tiene algunos trucos interesantes o consejos que podamos aplicar a nuestros entrenamientos?

CT: Debo confesar que mis padres, ambos eran psicólogos. De hecho, mi padre alguna vez trabajó como psicólogo deportivo. Pero con total honestidad no pienso que técnicas psicológicas especiales necesiten ser utilizadas. La cosa más importante es que el atleta tenga un nivel óptimo de excitación.

Muy poca excitación y se resignará la intensidad; demasiada excitación y usted quizás se "prenda fuego" por haberse sobre-mentalizado. He visto levantadores golpeándose la cabeza y gritando antes de un levantamiento difícil. ¡Eso no es bueno! Quizás ayude a corto plazo, pero a la larga puede que sea realmente prejudicial. Yo prefiero más un acercamiento enfocado y con confianza.

Por eso no soy un gran admirador de la suplementación con efedrina y cafeína porque creo que puede causar sobre-excitación. De todos modos, pienso que el Power Drive puede ayudarlo a ingresar a esa zona de focalización.

T: Al discutir acerca del sobreentrenamiento con los mejores entrenadores del mundo, he advertido que algunos de ellos lo toman muy seriamente. Es su prioridad número uno el prevenirlo. Más otros piensan que el sobreentrenamiento está sobredimensionado y que la gente le presta demasiada atención. ¿Usted qué piensa?

CT: Yo me tomo seriamente el sobreentrenamiento. De hecho, he mandado a algunos de mis atletas a casa después de un solo ejercicio porque sentí que estaban sin energía. Por bueno que sea su plan de entrenamiento, siempre debe monitorear cómo se está sintiendo su atleta. Usted nunca sabe lo que podría conducir al sobreentrenamiento: un trabajo estresante, una relación complicada, o lo que usted nombre.

Encuentro que tomar la frecuencia cardiaca por la mañana es un buen indicador del estado físico del atleta. Si la frecuencia cardiaca es 3-5 PLS/MIN (pulsaciones por minuto) más alta que lo normal, usted quizás debiera reducir levemente el volumen. Si es 5-10 PLS/MIN más alta que lo normal, tanto la intensidad como el volumen deben ser disminuidos.

T: ¡Buen consejo! Piensa usted que alguna vez va a haber "algo grande próximamente" en lo que refiere a entrenamiento con pesas, ¿o acaso ya lo hemos visto todo? ¿Existe algún sistema de entrenamiento hoy allí afuera que usted llamaría "la próxima cosa importante", o es solo más material de novedad diseñado para "vender"?

CT: En su mayor parte es diseñado para vender. ¡Y lo triste es que los novedosos métodos de hoy son en realidad bastante viejos! Solo han sido olvidados y redescubiertos.

Hay algunas cosas que prometen, como el entrenamiento de vibración por ejemplo, pero yo no llamaría a eso "la próxima cosa importante". En mi opinión, los próximos adelantos más grandes provendrán de una refinación de los actuales métodos de entrenamiento. Tenemos todas las herramientas, pero creo que todavía no sabemos exactamente cómo usarlas. Creo también que veremos algunos métodos novedosos, pero estos serán en su mayoría derivaciones de lo que tenemos en este momento.

El problema es que puede muy bien que nosotros tengamos una "próxima cosa importante" y jamás nos demos cuenta. Vea, hay tanta basura allá afuera, tantos caprichos, que es probable que esa "próxima cosa importante" sea presentada como esos caprichos y puede que perdamos el bote. ¡Pero voy a mantener mis ojos abiertos y lo tendré informado!

T: Vayamos hacia atrás por un segundo. ¿Qué es el entrenamiento de vibración?

CT: El entrenamiento de vibración ha sido desarrollado por Carmelo Bosco, un científico del deporte italiano conocido por su trabajo sobre la producción de potencia y el testeo del salto vertical. Este relativamente nuevo método consiste en pararse sobre una plataforma especial que puede vibrar a diferentes ritmos y amplitudes. Esta intensa vibración ha demostrado mejorar la producción de potencia, el salto vertical y la fuerza.

Además, uno podría realizar ejercicios de estiramiento estando sobre la plataforma para aumentar más el efecto del estiramiento. El entrenamiento de vibración parece tener un efecto general sobre todo el cuerpo. También influye sobre la liberación de la hormona del crecimiento y conduce a una muy intensa activación del SNC. El estímulo de entrenamiento con el entrenamiento de vibración es muy intenso debido a que este cambia tan velozmente. Esto crea una gran necesidad de activación muscular. Para aquellos que quieran aprender más, visiten Power-Plate.com.

T: Gracias por la charla, Christian. Esperamos ver más artículos suyos en el futuro en T-Nation.

CT: Ha sido un placer, Chris.

Ahora con respecto al libro. Creo que este libro logra algo especial en tanto concilia el entrenamiento para un atleta con el entrenamiento para un buen cuerpo. Cada tipo de atleta encontrará algo útil en el libro y puede aprender mucho de él. Los atletas disfrutarán particularmente de los capítulos 2, 3, 4, 5, 6, 7, 8, 11 y 12 mientras los culturistas tomarán mucho de los capítulos 2, 3, 5, 6, 7, 8, 9 y 10. Esto no es para decir que usted no deba leer el libro entero, nunca se sabe dónde su mente encontrará ese pequeño truco que llevará sus ganancias hacia el engranaje alto.

Acerca del Editor

Tony Schwartz es un entrenador de fuerza y potencia radicado en la región centro-oeste de los Estados Unidos. Tony se especializa en el diseño de programas para atletas de fuerza y potencia. Sus métodos y modalidades para aumentar la fuerza y la potencia han sido descriptos como poco ortodoxos e inusitadamente eficaces. Actualmente se encuentra trabajando en el perfeccionamiento del entrenamiento sinergista, nutrición y sistemas de suplementación que puedan ser utilizados de igual modo, tanto por atletas de elite como por amateurs.

Además de su trabajo en el campo de la fuerza y el acondicionamiento físico, Tony es también asistente de investigación en el campo de la biomecánica en donde su interés principal es el análisis de la marcha.

Tony está disponible para entrenamientos personales en el área de Chicago, IL, así como en el área de Bloomington, IN. Sumado a eso, Tony también diseña entrenamientos personalizados, programas de nutrición y suplementación online. Si usted desea más información acerca de las metodologías y programas de Tony por favor contáctelo a tony@hardcorepersonaltraining.com

CAPÍTULO 2
Claves para fuerza y tamaño

En este capítulo ...

- Las dos variables clave para aumentar la fuerza y el tamaño
- La importancia de la tensión máxima
- Tiempo Total Bajo Tensión
- El rol del sistema nervioso en el desarrollo de la fuerza y la potencia

"¿Qué hace efectivo a un programa de entrenamiento?"

Las dos claves para hipertrofia y ganancias de fuerza

Durante los últimos años, entusiastas del entrenamiento de fuerza y adeptos del "cuerpo bonito" han sido consentidos. Hoy, más que nunca, existe un gran número de programas de entrenamiento efectivos disponibles para todos aquellos deseando mejorar su cuerpo o sus capacidades. Yo soy probablemente tan culpable como cualquier otro entrenador de fuerza, habiendo inundado la comunidad del entrenamiento con algunos programas de entrenamiento más.

Mientras que tener una habitación repleta de los últimos y mejores programas de entrenamiento es algo bueno, ya que le brinda a usted un manojo entero de opciones, siempre he pensado que es mejor entender el "porqué" antes que simplemente conocer el "cómo". ¡Si usted sabe porqué un cierto enfoque de entrenamiento funciona bien, le permitirá diseñar programas de entrenamiento que serán tan efectivos como cualquier otro! ¡Por supuesto, la mayoría de las autoridades sobre entrenamiento no le dejarán entrar en el secreto "porqué" debido a que desean permanecer imprescindibles! Pero como usted probablemente ya sepa, yo no soy su autoridad de entrenamiento promedio. Para comenzar no tengo un ego inflado y pienso que educar es mejor que dictar. Así que es como profesor como hablaré con usted hoy, mientras revelo los dos secretos para hipertrofia y ganancias de fuerza.

Clave n.º 1: Tensión intramuscular

La tensión intramuscular se refiere al esfuerzo necesario del músculo para generar una cierta producción de fuerza. Nosotros ya sabemos que esa fuerza es igual a masa por aceleración, así que debe resultar también evidente que la tensión intramuscular se verá influida por la magnitud de la carga y la aceleración que uno tiene que transmitir a la resistencia. En palabras más simples, usted puede aumentar la tensión intramuscular aumentando el peso o la aceleración (o ambos).

Este primer factor (la importancia de la tensión presente en el músculo) es el principal factor responsable de la calidad de las ganancias estimuladas, cuanto más alta la tensión intramuscular, mayor estimulación de hipertrofia funcional habrá. Además, una alta tensión intramuscular aumenta la tasa de degradación proteica y la subsiguiente recepción de aminoácidos por parte de los músculos.

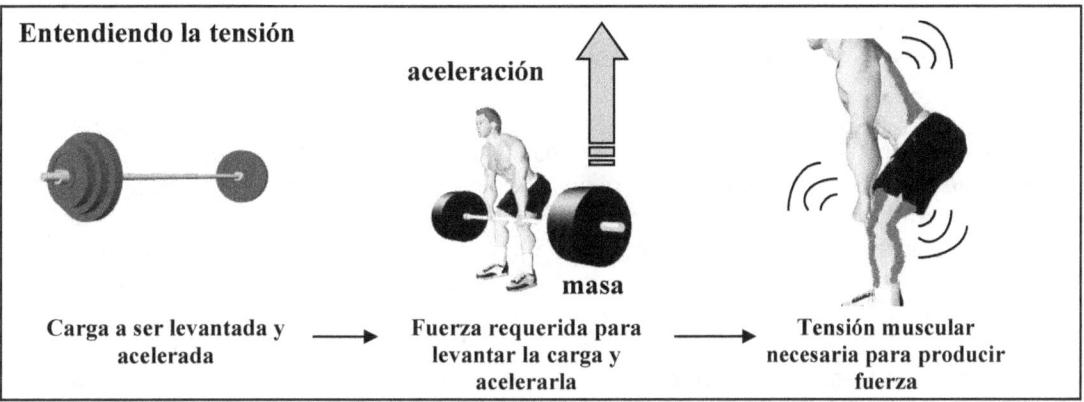

Es importante comprender que la tensión muscular no es la misma cosa que "la quemazón" o la sensación de fatiga de los músculos. Mucha gente cree que una contracción lenta coloca una mayor cantidad de tensión en los músculos simplemente porque ellos "sienten" una sensación de tensión o quemazón, ¡este no es el caso!

En cada contracción concéntrica (superar o levantar una carga), el levantamiento de cierto peso con más aceleración siempre producirá un grado mayor de tensión intramuscular.

En una contracción excéntrica (descendiendo o siendo vencido por una carga) ocurre lo opuesto; cuanto menos aceleración usted permita, más tensión intramuscular habrá.

¿Por qué la diferencia? Bueno, para levantar una carga más rápido usted produce más fuerza. Pero bajarla más rápidamente requiere que usted no ejerza más fuerza, sino menos (dejar que la barra vaya hacia abajo no requiere ninguna fuerza). Durante una contracción excéntrica usted necesita una mayor producción de fuerza para bajar la barra lentamente, de ahí el aumento de tensión.

¿Entonces qué nos brinda esto *concretamente*?

Para la porción concéntrica

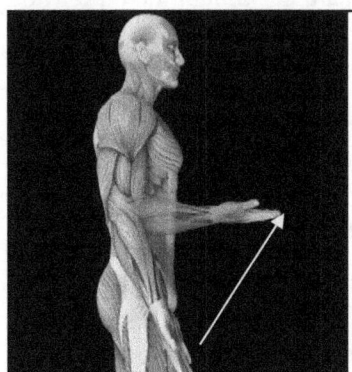

Se aumenta la tensión intramuscular si la *resistencia es mayor* y la *aceleración es preservada*

Se aumenta la tensión intramuscular si la *aceleración es mayor* y la *resistencia preservada*

Se aumenta la tensión intramuscular si tanto la *aceleración como la carga son aumentadas*

La clave a recordar es que sin importar la carga utilizada, usted debe intentar levantar la barra con tanta velocidad como sea posible durante la porción concéntrica de un ejercicio.

Para la porción excéntrica

La tensión intramuscular es incrementada cuando usted baja el peso a menor velocidad. De hecho, ha sido demostrado que los mejores levantadores de press de banca del mundo bajan la barra al pecho a un ritmo más lento que peores levantadores de press de banca. Esto obviamente significa que asegurando una tensión apropiada durante la porción excéntrica de un levantamiento (bajar lento) y levantar tan rápido como sea posible (rápido hacia arriba) llevará a mejores ganancias. Obviamente existe un límite para esto, si usted baja la barra demasiado lento sus músculos se cansarán más rápido y usted perderá un cierto potencial de fuerza en la porción concéntrica subsiguiente. Como regla general, bajar la carga en 3-5 segundos es mejor en la mayoría de los casos. Incluso hasta en los levantamientos Olímpicos esto es efectivo. Los levantadores de antes, quienes no tenían discos de goma, tenían físicos mucho mejores que los levantadores de hoy día, mayormente debido a que tenían que bajar la barra bajo control. Alexeyev mismo era conocido por controlar siempre la carga en su camino hacia abajo, incluso una vez que los discos de goma llegaron a estar disponibles.

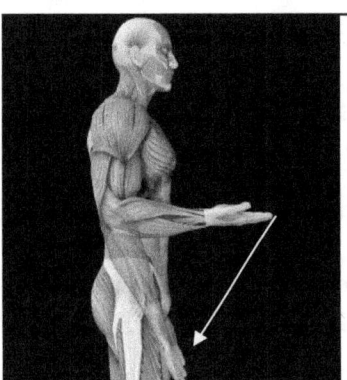

Se aumenta la tensión intramuscular si la *resistencia es mayor* y la *aceleración es preservada*.

Se aumenta la tensión intramuscular si la *aceleración es menor* y la *resistencia preservada*.

Se aumenta la tensión intramuscular si la *aceleración es disminuida y la carga es aumentada*

Clave n.º 2: Tiempo total bajo tensión

El segundo factor (TBT) es el factor responsable principal para la *cantidad* de hipertrofia estimulada. Un mayor volumen de trabajo estimulará más hipertrofia (mientras el estímulo no exceda la capacidad de recuperarse). Más trabajo físico conduce a una mayor degradación total de proteína (mientras que la tensión influencia solo la tasa de esa degradación) y conducirá a una mayor adaptación estructural a condición de que el atleta tenga suficiente tiempo y nutrientes para recuperarse.

Debe usted notar que yo hablé de TBT "Total". Lo que signifíco es que el TBT *cumulativo* para todas las series de un ejercicio será mucha más influyente que el TBT *por serie*. Esto explica porqué usted debe realizar más series al entrenar con cargas más pesadas y menos reps; el TBT para cada serie es bajo, entonces para maximizar la ganancia usted debe incrementar el Tiempo Total Bajo Tensión agregando más series.

¿Entonces qué nos dice esto?

1. Si la tensión es muy baja durante un ejercicio, aún cuando se lo realiza en un volumen alto, no conducirá a mucho en dirección al tamaño o la ganancia de fuerza.

2. Si el volumen es muy bajo, incluso siendo la tensión muy alta, no le brindará muchas ganancias de tamaño o de fuerza.

3. Idealmente usted debe maximizar la tensión utilizando o bien una carga pesada, o bien levantando la carga tan rápido como sea posible al tiempo que la baja lentamente.

4. Si usted escoge una carga con la que puede realizar 1-5 reps, usted debe hacer más series para conseguir un fuerte estímulo de crecimiento.

"Para ganancias de rendimiento, el sistema nervioso es la clave"

A menudo el sistema nervioso, no el aparato muscular, es el factor limitante en la producción de fuerza. Tsatsouline postuló: *"Sus músculos tienen ya la fuerza para levantar un automóvil, aunque todavía no lo saben"* (Tsatsouline, 2000). Concuerdo con esta declaración y pienso que es una buena imagen para ayudar a entender el potencial de mejora de producción de fuerza al desarrollar el sistema nervioso.

Utilicemos el ejemplo de Tsatsouline. Proezas de fuerza por gente aparentemente débil son comunes. Piense simplemente en mujeres de mediana edad que súbitamente poseen fuerza sobrehumana cuando su niño queda atrapado bajo un automóvil u otro aparato pesado. Existen muchos casos documentados en los que una mujer fue realmente capaz de levantar un automóvil del suelo para liberar a su niño. Una hazaña que ella no podría repetir ni en un millón de años bajo circunstancias normales. Sin duda su fuerza fue potenciada por la adrenalina y otras hormonas, pero los músculos que levantaron el carro fueron los mismos que ella ya tenía, ¡no florecieron músculos nuevos para ayudarla a levantar el automóvil! ¡El estrés y la estimulación extrema debido a la situación, simplemente mejoraron su capacidad de producir fuerza con los músculos que ella ya tenía! La neurotransmisión fue mejorada, los mecanismos protectores fueron bloqueados, el feedback sensorial ignorado… Todo esto hizo que ella fuese capaz de trabajar a su potencial máximo, algo a lo que no nos acercamos siquiera remotamente a realizar bajo circunstancias normales.

Ahora debe estar claro para usted que el límite en la producción de fuerza reside en el sistema nervioso. Cuanto mayor sea la *proporción* del potencial de su fuerza que un atleta pueda usar, mejor él será. La diferencia entre *fuerza absoluta* (la máxima capacidad de producción de fuerza) y *fuerza límite* (la fuerza máxima real que un individuo puede producir voluntariamente) es denominada *déficit de fuerza*.

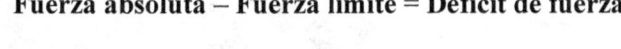

Fuerza absoluta – Fuerza límite = Déficit de fuerza

En el capítulo 3 le presentaré una forma de estimación del déficit de fuerza de un atleta utilizando la sentadilla y el press de banca.

"¿Qué me hace fuerte?"

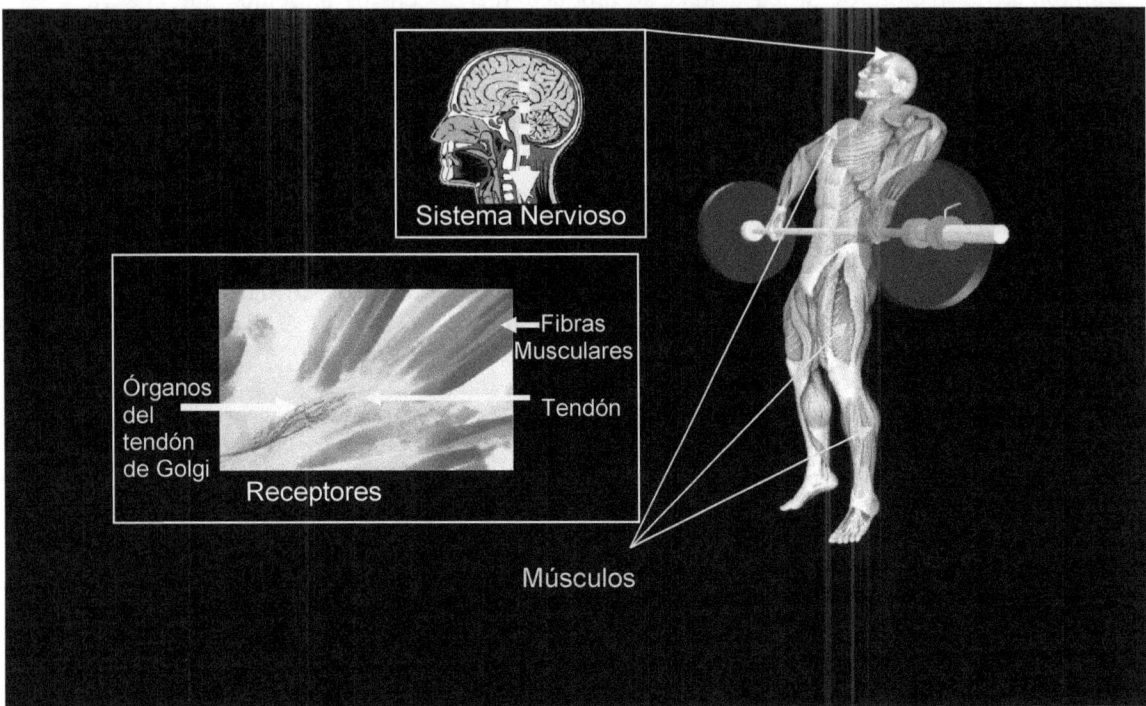

Estas estructuras poseen la mayor influencia en la producción de fuerza:

a) **Músculos:** Un músculo más grande es un músculo potencialmente más fuerte. Las capacidades contráctiles de la fibra muscular y la proporción entre fibras de contracción rápida / glicolíticas y fibras de contracción lenta / oxidativas presentan también una influencia.

b) **Receptores musculares:** Algunos receptores actuarán como factor de inhibición de la producción de fuerza. Los más notables, los Órganos del Tendón de Golgi, que actúan como un mecanismo protector y conducen a una detención parcial de los músculos si la tensión presente es demasiado alta. Otros receptores, tales como los husos musculares, aumentarán su producción de fuerza provocando un efecto elástico (reflejo miotático) cuando el músculo es estirado.

c) **Sistema nervioso:** La eficacia del sistema nervioso influencia la producción de fuerza modulando la activación de la unidad motora (fibra muscular), su sincronización y la tasa de contracción de las unidades motoras. En términos más sencillos, cuanto más eficaz es su SNC, ¡más puede usted sacar de los músculos que ya tiene!

d) **Otros factores**: Motivación, ambiente, nivel de estrés, fatiga, lesiones incómodas, etc.

Este gráfico nos muestra que si usted es atleta, entrena a un atleta, o está interesado en un desarrollo de fuerza máxima, debe enfocar sus esfuerzos en varios factores, no solo en los músculos en concreto. Usted necesitará desarrollar sus músculos, la eficacia de su sistema nervioso, la capacidad de utilizar los reflejos positivos (reflejo de estiramiento) y la habilidad de inhibir a los negativos.

Si todo en lo que usted está interesado es el tamaño muscular, usted aún puede beneficiarse con un enfoque en todos esos cuatro factores, porque volverse fuerte le permitirá colocar un estímulo mayor en sus músculos y usted ganará tamaño a una tasa mucho más rápida.

Además, hay algo que advertí desde mi experiencia, lo llamo ahora **"Preparación para la Facilitación de Hipertrofia"**. Esto significa que después de un turno de entrenamiento enfocándose en la fuerza y potencia, su cuerpo responde mucho más rápido a cualquier entrenamiento de hipertrofia subsiguiente.

Me utilizaré como ejemplo. Durante los últimos 4 años yo me concentré mayormente en los levantamientos olímpicos, e incluso antes de eso yo entrenaba para fuerza, no tamaño. Pero durante mis dos últimos años en levantamiento olímpico yo incluía 4-6 semanas de entrenamiento de tipo culturista una o dos veces al año. Bastante extrañamente, encontré que durante esas 4-6 semanas yo podía ganar más tamaño muscular que lo que la mayoría de los que hacían un entrenamiento de culturismo todo el año ¡podían ganar en 4-6 meses!

Recientemente, cambié mi entrenamiento a un enfoque más del tipo culturista y gané una gran cantidad de músculo de calidad en forma natural. Gané mucho tamaño <u>mientras hacía dieta</u>, lo que es algo en sí mismo. Verdaderamente creo que sin mi base de levantamiento olímpico / entrenamiento de fuerza mis ganancias hubieran sido mucho más lentas.

Si bien no han habido estudios sobre el tema, yo especulo que la demanda más alta del entrenamiento de fuerza y de potencia convierte al organismo en una máquina más adaptativa, brindándole a su cuerpo la capacidad de adaptarse al estrés del entrenamiento. De modo que cuando usted cambia hacia un trabajo culturista, el cual no requiere una adaptación tan compleja, el cuerpo es capaz de mejorar a una tasa mucho más veloz.

Esto no significa que uno deba dejar de realizar entrenamiento culturista, sino que cualquiera que desee más tamaño debería incluir fases de entrenamiento de fuerza y potencia.

CAPÍTULO 3
Evaluación de las necesidades

En este capítulo ...

- Modos simples de determinación del tipo de fibra muscular de un atleta
- Evaluando la eficacia del sistema nervioso
- Hallando problemas de flexibilidad a través de testeos musculares
- Análisis postural

"Conoce a tus atletas"

Si usted desea diseñar un programa que le brinde los mejores resultados posibles, debe conocer las necesidades y capacidades de su cliente (o las suyas). Programas de entrenamiento listos-para-usar pueden resultar un gran problema para algunos individuos. Si bien pueden ser buenos, (¡hey!, ¡incluso yo le daré algunos ejemplos de programas en este libro!) cuando se refiere a alcanzar el máximo rendimiento usted debe hacer un programa perfectamente a medida para el cliente (o para usted).

Para lograr esto usted debe conocer sus debilidades, fortalezas, objetivos y constitución fisiológica.

Fortalezas y debilidades

Conocer las fortalezas y debilidades relativas del atleta le permitirá a usted escoger los métodos de entrenamiento que mejor se ajusten a sus necesidades. Por ejemplo, un individuo con un sistema nervioso poco eficiente se beneficiará de medios de entrenamiento que aumenten su conducción nerviosa. Otro atleta puede tener un sistema nervioso muy eficiente, pero una baja cantidad de masa muscular. Este atleta se beneficiará con un aumento en el "tamaño de su motor".

Además, algunos individuos poseen lo que se denominan "desequilibrios musculares". Si los músculos agonistas y antagonistas de la misma articulación se encuentran desequilibrados puede aumentar el riesgo de lesión. Conocer qué músculos son demasiado débiles comparados con su antagonista le permitirá a usted escoger los ejercicios que no solo mejoren el rendimiento, sino que además reduzcan la posibilidad de lesión.

Objetivos

¡Un individuo que quiera ganar mucho músculo no entrenará del mismo modo que un velocista! Es importante conocer el o los objetivos finales de su atleta y planificar el programa de entrenamiento en consecuencia. Muchas personas son seducidas por la última "manía" de entrenamiento y saltan de una manía a otra, jamás preguntándose si eso es realmente adecuado para sus objetivos o no.

Usted mejora en lo que entrena. Por tanto elija los métodos de entrenamiento que le brinden los mejores resultados en su área de especialización.

Constitución fisiológica

Conocer la proporción de fibras musculares puede ayudarle a diseñar un programa de entrenamiento más efectivo. Individuos en los que predominan las fibras de contracción lenta se beneficiarán más de altos volúmenes de entrenamiento, mientras que en los que predominan las fibras de contracción rápida progresarán más con un programa de entrenamiento de volumen más bajo, más alta intensidad y más alta aceleración.

La postura del atleta es también algo importante de analizar. Piense en su postura como las ruedas de un automóvil; si una de sus cubiertas está ligeramente desalineada reducirá el rendimiento de su automóvil así como acarreará a un cierto sobreuso. Si usted conduce solo 15-30 kilómetros por día es probable que no sea un gran problema, sin embargo si usted conduce 150-300 kilómetros por día los problemas surgirán muy rápidamente.

Lo mismo ocurre con un atleta. El mismo desalineamiento postural se produce para un atleta debido a las grandes demandas que coloca sobre su cuerpo. Si bien alcanzar una postura perfecta no siempre es posible, reducir el desalineamiento tanto como sea viable forjará una carrera más larga y productiva.

Para individuos que solo buscan tener un cuerpo bello, una buena postura crea realmente un efecto positivo en el modo en que usted se ve. Una postura pobre puede hacerlo ver como un desgarbado, incluso si su masa muscular es mucha y su grasa corporal poca.

Tests simples para tener una idea de la composición fibrilar de un atleta

Es imposible conocer la proporción exacta de fibras musculares en un músculo a menos que usted utilice una muy dolorosa e invasiva biopsia muscular. Sin embargo algunos tests nos pueden brindar una buena idea sobre si en un individuo dominan las fibras de contracción lenta o las fibras de contracción rápida. Si bien no nos dirá que alguien tiene un 65.786% de fibras de contracción rápida, nos puede brindar una percepción general de la constitución del individuo. Y en realidad, eso es todo lo que necesitamos para diseñar programas de entrenamiento óptimos.

Test n.º 1: El test de reps al 80%

Este es viejito pero buenito. Es probablemente el más sencillo y más objetivo modo de determinación de dominancia de fibra muscular. El procedimiento es simple, luego de una apropiada entrada en calor cargue la barra al 80% de su máximo y realice tantas reps como pueda con buena ejecución. La tabla debajo le ayudará a interpretar los resultados que consiguió.

Número de reps al 80%	Fibra muscular dominante	Entrenamiento más beneficioso
1-3	Contracción rápida extremadamente dominante	Muy bajo volumen de trabajo Ejercicios de alta aceleración Ejercicios con alta carga
4-6	Contracción rápida muy dominante	Bajo volumen de trabajo Ejercicios de alta aceleración Ejercicios con alta carga
7-10	Contracción rápida dominante	Bajo volumen de trabajo Ejercicios con alta carga Ejercicios de alta aceleración
11-13	Igual proporción	Volumen de trabajo moderado Entrenamiento de alta aceleración y tempo más lento Ejercicios con cargas moderadas
14-17	Contracción lenta dominante	Alto volumen de trabajo Series de larga duración Tempo excéntrico más lento
18-21	Contracción lenta muy dominante	Alto volumen de trabajo Series de larga duración Tempo excéntrico más lento
+21	Contracción lenta extremadamente dominante	Muy alto volumen de trabajo Series de larga duración Tempo excéntrico más lento

Para mejores resultados, al utilizar este test usted debería incluir ejercicios para todas las partes del cuerpo con la menor interrelación posible. No todos los músculos en los mismos individuos tendrán la misma dominancia de fibras, así que sugiero utilizar los siguientes ejercicios:

Ejercicio	Músculo(s) testeados
Sentadilla profunda por detrás	Cuádriceps, glúteos
Curl de piernas	Isquiotibiales
Press de banca con mancuernas	Pectorales, tríceps
Press de hombros con mancuernas	Hombros, tríceps
Remo con barra	Espalda alta, bíceps
Pantorrillas sentado	Pantorrillas

Esto debiera darle una buena idea general de su dominancia de fibra muscular. No es perfecto, pero le brindará un buen bosquejo acerca de cómo orientar su programa de entrenamiento.

Test n.º 2: Test de profundidad de descenso en el salto vertical

Este test es difícil de administrar sobre usted mismo porque conoce lo que está siendo evaluado y eso puede influir en su resultado. Sin embargo es un buen test subjetivo para realizar sobre otros. Haga evaluar a un atleta en el test de salto vertical. Dígale que él puede bajar tanto como quiera; el objetivo es saltar tan alto como sea posible. El atleta pensará que usted está evaluando su capacidad de salto vertical mientras usted se encuentra en realidad evaluando la *profundidad del descenso*.

El verdadero resultado del salto no tiene demasiada consideración para este test. Lo que usted busca es el grado de flexión de rodilla en el descenso antes del salto vertical. Cuanto más profunda o lenta la fase de descenso, mayor dominancia de fibras lentas tendrá el atleta. Cuanto más superficial o rápida sea la fase de descenso, mayor dominancia de fibras rápidas tendrá el atleta.

Utilice la tabla para obtener una buena idea acerca de la constitución fibrilar de un individuo:

Características de la fase de descenso	*Fibra dominante*
Descenso muy profundo (más de la paralela) **+ Descenso lento** **+ Conversión lenta entre descenso y salto**	Fibra lenta muy dominante
Descenso profundo (caderas y rodillas en la misma línea) **+ Descenso lento** **+ Conversión lenta**	Fibra lenta dominante
Descenso moderado a largo **+ Descenso a velocidad media** **+ Conversión relativamente rápida**	Igual proporción
Descenso corto (45 grados flexión de rodilla) **+ Descenso rápido** **+ Conversión rápida**	Fibra rápida dominante
Descenso muy corto (menos de 45 grados flexión de rodilla) **+ Descenso muy rápido** **+ Conversión muy rápida**	Fibra rápida muy dominante

Obviamente este último test no es perfecto ya que solo evalúa el tren inferior. De todas formas los estudios han hallado una relación muy fuerte entre la dominancia de fibra general (o promedio para todo el cuerpo) y los resultados de este test. Ciertamente no dolerá agregarle el test de reps al 80% para tener una mejor idea de la dominancia de fibra de un atleta.

Eficacia del sistema nervioso

Evaluar la eficacia del sistema nervioso es más difícil porque resulta imposible para un entrenador cuantificar la conducción nerviosa real a los músculos. Sin embargo podemos estimar la eficacia del sistema nervioso indirectamente utilizando el déficit de fuerza.

Ya he explicado que el déficit de fuerza es la diferencia entre el potencial de producción de fuerza de sus músculos y la verdadera fuerza máxima que producen. ¿Cómo puede esto indicarnos la eficacia del sistema nervioso? Es muy simple. Un déficit grande de fuerza significa que usted no utiliza la mayor parte del potencial de sus músculos. Esto indica que su sistema nervioso no tiene la capacidad de reclutar gran cantidad de unidades motoras, así que es menos eficaz. Un pequeño déficit de fuerza significa que usted puede utilizar una gran proporción del potencial de sus músculos, por lo que su sistema nervioso es más eficaz.

La siguiente tabla presenta una posible manera de evaluar el propio déficit de fuerza. Averigüe 1RM del atleta en la sentadilla y el press de banca, evalúe su constitución y tamaño corporal, luego divida el total (banca + sentadilla) por el peso corporal del atleta y vea dónde lo ubica eso.

Evaluación del Déficit de Fuerza con el Press de Banca y la Sentadilla					
Altura	Tipo de cuerpo*	Déficit de fuerza muy importante	Déficit de fuerza importante	Déficit de fuerza moderado	Déficit de fuerza pequeño
Bajo (- 1,72mts)	*Ectomorfo*	Menor 1,35kg / kg de PC	1,35 a 1,8 kg / kg de PC	1,8 a 2,25 kg / kg de PC	2,25 a 3,1 kg / kg PC
	Endomorfo	Menor 1,6 kg / kg de PC	1,6 a 2 kg / kg de PC	2 a 2,5 kg / kg de PC	2,5 a 2,95 kg/ kg de PC
	Mesomorfo	Menor 1,8 kg / kg de PC	1,8 a 2,25 kg / kg de PC	2,25 a 2,7 kg / kg de PC	2,7 a 3,1 kg/ kg de PC
Mediano (1,72 – 1,86mts)	*Ectomorfo*	Menor 1,1 kg / kg de PC	1,1 a 1,6 kg / kg de PC	1,6 a 2 kg / kg de PC	2 a 2,5 kg/ kg de PC
	Endomorfo	Menor 1,35 kg / kg de PC	1,3 a 1,8 kg / kg de PC	1,8 a 2,25 kg / kg de PC	2,25 a 2,7 kg/ kg de PC
	Mesomorfo	Menor 1,3 kg / kg de PC	1,6 a 2 kg / kg de PC	2 a 2,5 kg / kg de PC	2,5 a 2,9 kg/ kg de PC
Alto (+ 1,89mts)	*Ectomorfo*	Menor 0,9 kg / kg de PC	0,9 a 1,3 kg / kg de PC	1,3 a 1,8 kg / kg de PC	1,8 a 2,25 kg / kg de PC
	Endomorfo	Menor 1,1 kg / kg de PC	1,1 a 1,6 kg / kg de PC	1,6 a 2 kg / kg de PC	2 a 2,5 kg/ kg de PC
	Mesomorfo	Menor 1,35 kg / kg de PC	1,35 a 1,8 kg / kg de PC	1,8 a 2,25 kg / kg de PC	2,25 a 2,7 kg/ kg de PC

* **Ectomorfo** = huesos pequeños, delgado, cuerpo longilíneo, baja masa muscular (palabra clave: huesos)
 Endomorfo = huesos grandes, excesiva grasa, moderada a gran masa muscular (palabra clave: grasa)
 Mesomorfo = gran masa muscular, baja a moderada grasa, huesos grandes (palabra clave: músculos)

<u>Un individuo con un importante déficit de fuerza se beneficiará más de técnicas de entrenamiento que acentúen la mejora de la porción neuromuscular de la producción de fuerza (un volumen más bajo, mayor carga y/o mayor aceleración),</u> mientras un individuo

con un déficit de fuerza pequeño se beneficiará hasta cierto punto del incremento de su masa muscular. Sin embargo, sin importar el déficit de fuerza, los métodos de entrenamiento dirigidos al desarrollo de los factores neuromusculares deben constituir la base de un programa de entrenamiento atlético.

Como todo test de campo, no es perfecto. Otras variables más allá de la eficacia del sistema nervioso pueden entrar en juego, pero nosotros no estamos en un laboratorio. Para diseñar un programa efectivo todo lo que necesitamos son indicios y este test le brinda indicios sólidos acerca de la eficacia de su sistema nervioso.

Test de análisis postural y rango de movimiento

Mucha de la información presentada en esta sección proviene del Dr. Martin Normand Ph.D., DC, quien es profesor titular de biomecánica en el Departamento de Ciencia del Ejercicio en la Universidad de Quebec, así como quiropráctico en actividad.

Analizar la postura de un atleta y la relativa extensibilidad (flexibilidad) de sus distintas estructuras musculares puede ayudarle enormemente en la selección de los ejercicios. Un músculo hipoextensible (o hipertónico) presenta un riesgo de lesión aumentado, especialmente si movimientos de alta velocidad están implicados. Por el otro lado, la hiperextensibilidad (o hipotonicidad) también puede conducir a un riesgo mayor de lesiones debido a la inestabilidad y laxitud articular.

No hay nada más importante para el progreso sostenido de un atleta / culturista que mantenerse libre de lesiones tanto como sea posible. Lesionado, un atleta o culturista no puede ganar tamaño, fuerza, potencia o habilidad. Por lo tanto la prevención de lesiones debe ser una prioridad para cada entrenador y atleta.

Uno de los problemas actuales con el estiramiento es que parecemos dedicarle tanto como demasiado tiempo o ningún tiempo; no existe término medio. El estirar por estirar puede resultar contraproducente. Recomendar un programa de estiramiento general puede acarrear algunos problemas, no son los menores que algún músculo que no debiera ser estirado sea estirado y otros, que necesitan un aumento del rango de movimiento, sean descuidados. Aquí es donde entra el test muscular y el análisis postural. Realizando una breve serie de test de rango de movimiento en los grupos musculares principales usted puede determinar qué músculos son hipoextensibles (carencia de rango de movimiento), hiperextensibles (demasiado rango de movimiento), o adecuados. Esto permitirá al entrenador seleccionar los ejercicios de estiramiento apropiados que se necesiten.

Lo que deseamos hacer es estirar los músculos que están demasiado tensos (y por lo tanto tienen una acumulación excesiva de tensión) y fortalecer los músculos que están demasiado flexibles. Mientras que los ejercicios de fortalecimiento deben ser incluidos para todos los grupos musculares, un acento especial debe colocarse en aquellos músculos que son hiperextensibles. Este énfasis especial ayudará a reducir la inestabilidad articular y por tanto el riesgo de lesión. Uno no debe jamás estirar un músculo que ya sea demasiado flexible, a menos que su actividad elegida lo demande (por ej. artista de circo, gimnasta, etc.).

La clave a recordar es que para un rendimiento máximo el rango de movimiento de cada músculo debe ser óptimo, no excesivo ni insuficiente.
Los músculos van a menudo en pares. Cuando una articulación es hiperextensible, existe la probabilidad de que su músculo antagonista sea hipoextensible / hipertónico. Por ejemplo, cuando los flexores de cadera (psoas y recto femoral) son cortos y tensos, los extensores de cadera (glúteos e isquiotibiales) son probablemente largos y débiles (al menos en proporción con los flexores de cadera). Mucho se ha dicho acerca de las ratios ideales de fuerza entre pares de músculos. Sin embargo, pienso que un balance en extensibilidad es mucho más importante que un balance en fuerza, al menos para la prevención de lesiones. Si ambos músculos en un par son equivalentes en términos de tensión y extensibilidad, el riesgo de lesión se reduce enormemente.

Evaluación muscular

La evaluación muscular se refiere a realizar una batería de tests de campo para establecer el rango de movimiento de un grupo principal de músculos. Para evaluar apropiadamente la extensibilidad de un músculo usted realiza un desplazamiento manual de un segmento desde la posición flexionada hasta la posición extendida, deteniendo el movimiento cuando sienta un aumento significativo de la tensión muscular. En este punto tome nota del ángulo articular.

Recomiendo los siguientes procedimientos de testeo:

1. Psoas Ilíaco
Puesto que este músculo es flexor de cadera probaremos su extensibilidad durante una extensión pasiva de cadera. Para ejecutar la prueba apropiadamente, la rodilla de la pierna a evaluar (en la mesa) está extendida de modo que el recto femoral (que también es flexor de cadera y extensor de rodilla) sea acortado y así tendrá menos efecto en los resultados del test.

Test: El sujeto está de espaldas y lentamente tira de la pierna no evaluada (si usted evalúa el psoas derecho tira de la pierna izquierda) para traerla hacia él e inducir una flexión que conduzca a una relativa extensión de la pierna a evaluar (test de Thomas).

Resultados: Si la extensibilidad del psoas es normal la pierna evaluada se quedará sobre la mesa cuando el sujeto lleva a otra pierna hacia él.

Si la pierna evaluada se levanta de la mesa tendremos una hipoextensibilidad. Para evaluar una hiperextensibilidad realice el mismo test, pero con la pierna a evaluar colgando del final de la mesa, si esta apunta hacia abajo (más abajo que la mesa) al llevar la pierna hacia usted, usted tiene hiperextenisbilidad.

¡**Cuidado!** Usted puede tener un resultado falso positivo en este test. Si la parte baja de su espalda se despega de la mesa (si aumenta la lordosis) le puede brindar un falso resultado de hipoextensibilidad. La espalda baja debe mantenerse pegada a la mesa en todo momento. Para hacerlo, la pierna no evaluada debe ser levantada solo hasta un punto en donde pueda ser mantenida la espalda plana.

Extensibilidad normal de psoas

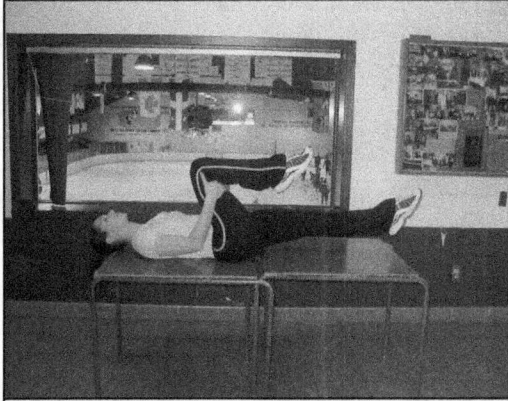
Hipoextensibilidad del psoas (la pierna se eleva de la mesa)

2. Recto femoral

El recto femoral es un flexor de cadera y un extensor de rodilla. Por lo tanto su extensibilidad es evaluada durante la extensión de cadera y flexión de rodilla.

Test: El test es un test de Thomas modificado. De modo que es el mismo procedimiento que en el test de psoas ilíaco, excepto que solamente la porción superior de la pierna evaluada está en la mesa; la parte inferior cuelga libremente hacia el final de la mesa, lo que conduce a una flexión pasiva automática de rodilla.

Resultados: Si tenemos una extensibilidad normal del recto femoral, el ángulo entre el muslo y la pierna será de alrededor de 80 grados. Si tenemos una hipoextensibilidad la pierna de abajo se elevará un poco (extensión a nivel de rodilla) y si tenemos una hiperextensibilidad la pierna que cuelga estará floja y usted será capaz de crear una flexión pasiva de rodilla adicional sin causar un aumento en la tensión muscular.

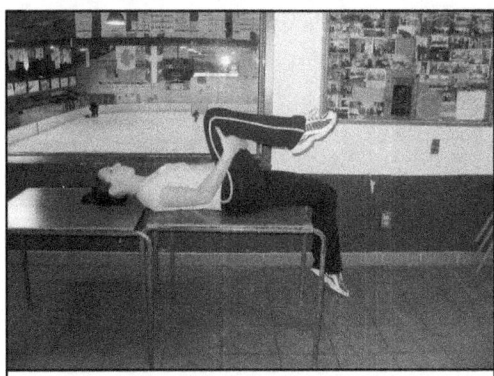
Extensibilidad normal del recto femoral

Hipoextensibilidad del recto femoral

3. Bíceps femoral

El bíceps femoral (porción corta) es un flexor de rodilla, por lo tanto su extensibilidad debería ser evaluada durante la extensión de rodilla.

Test: El sujeto está sobre su abdomen ubicando sus caderas en una posición neutral, disminuyendo la participación de la porción biarticular de los isquiotibiales. La posición inicial es flexión completa a nivel de rodillas y el entrenador induce a una lenta extensión de rodillas. Es importante que esta sea una acción pasiva, en un test de extensibilidad el sujeto no debe nunca contraer el músculo.

Resultados: Un atleta con una extensibilidad normal tendrá las piernas completamente extendidas a la altura de las rodillas sin ninguna dificultad. La hipoextensibilidad se marca si la extensión de las rodillas es incompleta. La hiperextensibilidad se marca si existe hiperextensión en las rodillas.

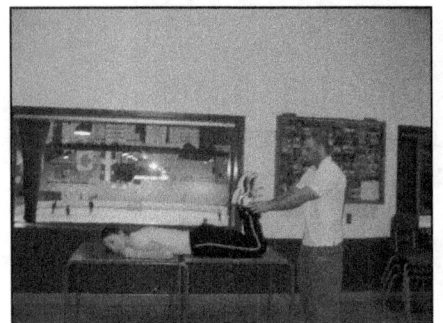
Posición inicial del test de bíceps femorales

Extensibilidad normal de bíceps femoral

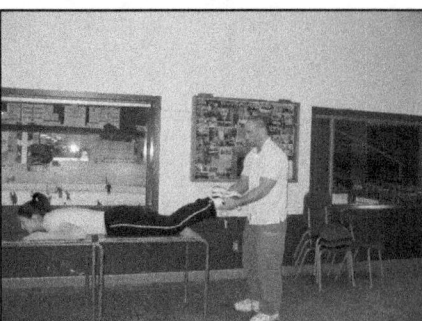
Hipoextensibilidad del bíceps femoral

4. Porción biarticular de los isquiotibiales

El bíceps femoral (porción larga), el semitendinoso y el semimembranoso son extensores de cadera y flexores de rodillas. Entonces los evaluamos realizando una flexión pasiva de cadera con la pierna extendida a la altura de la rodilla.

Test: El sujeto está acostado de espaldas, ambas piernas sobre la mesa, la espalda baja está plana en la mesa en todo momento. Mientras mantiene la pierna completamente extendida a la altura de la rodilla, el entrenador eleva la pierna a evaluar (realizando una flexión pasiva de cadera). Es importante que la espalda baja se mantenga sobre la mesa en todo momento y que la cadera se mantenga estable.

Resultados: La extensibilidad normal se caracteriza por un ángulo de 80-90 grados entre la pierna y la mesa. Más de 100 grados debería considerarse como hiperextensibilidad y menos de 70-80 grados debería considerarse como hipoextensibilidad.

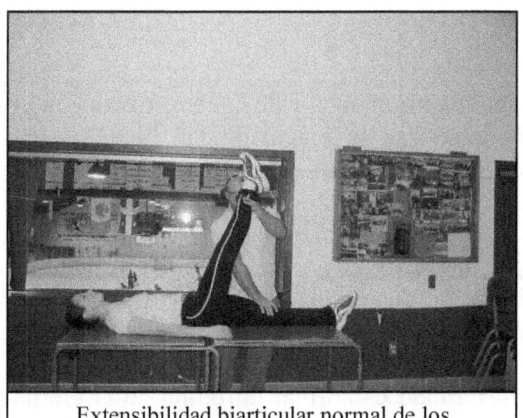
Extensibilidad biarticular normal de los isquiotibiales

5. Erectores espinales e isquiotibiales

Los erectores espinales son extensores del tronco. Por lo tanto debemos evaluarlos durante la flexión del tronco.

Test: Posición de sentado, piernas completamente extendidas, las puntas de los pies apuntando hacia arriba. El sujeto intenta tocarse los pies con los dedos de las manos.

Resultados: Si...

a. la espalda baja no se dobla hacia delante muy lejos pero la espalda alta se dobla hacia delante (produciendo una postura de espalda redondeada) y el sujeto no es capaz de tocarse los dedos de los pies tenemos hipoextensibilidad de los erectores lumbares.

b. la espalda baja se inclina hacia adelante pero la espalda alta permanece plana (no se dobla hacia adelante) tenemos hipoextensibilidad de los erectores torácicos.

c. las piernas se flexionan a la altura de las rodillas tenemos hipoextensibilidad de los isquiotibiales.

d. el atleta es capaz de tocar la punta de sus pies tenemos una extensibilidad normal.

e. el atleta es capaz de tocar más allá de los dedos de los pies tenemos hiperextensibilidad.

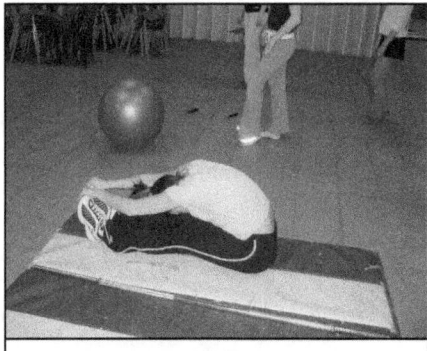
Buena extensibilidad general

Hipoextensibilidad de erectores torácicos

Hipoextensibilidad de erectores lumbares

6. TFL

El tensor de la fascia lata es un abductor de cadera, rotador interno, flexor de cadera y extensor de rodilla. Para testear su extensibilidad haremos una aducción y rotación externa de cadera.

Test: El sujeto se encuentra de lado (pierna a testear por arriba). La pierna testeada esta flexionada 90 grados por la rodilla y ligeramente tirada hacia atrás (extensión de cadera), la otra pierna está estirada por completo y sobre la mesa. El entrenador eleva la pierna a testear y la deja caer lentamente.

Resultados: Si la extensibilidad es normal la rodilla de la pierna testeada debe tocar la mesa. Si no lo hace hay hipoextensibilidad del TFL. Si existe hiperextensibilidad del TFL la pierna será capaz de llegar debajo de la mesa..

Posición inicial para el test del TFL

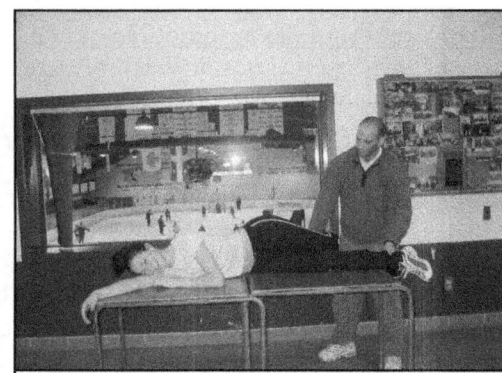
Límite aceptable de extensibilidad

realizar una rotación interna pasiva de cadera.

Test: El sujeto está de espaldas La pierna a testear está flexionada a 90 grados en la cadera y en la rodilla. El entrenador se para del lado de la pierna a testear y trae el pie de esa pierna hacia él manteniendo el muslo perpendicular al suelo en todo momento.

Resultados: Extensibilidad normal de los rotadores externos de cadera es de 45 grados de movimiento. Menos de 45 grados es hipoextensibilidad y más de 50-60 grados es hiperextensibilidad.

8. Rotadores internos de cadera

Para testear el grupo de músculos responsable de la rotación interna de cadera debemos hacer una rotación externa pasiva de cadera.

Test: El sujeto está acostado de espaldas. La pierna a testear está flexionada 90 grados en la cadera y la rodilla. El entrenador se ubica del lado de la pierna a testear y lleva el pie de esa pierna hacia adentro (haciendo una rotación externa pasiva de cadera) mientras mantiene la pierna de arriba perpendicular al suelo en todo momento.

Resultados: Extensibilidad normal de los rotadores internos es de 45 grados de movimiento. Menos de 45 grados es hipoextensibilidad y más de 50-60 es hiperextensibilidad.

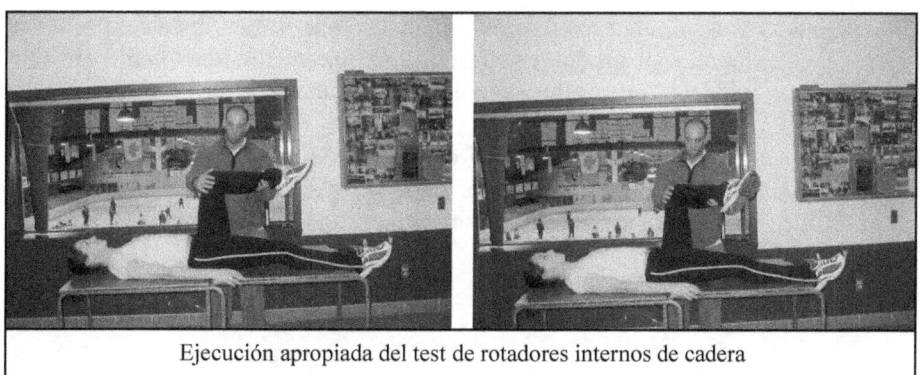

Ejecución apropiada del test de rotadores internos de cadera

9. Rotadores internos del hombro

El grupo de músculos involucrados en la rotación interna del hombro (subescapular, teres mayor, deltoides anterior, pectoral mayor, dorsal ancho) es testeado realizando una rotación externa pasiva de hombro.

Test: El sujeto está acostado de espaldas, el brazo a evaluar se encuentra en línea con los hombros y con una flexión de 90 grados en el codo. El entrenador lentamente ejecuta una rotación externa pasiva de hombro (llevando el brazo de abajo cerca del nivel de la cabeza).

Resultados: Una extensibilidad normal está caracterizada por 90 grados de rango de movimiento. Esto significa que el entrenador debe ser capaz de llevar el antebrazo a la mesa. Menos que eso es hipoextensibilidad y más que eso es hiperextensibilidad.

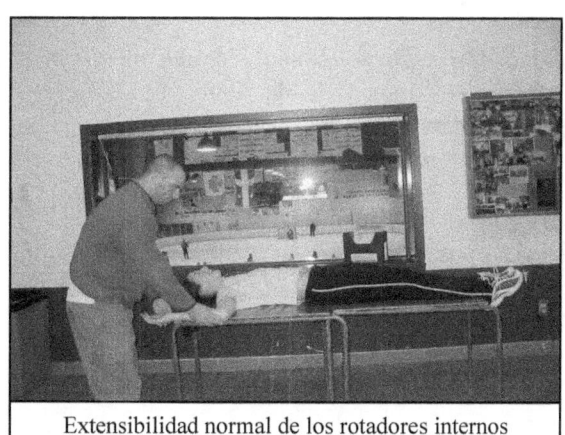

Extensibilidad normal de los rotadores internos

10. Rotadores externos del hombro

El grupo de músculos involucrados en la rotación externa de hombro (infraespinoso, teres menor, deltoides posterior) es testeado realizando una rotación interna pasiva de hombro.

Test: El sujeto está acostado de espaldas, el brazo a evaluar está en línea con los hombros y el brazo está flexionado 90 grados en el codo. El entrenador lentamente ejecuta una rotación interna pasiva del hombro (llevando el brazo de abajo cerca del nivel del torso).

Resultados: Una extensibilidad normal está caracterizada por un rango de movimiento de 90 grados. Significando que el entrenador debe ser capaz de llevar el antebrazo a la mesa. Menos que eso es hipoextensibilidad y más que eso (brazo más abajo que la mesa) es hiperextensibilidad.

Extensibilidad normal de los rotadores externos

Estos son 10 tests básicos que yo recomiendo. Como habrá advertido el énfasis está puesto en el tren inferior y los hombros, las cuales son las áreas más problemáticas. Pero usted puede diseñar sus propios tests, todo lo que necesita saber es el movimiento en el que un músculo está activo.

Testear la extensibilidad del pectoral es también una buena idea debido a que en la mayoría de los atletas éste es hipoextensible. Pero para diagnosticar acortamiento del pectoral todo lo que usted tiene que hacer es observar la postura del atleta. Si sus pectorales están acortados sus hombros estarán redondeados hacia adelante en vez de estar en línea con las caderas.

Realizar esto 10 tests le tomará a usted alrededor de 10-15 minutos una vez que se acostumbre al procedimiento y la información que obtendrá de él resultará invaluable en la apropiada planificación del entrenamiento.

Un breve comentario sobre extensibilidad / flexibilidad

Una explicación completa acerca de los procedimientos adecuados de estiramiento requeriría un libro entero en sí mismo y estaría fuera del alcance de este. Sin embargo, la siguiente figura ilustra los distintos factores involucrados en la obtención de un rango de movimiento óptimo.

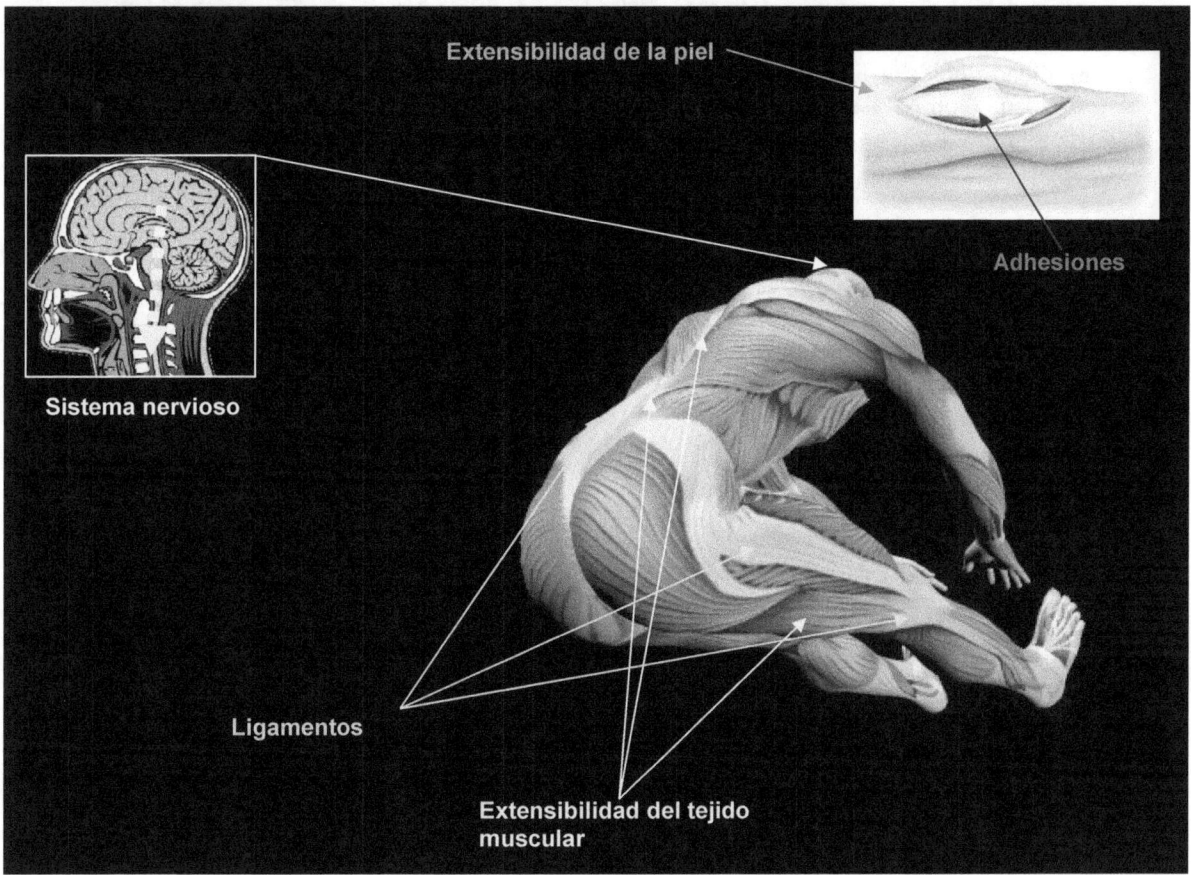

a) <u>Estructuras musculares</u>: Un músculo con una extensibilidad apropiada se asocia generalmente con un rango óptimo de utilización.

b) <u>Estructuras de ligamentos y articulaciones</u>: los ligamentos pueden limitar el rango de movimiento debido a su rol como estabilizadores de la articulación. Por el otro lado, ligamentos que sean demasiado laxos también pueden resultar problemáticos, generando inestabilidad articular.

c) <u>El sistema nervioso</u>: A veces puede existir una merma en el rango de movimiento utilizable a pesar de una extensibilidad adecuada de los músculos y ligamentos. En este caso el sistema nervioso puede ser la causa de la disminución del rango de movimiento, no permitiendo a los músculos trabajar a través de su completa amplitud.

d) <u>Otros factores</u>: La elasticidad de la piel, las adhesiones entre las fibras musculares y las adhesiones entre el músculo y su fascia.

Esto nos dice que varias técnicas de estiramiento deben ser utilizadas. Si el problema es estructural, el estiramiento estático será el adecuado. Pero técnicas más avanzadas tales como FNP o el estiramiento balístico llegan a ser necesarias para resolver problemas de movilidad debido a factores neurales. Si las adhesiones son la causa del problema, un tratamiento con ART es la mejor solución.

Evaluación del cliente

1. Información física

a) Altura: ____ Peso: ____

b) **Extensibilidad muscular** (marque el caso apropiado):

	Derecho			Izquierdo		
	-	Normal	+	-	Normal	+
Psoas Ilíaco						
Recto femoral						
Isquiotibiales monoarticular (bíceps femoral porción corta)						
Isquiotibiales biarticular						
Erectores espinales						
TFL						
Rotadores externos de cadera						
Rotadores internos de cadera						
Rotadores externos del hombro						
Rotadores internos del hombro						

c) **Déficit de fuerza** (marque lo más apropiado):

Muy importante: ___ Importante: ___ Moderado: ___ Pequeño: ___

2. Información morfológica/fenotípica

a) **Tipo general de cuerpo** (marque la opción más apropiada):

Mesomorfo (muy magro y musculoso)	
Meso-endo (musculoso pero no muy magro)	
Meso-ecto (musculoso pero articulaciones pequeñas y huesos largos)	
Ectomorfo (físico flaco y elongado)	
Endomorfo (físico grueso y gordo)	

b) **Porcentaje de grasa corporal/grado de delgadez** (marque la opción apropiada):

Ripeado (3-5% hombre; 9-11% mujer)	
Definido (6-8% hombre; 12-15% mujer)	
Delgado (9-11% hombre; 16-21% mujer)	
Promedio (12-15% hombre; 22-25% mujer)	
Rollizo (16-18% hombre; 22-28% mujer)	
Sobrepeso (19-23% hombre; 29-35% mujer)	
Obeso (24%+ hombre; 35%+ mujer)	

c) **Tipo de fibra dominante** (marque la opción apropiada):

Grupos musculares	Rápidas muy dominantes	Rápidas dominantes	Ratio mixto	Lentas dominantes	Lentas muy dominantes
Pectorales					
Espalda alta					
Flexores brazo					
Extensores brazo					
Flexores pierna					
Extensores pierna					
Hombros					

3. Objetivo(s)

Pérdida de Peso: ___   Ganancia Muscular: ___   Rendimiento deportivo: ___   Acondicionamiento gral./salud/bienestar: ___

CAPÍTULO 4
Métodos de entrenamiento

En este capítulo ...

- Presentación y descripción de métodos de entrenamiento de elevada fuerza
- Pros, contras y "cuándo hacer" para todos los métodos descriptos
- Cómo planificar el uso de estos métodos en el entrenamiento de un atleta

"La importancia de la fuerza"

La producción de fuerza es la base para la mayoría de las acciones deportivas. Sin producción de fuerza no existe movimiento. Debemos distinguir entre dos acepciones de fuerza a menudo incorrectamente confundidas una con otra. *Fuerza* como capacidad de producir tensión durante una contracción muscular (*Bouchard y col. 1975*) y *Fuerza* en sí misma como resultado de la tensión producida por el músculo, la que permite luchar contra la inercia, mover una masa, o acelerarla. Sin producción de fuerza uno no puede mover su cuerpo en el espacio, no puede superar a una adversario, no puede acelerar, básicamente no puede hacer nada que involucre movimiento.

Como resultado, es capital desarrollar la capacidad de crear tensión muscular y producir fuerza si uno desea ser un atleta exitoso. La capacidad de producir fuerza es a menudo asociada con músculos grandes. Si bien es cierto que un músculo tiene un *potencial* de producción de fuerza proporcional a su sección transversal (en última instancia a su tamaño), uno no puede negar la importancia de los factores neuromusculares implicados en la producción de fuerza.

La fórmula **F = m*a** resulta capital para una planificación de entrenamiento apropiada. Así es como usted debe entenderla.

"La cantidad total de fuerza producida por un músculo o grupo de músculos es igual a la sumatoria de la fuerza requerida para <u>mover la masa</u> y la fuerza requerida para <u>acelerarla</u>".

En otras palabras, usted necesita aplicar un cierto nivel de fuerza para luchar contra la inercia de una resistencia (esta generalmente es igual o un poco mayor que el peso a levantar). Entonces, cuanta más aceleración desee impartir a la resistencia, mayor será la fuerza adicional que usted necesitará producir. Es por esto que una sobrecarga adicional no es siempre necesaria o adecuada para incrementar la fuerza.

Ahora, el siguiente gráfico clasifica los métodos de ejercitación según su dependencia relativa de los factores de aceleración y masa. Los métodos más sobre la izquierda son aceleración-dominantes y se vuelven más masa-dominantes a medida que nos movemos hacia la derecha de la figura.

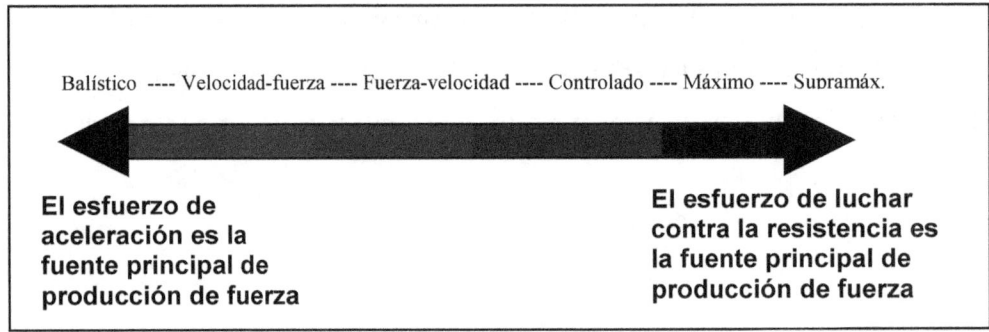

La siguiente tabla se explaya sobre los distintos métodos de entrenamiento posibles presentados en el gráfico precedente.

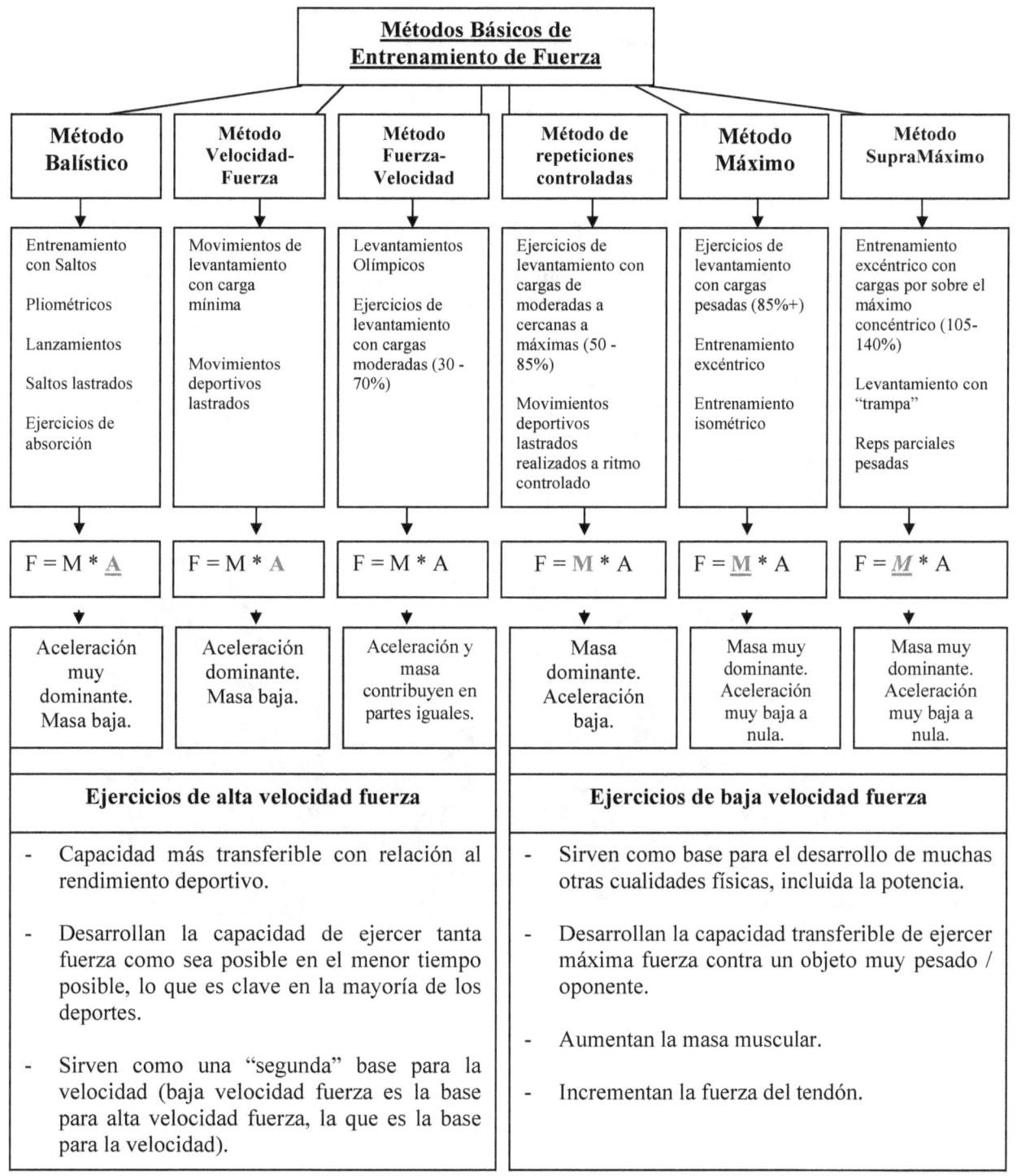

Comprender el resultado de la ecuación **F = m*a** es muy importante por diversas razones:

1. Le permite a uno variar los métodos de entrenamiento utilizados para **maximizar la capacidad de producir fuerza**.

2. Permite al entrenador evitar seleccionar ejercicios redundantes (varios ejercicios desarrollando las mismas capacidades físicas).

3. Hace más segura la progresión. Usted no necesita incrementar constantemente la carga para aumentar su capacidad de producir fuerza; puede mejorarla impartiéndole más aceleración a la carga.

4. Le brinda una mejor comprensión acerca de lo que cada ejercicio puede aportar para la preparación de su atleta.

Cada uno de estos 6 métodos y sus derivados tienen su lugar en el entrenamiento deportivo. Pero eso no significa que deban ser utilizados al mismo tiempo por todos los atletas. Recuerde que los atletas tienen una capacidad limitada de sostener y adaptarse al estrés de entrenamiento, por lo que es un error intentar inventar "el mejor programa del mundo" agregando un poco de cada cosa que funciona.

El método balístico

Balístico se refiere a una <u>proyección</u> real del origen de la resistencia. El origen mismo de la resistencia puede provenir de una fuente externa (ej. balón medicinal) o del propio peso corporal del atleta. La intensidad de estos ejercicios varía desde muy baja (driles de rebotes simples) a muy alta (driles de absorción con carga, plios de alto impacto). Estos ejercicios son aquellos en los que el factor de aceleración es el más grande en relación a la producción total de fuerza. Estos ejercicios tienen un gran impacto sobre el sistema nervioso a causa de las demandas de alta aceleración. Mientras los ejercicios balísticos de baja intensidad (driles de rebote, entrenamiento de saltos básicos, lanzamiento de balones medicinales livianos, etc.) no resultan demasiado estresantes (y pueden por tanto usarse muy a menudo, mayormente como una buena herramienta de <u>entrada en calor específica</u>), los ejercicios balísticos de alta intensidad (saltos en profundidad, saltos con carga, lanzamientos con balón medicinal pesado, driles de absorción con carga) deben usarse con poca frecuencia (una o dos veces a la semana) durante un período limitado de tiempo (4-6 semanas). Estos últimos ejercicios (alta intensidad) conllevan una gran capacidad para la mejora de la potencia, pero son muy estresantes para el sistema nervioso y los tendones. Es además importante entender que el efecto de entrenamiento de los ejercicios balísticos de alta intensidad es <u>retardado</u>, significando que las mejoras en la capacidad de producir potencia son mayores vistas 2-3 semanas <u>después</u> de la última estimulación.

Pros: Gran vía para desarrollar potencia en músculos / movimientos específicos, produce buenos resultados muy rápido, los ejercicios son estimulantes de hacer. Los driles de baja intensidad son una gran manera de empezar una sesión con eficacia.

Contras: Los ejercicios de alta intensidad son muy demandantes sobre el sistema nervioso, la tasa de habituación es alta (los ejercicios producen resultados rápido, pero dejan de producirlos temprano), a menudo existe un riesgo de lesión más elevado que con otros métodos.

Cuándo usar este método: Los ejercicios de baja intensidad pueden ser utilizados como entrada en calor antes de la mayoría de las sesiones aunque el entrenador debe mantenerse alejado de un volumen excesivo (5-10 minutos son suficientes, más que eso es excesivo). Los ejercicios de mayor intensidad deben ser utilizados intermitentemente durante el año, por ciclos de 4-6 semanas a la vez, la frecuencia debe mantenerse en 1-2 veces por semana con un volumen de trabajo relativamente bajo (más lanzamientos o saltos lastrados no brindan más resultados que menos trabajo…<u>el efecto principal es sobre el sistema nervioso el cual no requiere gran cantidad de volumen para ser estimulado</u>). **NO** comience utilizando estos ejercicios cerca de la competencia, a menos que el atleta tenga un largo historial con ellos.

Los lanzamientos de balón medicinal son ejercicios que se adaptan bien como herramienta de entrada en calor específica para jugadores de hockey. Incluyendo distintos tipos de lanzamiento usted puede preparar todos sus músculos para la acción mientras desarrolla potencia.

Método de velocidad-fuerza

Este método es muy similar al método balístico, excepto en que no hay necesariamente una proyección de la fuente de la resistencia. La importancia relativa del esfuerzo de aceleración es casi tan grande como la del método balístico.

El mejor ejemplo de esta forma de entrenamiento son los movimientos deportivos lastrados. Por ejemplo patinar con sobrecarga en la planta del pie en el patín (plantillas muy, muy ligeras), patinar / correr tirando un trineo liviano o usar un paracaídas deportivo, realizar golpes con un palo de hockey con sobrecarga, etc.

Esta forma de entrenamiento fue alguna vez muy popular entre los atletas, pero se ha vuelto menos utilizada en lo últimos años. La desventaja principal de esta forma de entrenamiento es que puede deteriorar la coordinación de los movimientos deportivos si la carga conduce a un cambio (incluso mínimo) en la técnica. Si es utilizada correctamente puede ser una buena manera de fortalecer patrones de movimiento específicos y a los músculos implicados en el movimiento.

Otra forma de este método es el levantamiento explosivo con una carga mínima (10-20% de 1RM). Esto es generalmente utilizado mejor durante el calentamiento en una sesión de fuerza. Para que sea efectivo, el atleta debe acelerar la carga tanto como sea posible.

Pros: Los movimientos deportivos lastrados pueden fortalecer los músculos de una manera muy específica. Pueden además ayudar a la corrección técnica a través de un feedback mejorado (usted puede sentir mejor el movimiento cuando hay un poco más de resistencia y puede así señalar sus debilidades).

Contras: Es muy fácil de abusar e incluso un mínimo error de carga puede conducir a un efecto negativo en el rendimiento deportivo.

Cuándo usar este método: El uso de movimientos deportivos lastrados debe limitarse a entrenadores muy experimentados que puedan marcar las más pequeñas discrepancias técnicas y a atletas muy avanzados que posean un dominio técnico sólido y estable. Este método, de ser utilizado, debe limitarse al inicio del período preparatorio y debe ser realizado a lo sumo durante un ciclo de 4 semanas, una o dos veces por semana (preferentemente una).

Método de fuerza-velocidad

El método de fuerza-velocidad incluye ejercicios en los que la producción de potencia es resultado tanto de una alta aceleración como de una moderada a pesada masa a ser desplazada. El mejor ejemplo conocido de esta forma de entrenamiento es el levantamiento olímpico y sus variantes. Recientemente, otra forma de usar este método ha sido popularizada por el entrenador de levantamiento de potencia Louie Simmons. Simmons recomienda utilizar el método de esfuerzo dinámico empleando un 55-60% de su máx. en levantamientos tales como el press de banca y la sentadilla levantando el peso tan rápido como sea posible. Él utiliza un bajo número de reps para maximizar la aceleración durante cada rep. Quisiera señalar dos cosas en este punto:

1. Simmons utiliza el método de esfuerzo dinámico con el press de banca y sentadilla porque esos son los levantamientos competitivos en su deporte (powerlifting), un atleta puede utilizar otros ejercicios.

2. Otros expertos de levantamiento que recomiendan el levantamiento explosivo han recomendado una carga diferente a la de Simmons. Hatfield recomienda hasta un 70-80% para fuerza explosiva.

Debo enfatizar que con ejercicios de fuerza-velocidad usted no utiliza un porcentaje tallado en piedra. Usted juzga la carga de acuerdo a la velocidad de ejecución. Aumente la carga mientras una alta aceleración y eficiencia técnica puedan ser mantenidas.

"Usted debe ocupar al menos un 30% del volumen de su entrenamiento de fuerza y potencia con ejercicios incluidos en este método".

Esta forma de entrenamiento es altamente estimulante para el sistema nervioso debido a la alta tasa de desarrollo de fuerza, la alta aceleración y la coordinación requeridas. Como tal, el volumen de entrenamiento debe ser minimizado y el énfasis debe colocarse en la aceleración y la calidad de ejecución. Utilizado con un bajo volumen, esta forma de entrenamiento puede ser empleada bastante a menudo debido al bajo efecto sobre el sistema músculo-esquelético (baja degradación proteica debido al escaso tiempo bajo tensión). Además, una mayor frecuencia de entrenamiento en estos levantamientos mejora enormemente la coordinación.

Pros: Este es un método de entrenamiento que generalmente posee la mayor producción total de fuerza y la mayor producción de potencia. Consecuentemente es una de las mejores maneras de mejorar el rendimiento deportivo a través del entrenamiento. Los beneficios no se limitan a las estructuras trabajadas porque existe un efecto general de potenciación sobre el sistema nervioso, volviendo más efectivo a todo el cuerpo.

Contras: Algunos de estos levantamientos requieren una maestría técnica mayor y puede tomar algún tiempo aprenderlos, especialmente si el entrenador carece de experiencia en la enseñanza de estos ejercicios. Es fácil hacer demasiado volumen en una sesión y por tanto sobrecargar al sistema nervioso. Los ejercicios más complejos acarrean un mayor riesgo de lesión.

Las variaciones de los movimientos olímpicos son los mejores ejemplos de ejercicios de fuerza-velocidad porque usted necesita acelerar una carga relativamente pesada para completar el levantamiento.

Ejercicios de fuerza "normales" como la sentadilla y el press de banca también pueden convertirse en ejercicios de fuerza-velocidad si la carga es disminuida para permitir una máxima aceleración de la barra.

Cuándo usar este método: Los ejercicios de fuerza-velocidad deben constituir el centro de su programa de entrenamiento especial. Deben introducirse temprano en el período de preparación y continuarse a lo largo del año. Al iniciar el año, acentúe el aprendizaje técnico de los levantamientos olímpicos utilizando mayor volumen (2-3 ejercicios de levantamiento olímpico por sesión, 20-30 reps totales por ejercicio), mayor frecuencia (2-4 veces por semana) y muy baja intensidad (60-70% en los levantamientos olímpicos). Este trabajo debe ser submáximo. A medida que usted avanza en el año y una vez que el atleta es lo bastante eficiente, se reduce el volumen (1-2 ejercicio(s) de levantamiento olímpico por sesión, 10-20 reps totales por ejercicio) y la frecuencia (1-2 veces por semana), pero aumenta la intensidad (80-90% en los levantamientos olímpicos). <u>Recuerde que es crucial que el atleta sea idóneo en la técnica de los levantamientos olímpicos antes de aumentar la intensidad.</u>

Método de repeticiones controladas

Esta forma de entrenamiento incluye el entrenamiento de hipertrofia clásico (por ej. culturismo) y movimientos deportivos ejecutados a un ritmo controlado (la mayoría de las veces con carga). Los mejores ejemplos de movimientos deportivos a ritmo controlado son el arrastre de trineo **pesado** y la realización de movimientos deportivos vistiendo un chaleco lastrado. Esto conduce a la hipertrofia en los músculos específicos involucrados en la acción y al acondicionamiento específico (mejoramiento en la eficiencia del sistema energético).

El entrenamiento de sobrecarga utilizando un enfoque culturista (alto volumen, baja velocidad de ejecución, más ejercicios de aislamiento) no mejora directamente el desempeño del atleta. Sin embargo, puede ayudar al fortalecimiento de los tendones, lo que puede reducir el riesgo de lesiones. No obstante, recuerde que una masa muscular aumentada puede resultar perjudicial al rendimiento por dos razones:

1. La hipertrofia no-funcional (hipertrofia sarcoplasmática) no conduce a una mejora de la capacidad de producir fuerza, pero sí lleva a un peso corporal agregado (así que usted tiene que llevar más peso sin tener más fuerza).

2. Una excesiva hipertrofia muscular comprime el sistema vascular, especialmente los vasos sanguíneos y capilares musculares, lo que conduce a una disminución del transporte de oxígeno y nutrientes al músculo. Esto dificulta la remoción de subproductos musculares de desecho y la recuperación del entrenamiento.

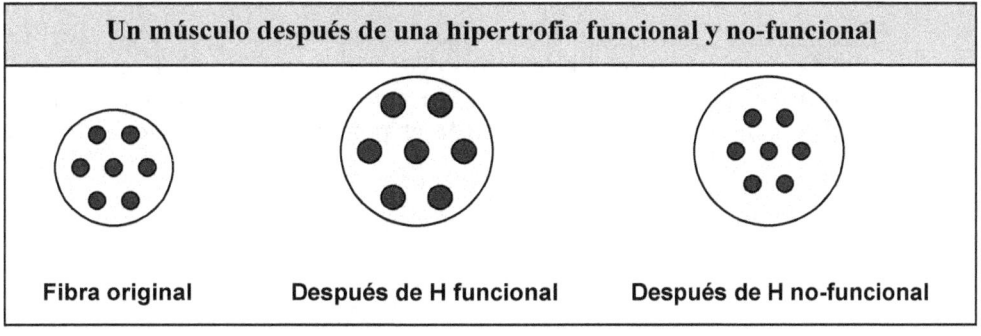

La hipertrofia no-funcional implica un aumento en los elementos no contráctiles de la fibra muscular y se ha demostrado que ocurre predominantemente con un entrenamiento de tipo culturista (Zatsiorsky, 1996). La hipertrofia no-funcional es equivalente a aumentar el peso de un automóvil pero no la fuerza de su motor (o agregarle vagones a un tren). Así que finalmente se hace comprensible porqué no es deseable.

Para ser justo, el entrenamiento culturista no solo estimula la hipertrofia no-funcional. Como se indicó antes, todos los métodos de entrenamiento conducen a una hipertrofia funcional y no funcional, pero en grados distintos y proporciones diferentes. Así, el entrenamiento controlado puede tener un lugar en el entrenamiento de un atleta, pero solo como un método de asistencia al núcleo central del entrenamiento. Creo que debe ser utilizado para el fortalecimiento de músculos susceptibles a lesiones (hombros, manguito rotador, espalda baja, abdominales).

Pros: Puede conducir a un fortalecimiento de los tendones. Puede conducir a un aumento de la masa musuclar. Es seguro de hacer. No genera mucho estrés al sistema nervioso por lo que no resulta probable sobrecargarlo.

Contras: La mayoría de las ganancias de hipertrofia son no-funcionales y pueden conducir a un descenso del rendimiento. Requiere mucha energía fisológica para resultados muy pequeños.

Cuándo usar este método: Creo que para rendimiento de elite, un individuo debe entrenar para la función y la forma vendrá después. De todos modos, uno puede agregar distintos ejercicios para aumentar la hipertrofia en músculos relativamente débiles y/o frágiles (por ej. isquiotibiales, hombros). Creo que uno puede poner más énfasis en ganar masa muscular al inicio del año, pero incluso durante esa época de acrecentado entrenamiento de tipo culturista, el entrenamiento del sistema nervioso debe seguir siendo el foco.

Método máximo

Este método de entrenamiento incluye todos los ejercicios en los que usted debe producir gran cantidad de tensión muscular (cerca del límite de fuerza).

1. <u>Levantamiento pesado</u>: Usando una carga del 85-100% en levantamientos clásicos de fuerza (sentadilla, press de banca, peso muerto, sentadilla adelante, press inclinado, press con impulso, remo con barra, etc.).

2. <u>Entrenamiento excéntrico</u>: Descendiendo una carga cercana a su 1RM (90-100%) en un ejercicio. El descenso debe ser controlado (2-4 seg.). Esto se realiza usualmente por reps (3-6). Un compañero o dos se requieren para realizar este método (deben levantar el peso hasta la posición inicial por usted).

3. <u>Entrenamiento isométrico</u>: Ejerciendo fuerza contra una resistencia inamovible. Generalmente por unas pocas series (2-5) de pocos segundos (6-12) generando tanta fuerza como sea posible contra la resistencia inamovible

Si bien todos estos tres métodos se encuentran en la misma categoría, ellos tienen impactos muy diferentes sobre el organismo.

<u>Levantamiento pesado (85-100%)</u>
El levantamiento pesado de alta intensidad es la mejor manera de aumentar la <u>fuerza</u> muscular. También presenta un componente neural muy importante. Cuanto más cerca de su máximo vaya, mayor será la importancia relativa del sistema nervioso. Es por eso que el levantamiento pesado es una gran herramienta para el atleta. Cuando es combinado con ejercicios de fuerza-velocidad crea el mejor estímulo para ganancias de fuerza y potencia.

Sin embargo, puesto que el levantamiento pesado es muy demandante sobre el sistema nervioso (y los tendones), el volumen y la frequencia deben ser planificados cuidadosamente. Resulta fácil hacer demasiado trabajo, especialmente cuando el atleta está en buena forma y se siente "activado" para romper su récord.

Entienda que no es necesario (o incluso deseable) levantar constantemente pesos límites en el entrenamiento para estimular en forma máxima ganancias de fuerza. No olvide que los niveles de fuerza fluctúan, no mejoran linealmente sobre el curso de la temporada de entrenamiento.

Además, la capacidad de levantar grandes pesos no significa necesariamente que los músculos se están volviendo más fuertes y efectivos. Recuerde que el rendimiento en el gimnasio tiene mucho que ver con el nivel de activación, motivación, fatiga, etc.

Así, aumentos y disminuciones en el rendimiento en el gimnasio no son una buena manera de medir el verdadero progreso de la fuerza de un atleta. Por lo tanto, tratar siempre de levantar pesos límites es erróneo. Cuando usted intenta quebrar su récord en un determinado levantamiento usted no desarrolla fuerza, usted está aprendiendo a demostrar su fuerza en ese levantamiento en particular.

Tampoco cometa el error de planificar el levantamiento de pesas pesado fuera de contexto. La capacidad de producir fuerza se verá considerablemente disminuída si el volumen de trabajo en otros métodos de entrenamiento es alto. Planifique en consecuencia.

El levantamiento pesado se refiere a esforzarse para levantar un peso. Uno debe procurar levantamientos con resistencia cercana a la máxima para desarrollar la fuerza límite.

Uno debe siempre usar ejercicios multiarticulares con este método de entrenamiento.

Pros: Es la mejor manera de ganar fuerza límite. Posee un importante factor neural el cual se irradia a todo el cuerpo. Aumenta la fuerza muscular y el tamaño a través de una hipertrofia funcional.

Contras: Cuando es usado fuera de contexto puede "atrasar" unos días al atleta. Es fácil sobreestresar al sistema nervioso si se exagera. Puede resultar duro sobre los tendones.

Cuándo usar este método: Este método debe ser usado a lo largo del año, pero en distintos grados. Temprano en el período preparatorio la importancia del levantamiento pesado es relativamente alta y aumenta hacia la mitad del período pre-competitivo. Pasado ese punto es reducido drásticamente a un nivel de mantenimiento para permitirle a uno estar en plena forma durante las competencias. Incluso durante períodos de altos volúmenes de levantamiento pesado yo prefiero utilizar un acercamiento minimalista (2-3 ejercicios por sesión, 15-30 reps totales por ejercicio, 2-4 veces por semana). Solo ejercicos multiarticulares (sentadilla, press de banca, peso muerto, etc.) deben ser usados con este método. Note que si usted planea realizar un trabajo usando cargas al 90-95% de su 1RM antes de un partido o test, debe planificar una puesta a punto de 9-12 días entre esa sesión y el partido/test. Si usted planea ir tan alto como al 100% (o testear un nuevo máx.) necesitará una puesta a punto de 12-18 días. Otra materia importante es que cuanto más fuerte un atleta es, menor cantidad de levantamientos con peso al 95-100% se requieren, estos atletas se beneficiarán más de un aumento del volumen de los levantamientos a alrededor del 85-90% de su máx.

La siguiente tabla (modificada del trabajo de R.A. Roman y A.S. Prilepin) ilustra cómo debe usted planificar una sesión de levantamiento pesado.

1. Seleccione el nivel de intensidad apropiado de acuerdo a las capacidades del atleta al momento (¿cuánto estrés del SNC puede él tolerar?).

2. Una vez decidida la intensidad, determine el volumen en reps totales que su atleta pueda sostener. Esto depende de cuánto volumen él ya tenía en la semana.

3. Decida cómo va a dividir el total de reps (por e.j. va a realizar usted 3 x 6, or 3 x 5 + 3 x 1 …).

Nivel de intensidad, importancia sobre el SNC y volumen óptimo en ejercicios de levantamiento pesado

Porcentaje	Intensidad / importancia SNC	Reps por serie	Reps totales óptimas	Rango de volumen aceptable
60-69.9%	Pequeña	4-8	20	18-26
70-79.9%	Mediana	3-6	18	12-24
80-89.9%	Grande	2-4	15	10-20
90-97.5%	Cercana máxima	1-2	5-10	2-12
98-100%	Máxima	1	2-4	1-6
+100%	Sobrecarga	1	1-2	1-4

Entrenamiento excéntrico (90-100%)

Es posible producir una mayor cantidad de fuerza bajo condiciones excéntricas (vencido, negativas, de descenso). Mientras que la diferencia entre la fuerza límite concéntrica (levantamiento que supera, positivo) y la excéntrica varía entre atletas, se encuentra generalmente que es de +20-40% en favor de la porción excéntrica. Esto es evidenciado por el hecho de que usted puede bajar un peso mucho más pesado del que puede levantar.

Como tal, es posible colocar un estímulo muy grande sobre los músculos bajando un peso cercano al máximo o máximo en forma controlada por varias reps. Los efectos de este método son muy pronunciados. Puede llevar a una mejora muy importante de la fuerza del tendón, de la capacidad de fuerza límite del músculo y de la capacidad del sistema nervioso para activar a los músculos. Sin embargo, este método conlleva una carga enorme sobre el sistema nervioso y los tendones.

Con el método de entrenamiento excéntrico usted baja una carga cercana a la máxima o máxima controladamente y levanta el peso con ayuda de un compañero.

Pros: Puede brindarle importantes ganancias de fuerza muscular y tendinosa cuando es usado apropiadamente. Mejora la conducción nerviosa.

Contras: Es uno de los métodos de entrenamiento más estresantes, tanto sobre el sistema nervioso como sobre el musculo-esquelético. Si es utilizado en exceso puede sobrecargar al SNC, lesionar los tendones y llevar al sobreentrenamiento. Acarrea severo dolor y rígidez muscular después del entrenamiento.

Cuándo usar este método: El entrenamiento excéntrico cercano al máximo a máximo debe ser utilizado muy ocasionalmente y generalmente en la mitad del período preparatorio, si es que se lo utiliza. Solo atletas avanzados deben usar este método y cuando lo hacen deben hacerlo por ciclos muy cortos (2-4 semanas) con al menos dos semanas entre ciclos. El volumen debe mantenerse muy bajo (alrededor de 6 reps totales por sesión una vez a la semana).

Entrenamiento isométrico

Este método fue alguna vez muy popular en los años 60 y 70, pero ha sido desatendido desde entonces. Consiste en ejercer fuerza contra una resistencia inamovible. La lógica es que la fuerza isométrica es ligeramente superior a la fuerza concéntrica. Este método conduce a ganancias de fuerza, pero solo en el ángulo articular específico trabajado. Es posible ganar fuerza en todo el rango articular realizando tomas isométricas cada 15°, pero esas ganancias no son fácilmenete transferibles a movimientos dinámicos.

Pros: Puede conducir a ganancias de fuerza en ángulos articulares específicos.

Contras: No es transferible a movimientos dinámicos. Puede aumentar la presión sanguínea. Es difícil cuantificar el progreso y así planificar el volumen. Es difícil variar la intensidad.

Cuándo usar este método: El entrenamiento isométrico puede ser usado para fortalecer un punto débil específico en un ejercicio (punto de estancamiento) y durante un proceso de rehabilitación. Generalmente unas pocas series de 6-12 segundos son utilizadas.

Método supramáximo

Este método debe usarse con prudencia. Acarrea un mayor riesgo de lesión y puede fácilmente conducir a una sobrecarga. Consiste en la utilización de ejercicios en los cuales usted levanta mayores cargas de las que es capaz. Lo hace bien sea por:

1. Realizar un entrenamiento excéntrico muy pesado (120-140%)
2. Trampear para pasar el punto de estancamiento
3. Realizar solo reps parciales (por ej. un cuarto de sentadilla)

Estos ejercicios emplazan un estímulo enorme sobre el sistema nervioso (por tanto, pueden producir grandes resultados o ponerlo en un inmediato estancamiento … hay una muy fina línea en este caso) y sobre los tendones (la moderación los fortalecerá, el exceso los lesionará). Este método puede conducir a grandes ganancias de fuerza. Sin embargo, al igual que los isométricos, las ganancias nos son siempre directamente transferibles.

Pros: Puede aportar importantes ganancias de fuerza. Puede ayudarlo a atravesar una meseta de fuerza. Hace que usted se "habitúe" a manipular cargas pesadas.

Contras: Es el método más fácil de abusar. Las ganancias no son siempre transferibles. El dolor muscular es importante.

Cuándo usar este método: ¡Muy, muy raramente! Como parte de un microciclo de choque puede resultar bueno. Yo no recomendaría la utilización de ninguno de estos métodos durante más de 2 semanas seguidas. Al ser utilizados el volumen debe ser mínimo.

Conclusiones respecto a los distintos métodos de entrenamiento

Existen muchos métodos de entrenamiento disponibles, pero no deben ser utilizados por todos los atletas durante la temporada entera. Antes de caer víctima de los reclamos hacia un método de entrenamiento, asegúrese de que entiende los pro y los contra de cada uno (todos tienen pros y contras). Aquí va un gráfico que le ayudará a ubicar todo dentro de contexto.

	Preparatorio inicial	Preparatorio final	Competitivo	En temporada
Atleta principiante (Atleta de 13-15 años de edad)	Balístico baja int. + Fuerza-velocidad ++++ Controlado +	Balístico baja int. + Fuerza-velocidad ++++ Controlado + Máximo ++	Balístico baja int. + Fuerza-velocidad +++ Máximo ++	Balístico baja int. + Fuerza-velocidad ++ Máximo +
Atleta intermedio (Atleta de 16-17 años de edad)	Balístico baja int. + Fuerza-velocidad ++++ Controlado + Máximo ++	Balístico baja int. + Fuerza-velocidad ++++ Máximo ++	Balístico baja int. + Balístico alta int. + Fuerza-velocidad +++ Máximo +	Balístico baja int. + Fuerza-velocidad ++ Máximo +
Atleta avanzado (Atleta de 18-20 años de edad)	Balístico baja int. + Velocidad-fuerza + Fuerza-velocidad ++++ Máximo ++	Balístico baja int. + Balístico alta int. + Fuerza-velocidad ++++ Máximo ++ Surpramáx. +	Balístico baja int. + Balístico alta int. + Fuerza-velocidad +++ Máximo +	Balístico baja int. + Fuerza-velocidad ++ Máximo +
Atleta de elite (Profesional)	Balístico baja int. + Velocidad-fuerza + Fuerza-velocidad ++++ Máximo ++	Balístico baja int. + Balístico alta int. + Fuerza-velocidad ++++ Máximo ++ Surpramáx. +	Balístico baja int. + Balístico alta int. + Fuerza-velocidad +++ Máximo +	Balístico baja int. + Fuerza-velocidad + Máximo +

Esta tabla ilustra cuándo cada método de entrenamiento **puede** ser usado en el año (no cuándo debe ser usado). Con intención de que se entienda:

++++ = Énfasis muy importante
+++ = Énfasis importante
++ = Énfasis significativo
+ = Énfasis moderado / introducción / mantenimiento

La división en períodos es la siguiente:

1. **Preparatorio inicial**: Desde el fin de la temporada hasta 1/3 adentrada la pre-temporada.
2. **Preparatorio final** : Desde 1/3 de la pre-temporada a 2/3 adentrada la pre-temporada.
3. **Competitivo**: Desde 2/3 de la pre-temporada hasta el inicio de la temporada competitiva.
4. **En temporada** : La temporada en sí misma.

CAPÍTULO 5
Planificando el volumen

En este capítulo ...

- Relación apropiada entre series y reps para tamaño muscular
- Relación apropiada entre series y reps para ganancias de fuerza
- Relación apropiada entre series y reps para ganancias de potencia

No existe un esquema perfecto de reps y series. Dependiendo de la composición individual de fibras, su experiencia y necesidades puede variar enormemente. Uno debe tener en mente que, dependiendo de su dominancia de fibra, el volumen adecuado de trabajo de fuerza variará considerablemente. Alguien que es contracción-rápida dominante se beneficiará de menores volúmenes de entrenamiento y probablemente se sobreentrenará con un enfoque de alto volumen (la gente a veces se sorprende de que algunos de mis atletas entrenan solo 30 minutos y son más fuertes, más potentes y poseen un mejor físico que el 99% de la gente). Por el otro lado, individuos contracción-lenta dominante necesitarán un mayor volumen de trabajo para ganar tamaño y poseen un menor riesgo de sobreentrenamiento debido a que su capacidad de trabajo es generalmente más alta. Sin embargo, es válida una ley, la cantidad de reps y la cantidad de series son inversamente proporcionales. Esto significa que si las reps son bajas, las series deben ser altas y viceversa. Los siguientes gráficos le darán un buen **punto de partida** cuando planifique el número de reps y series.

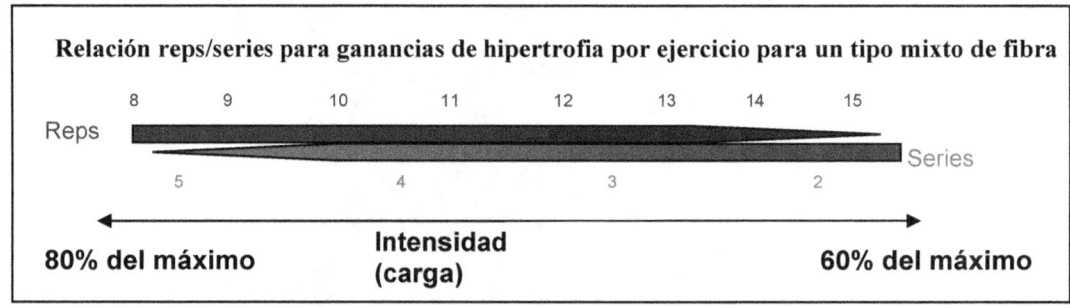

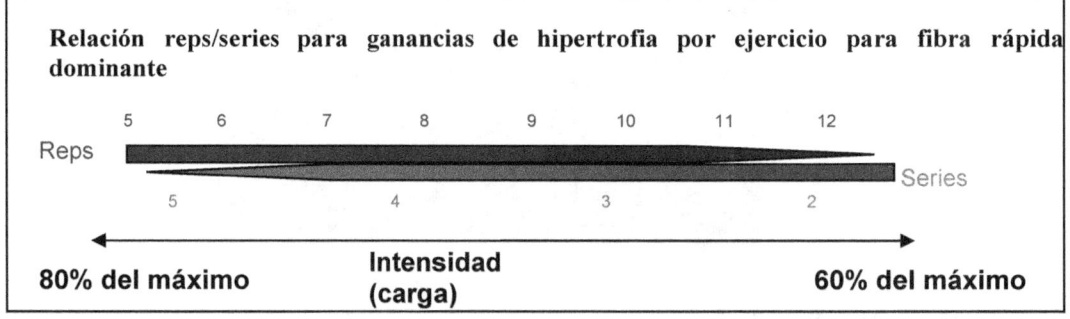

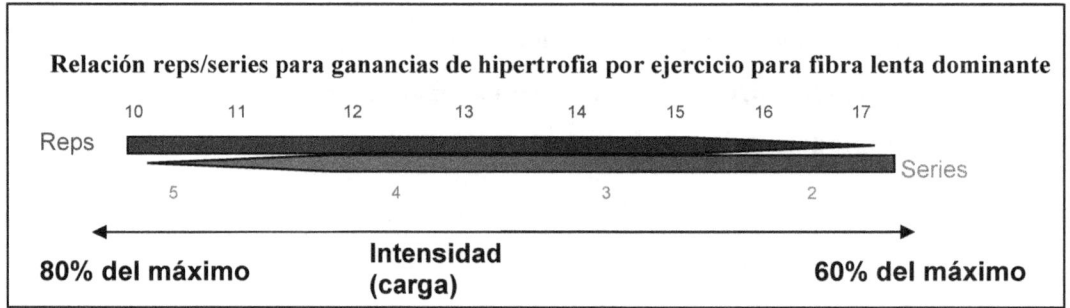

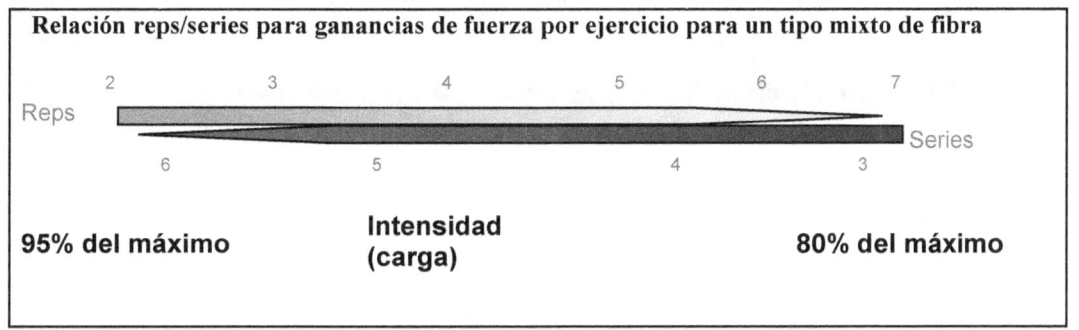

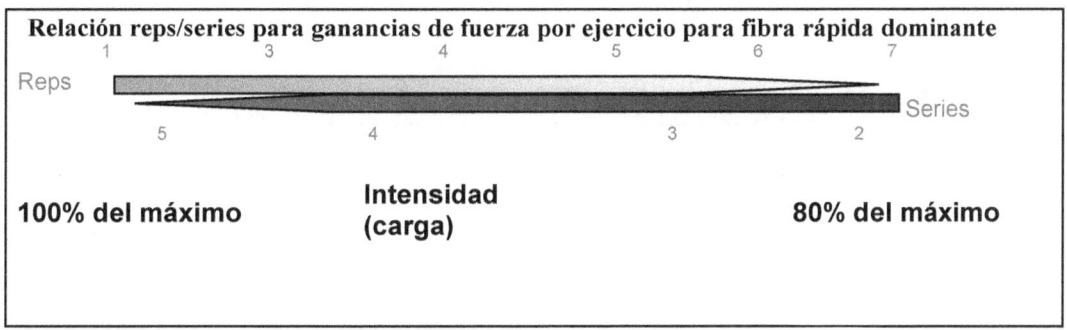

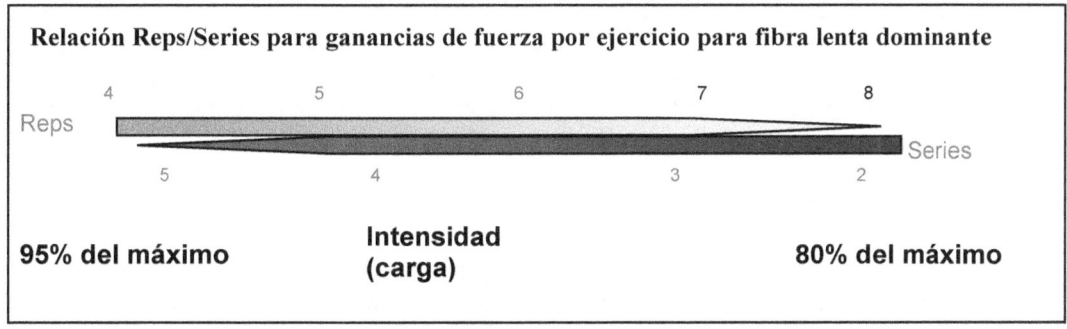

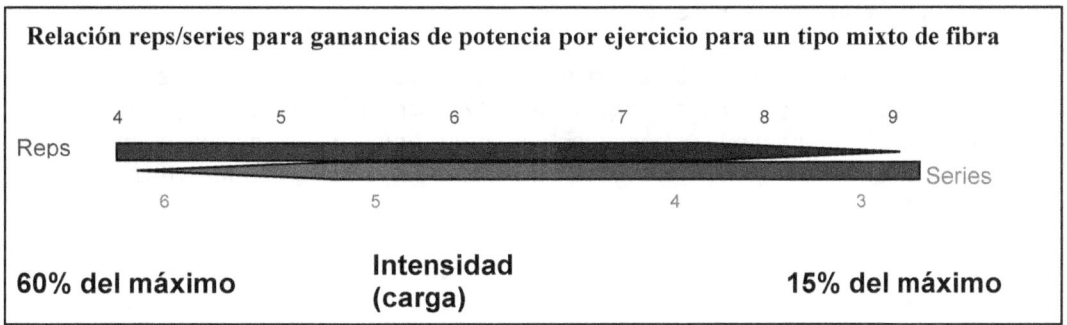

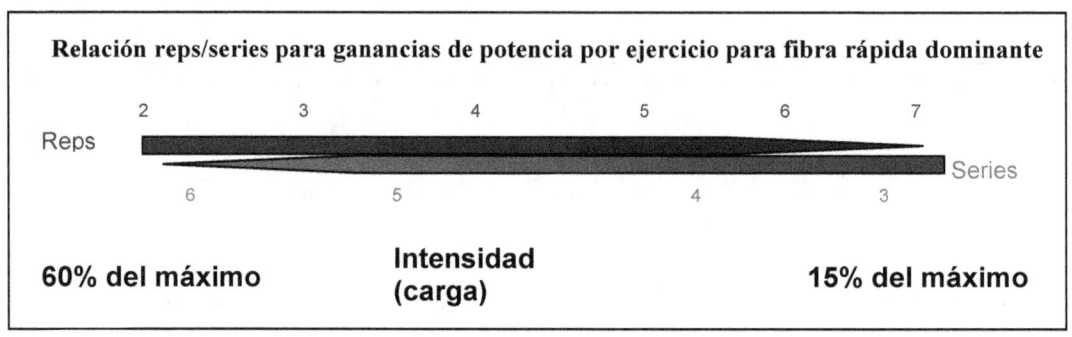

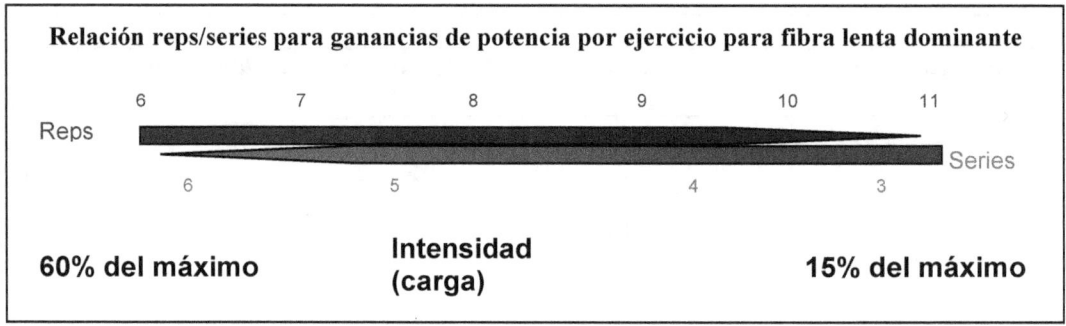

Una cosa importante a entender es que cuanto más experimentado un entrenado es, menos se beneficiará de los esquemas de rep y series sobre el lado derecho de cada gráfico y mayores serán los efectos de los métodos del lado izquierdo. Esa es la razón por la cual a medida que gana experiencia usted debe incrementar la intensidad de entrenamiento promedio, reducir el número de reps por serie e incrementar el número de series por ejercicio.

Cantidad de ejercicios

El volumen de entrenamiento, o la carga total de trabajo, se ve también afectada por el número de ejercicios por sesión de entrenamiento. Los atletas y los culturistas siguen diferentes reglas: los atletas necesitan entrenar sistemas energéticos y movimientos, mientras que los culturistas necesitan entrenar músculos.

Esto significa que la división de entrenamiento utilizada por ambos tipos de entrenados así como el número (y tipo) de ejercicios a utilizar será muy diferente. Los culturistas deben dividir su programa de entrenamiento en grupos musculares, dedicando uno o dos días por semana a cada grupo muscular. Para culturistas, cada grupo muscular debe ser trabajado con 3-5 ejercicios.

Los atletas necesitan dividir sus sesiones en variedades más amplias, yo prefiero la división tren superior / tren inferior para atletas. En este caso, la mayoría de los ejercicios deben ser movimientos multiarticulares. 2-4 ejercicios multiarticulares son utilizados por sesión y usted puede agregar 1 o 2 ejercicios de aislamiento al final de cada sesión.

La división del entrenamiento se cubrirá con más detalle en el siguiente capítulo.

CAPÍTULO 6
Variables de entrenamiento críticas

En este capítulo ...
- Frecuencia de entrenamiento por grupo muscular
- Cantidad total de sesiones semanales
- Zona de intensidad / cantidad de reps por serie
- Cantidad de series por grupo muscular
- Modelo de carga para un ejercicio
- Tempo de un ejercicio
- Intervalos de descanso
- Selección de ejercicios

Variables de entrenamiento críticas

Las variables de entrenamiento críticas también son llamadas "parámetros de entrenamiento" y básicamente indican cómo entrenar. Las VEC incluyen:

- Frecuencia de entrenamiento por grupo muscular
- Cantidad total de sesiones semanales
- Zona de intensidad / cantidad de reps por serie
- Cantidad de series por grupo muscular
- Modelo de carga para el ejercicio
- Tempo de un ejercicio
- Intervalos de descanso
- Selección de ejercicios

1. Frecuencia de entrenamiento por grupo muscular

El siguiente gráfico está adaptado de un estudio conducido por Rhea y col. (2003) que consistió en un meta-análisis de una tonelada de estudios realizados con respecto al entrenamiento de fuerza. Ellos concluyeron que los principiantes deben entrenar cada grupo muscular 3 veces por semana para obtener mayores resultados mientras que los levantadores intermedios deben entrenar cada grupo muscular dos veces a la semana.

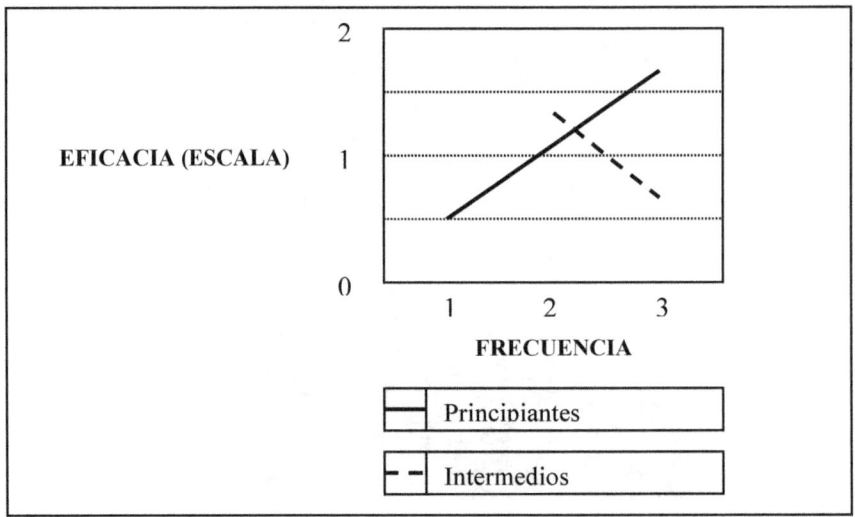

Si bien el estudio no investigó a levantadores avanzados, según la tendencia es seguro asumir que una frecuencia de entrenamiento para cada grupo muscular de una vez cada cinco días es ideal.

Por supuesto, esto es válido para ganancias de masa muscular, donde el volumen de entrenamiento es relativamente alto comparado con el entrenamiento para fuerza y potencia. De modo que las recomendaciones hechas aquí no necesariamente se aplican a atletas de fuerza (levantadores de potencia, levantadores olímpicos, hombres fuertes, etc.).

He aquí algunos ejemplos de posibles divisiones de entrenamiento:

Principiante

Día	Músculos a trabajar
Lunes	Todo el cuerpo, movimientos compuestos
Martes	Descanso
Miércoles	Todo el cuerpo, aislamiento
Jueves	Descanso
Viernes	Todo el cuerpo, movimientos compuestos
Sábado	Descanso
Domingo	Descanso

Intermedio 1

Día	Músculos a trabajar
Lunes	Pecho / Hombros / Tríceps / Cuádriceps
Martes	Descanso
Miércoles	Espalda / Bíceps / Abdominales / Isquiotibiales
Jueves	Descanso
Viernes	Pecho / Hombros / Tríceps / Cuádriceps
Sábado	Espalda / Bíceps / Abdominales / Isquiotibiales
Domingo	Descanso

Intermedio 2

Día	Músculos a trabajar
Lunes	Pecho (empuje) / Isquiotibiales / Bíceps
Martes	Espalda (tirón vertical) / Tríceps / Abdominales
Miércoles	Descanso
Jueves	Cuádriceps / Isquiotibiales
Viernes	Pecho (aducción) / Hombros
Sábado	Espalda (tirón horizontal) / Cuádriceps / Abdominales
Domingo	Descanso

Intermedio 3

Día	Músculos a trabajar
Lunes	Espalda (tirón horizontal) / Bíceps / Abd.
Martes	Cuádriceps / Isquiotibiales
Miércoles	Pecho (empuje) / Hombros (empuje) / Tríceps
Jueves	Espalda (tirón vertical) / Abd.
Viernes	Pecho (aducción) / Hombros (vuelos) / Tríceps
Sábado	Cuádriceps / Isquiotibiales
Domingo	Descanso

Avanzado

Día	Músculos a trabajar
Día 1	Espalda / Bíceps
Día 2	Cuádriceps / Isquiotibiales
Día 3	Descanso
Día 4	Pecho / Tríceps / Hombros
Día 5	Abdominales / Espalda baja
Día 6	Repetir

2. Zona de intensidad / reps por serie

La siguiente tabla ilustra cómo el practicante más avanzado debe realizar menor cantidad de reps por serie que el principiante.

	Principiante	Intermedio	Avanzado
Fuerza	5	3	1
	6	4	2
	7	5	3
	8	6	4
	9	7	5
Hipertrofia funcional	10	8	6
	11	9	7
	12	10	8
Hipertrofia total	13	11	9
	14	12	10
	15	13	11
	16	14	12

	Principiante	Intermedio	Avanzado
Fuerza-resistencia	17	15	13
	18	16	14
	19	17	15
	20	18	16
	21	19	17
	22	20	18
	23	21	19
	24+	22+	20+

Para máximo crecimiento muscular un practicante debe pasar la mayoría del tiempo de entrenamiento en las zonas de hipertrofia funcional y total. El volumen de entrenamiento debe dividirse alrededor de un 50/50 entre estas dos zonas (utilice normalmente la zona de hipertrofia funcional para ejercicios compuestos y la zona de hipertrofia total para ejercicios de aislamiento).

Una vez cada tanto es también inteligente pasar cierto tiempo en la zona de fuerza porque eso incrementará el tono miogénico (tonus muscular), creando una apariencia más densa y dura. También incrementará la capacidad del sistema nervioso para reclutar fibras musculares, las que aumentarán el efecto de acometidas subsiguientes de entrenamiento de hipertrofia.

El trabajo de fuerza-resistencia (especialmente cuando es utilizado con intervalos de descanso breves) puede ayudar a la pérdida de peso, vascularización, e incluso servir como recuperación activa si las cargas utilizadas son muy livianas.

3. Cantidad de series por grupo muscular

La investigación parece indicar que 3-4 series por ejercicio es lo mejor para obtener resultados máximos. Practicantes avanzados quizás encuentren algunos beneficios yendo hasta las 5-6 series por ejercicio. Al entrenar para hipertrofia debemos apuntar a un total de 9 a 12 series por grupo muscular (algunos son capaces de tolerar hasta 16). Entonces si usted elige realizar 3-4 series por ejercicio debe utilizar 3-4 movimientos por grupo muscular. Si prefiere utilizar 5-6 series, entonces 2-3 ejercicios resultarán más apropiados.

Tenga presente que debe haber una relación inversa entre el número de reps por serie y el número de series: si usted realiza pocas reps por serie, necesitará realizar más series por ejercicio.

4. Modelo de carga para el ejercicio

Un modelo de carga se refiere a cómo son organizadas las series para un ejercicio. Por ejemplo, las series rectas utilizarán el mismo peso y reps para todo su trabajo mientras que la carga en oleaje, la carga piramidal o en meseta variarán la carga y reps en cada serie.

Series rectas
Al realizar series rectas usted ejecuta una o dos series de entrada en calor y luego salta directamente a su peso de trabajo, el cual mantiene por todo el ejercicio. Por ejemplo, digamos que su programa propone 4 x 6-8 usted haría:

1 x 8 @ 40kg (entrada en calor)
1 x 8 @ 60kg (entrada en calor)
4 x 8 @ 80kg (series de trabajo)

Es posible que debido a la fatiga usted no sea capaz de completar las 8 reps en su última serie o dos. Es por eso que la prescripción propone 6-8 reps. Creo en brindar 2 reps "a favor" al diseñar un programa. Si usted está en una forma óptima y el programa propone 6 reps siendo usted es capaz de hacer 8, ¿no es mejor ir hasta 8? ¡Seguro que sí! Y si usted está cansado y no es capaz de realizar las 8 reps prescriptas, ¿significa eso que usted arruinó su trabajo? No, siempre que usted pueda mantenerse en el rango de las 2 reps está bien.

Gráficamente las series rectas se verían así (mantendremos nuestro ejemplo de 4 x 6-8):

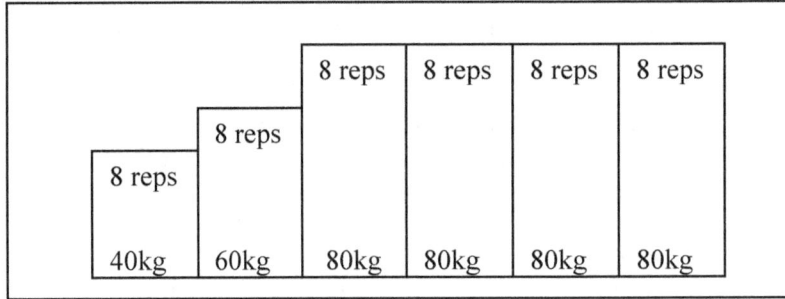

Carga en oleaje
La carga en oleaje se refiere a un modelo de carga donde el peso y las reps cambian en cada serie dentro de un oleaje. Un oleaje es un grupo de 2-3 series. Normalmente 2 oleajes son realizados al entrenar para tamaño muscular mientras que 2-4 oleajes pueden ser utilizados al entrenar para fuerza. Usted debe tratar de usar cargas más pesadas en cada nuevo oleaje.

Al planificar un oleaje de hipertrofia debe tener uno de los dos siguientes modelos:

<u>Oleaje de hipertrofia con ganancias de fuerza</u>
Serie 1 – Zona de hipertrofia total
Serie 2 – Zona de hipertrofia funcional
Serie 3 – Zona de fuerza

Oleaje de hipertrofia / fuerza			
Serie	Principiante	Intermedio	Avanzado
Serie 1	15 reps	12 reps	10 reps
Serie 2	12 reps	8 reps	6 reps
Serie 3	8 reps	6 reps	4 reps
Serie 4	15 reps	12 reps	10 reps
Serie 5	12 reps	8 reps	6 reps
Serie 6	8 reps	6 reps	4 reps

Oleaje de hipertrofia con ganancias de fuerza-resistencia
Serie 1 – Zona de fuerza-resistencia
Serie 2 – Zona de hipertrofia total
Serie 3 – Zona de hipertrofia funcional

Oleaje de hipertrofia / fuerza-resistencia			
Serie	Principiante	Intermedio	Avanzado
Serie 1	20 reps	18 reps	15 reps
Serie 2	15 reps	12 reps	10 reps
Serie 3	12 reps	10 reps	8 reps
Serie 4	20 reps	18 reps	15 reps
Serie 5	15 reps	12 reps	10 reps
Serie 6	12 reps	10 reps	8 reps

Al entrenar para fuerza, uno de los siguientes modelos puede ser utilizado:

Oleaje mixto de fuerza / hipertrofia funcional
Serie 1 – Zona de hipertrofia funcional
Serie 2 – Zona de fuerza extremo superior
Serie 3 – Zona de fuerza extremo inferior

Oleaje mixto de fuerza / hipertrofia funcional			
Serie	Principiante	Intermedio	Avanzado
Serie 1	10 reps	8 reps	6 reps
Serie 2	8 reps	6 reps	4 reps
Serie 3	6 reps	4 reps	2 reps
Serie 4	10 reps	8 reps	6 reps
Serie 5	8 reps	6 reps	4 reps
Serie 6	6 reps	4 reps	2 reps

Oleaje mixto fuerza relativa / límite
Serie 1 – Zona de fuerza extremo superior
Serie 2 – Zona media de fuerza
Serie 3 – Zona de fuerza extremo inferior

Oleaje mixto fuerza relativa / límite			
Serie	Principiante	Intermedio	Avanzado
Serie 1	9 reps	7 reps	5 reps
Serie 2	7 reps	5 reps	3 reps
Serie 3	5 reps	3 reps	2 reps
Serie 4	9 reps	7 reps	5 reps
Serie 5	7 reps	5 reps	3 reps
Serie 6	5 reps	3 reps	2 reps

Oleaje de fuerza relativa
Serie 1 – Zona media de fuerza
Serie 2 – Zona de fuerza extremo inferior
Serie 3 – Zona de fuerza extremo inferior

Oleaje de fuerza relativa			
Serie	Principiante	Intermedio	Avanzado
Serie1	7 reps	5 reps	3 reps
Serie 2	6 reps	4 reps	2 reps
Serie 3	4 reps	2 reps	1 reps
Serie 4	7 reps	5 reps	3 reps
Serie 5	6 reps	4 reps	2 reps
Serie 6	4 reps	2 reps	1 reps

Carga piramidal

Los esquemas piramidales están algo caducos pero todavía pueden ser utilizados al entrenar para tamaño muscular (no tanto al entrenar para fuerza). En una pirámide regular usted comienza con un mayor número de reps y menor cantidad de peso y con cada serie usted incrementa el peso mientras reduce las reps. En una pirámide invertida usted hace lo opuesto: comienza con una carga pesada para unas pocas reps y reduce la carga con cada serie mientras aumenta las reps.

En una pirámide doble usted comienza como una pirámide regular: empieza con mayores reps y las reduce en las próximas 2-3 series luego las aumenta nuevamente para su última serie o dos.

Aquí están algunas ilustraciones de lo que un modelo piramidal puede parecer:

Carga piramidal

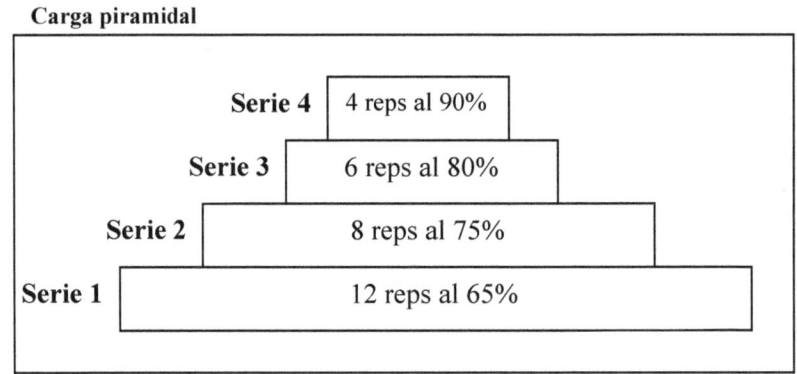

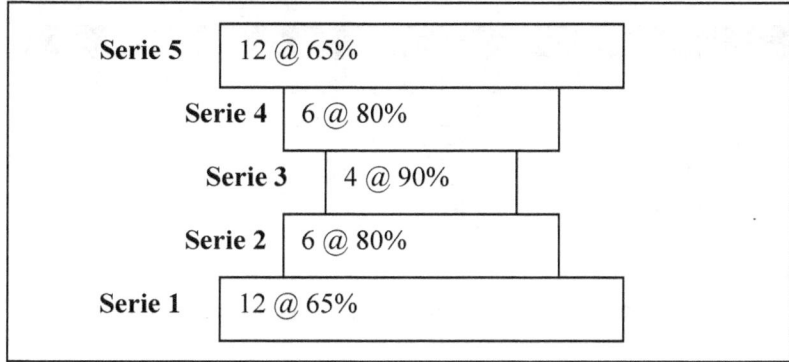

Carga doble piramidal

Existen dos problemas con los modelos de carga piramidal. O bien ellos:

- Causan demasiada fatiga para hacer efectiva la serie pesada (modelo de pirámide regular)

- Comienzan pesado demasiado pronto, cuando el SNC no se encuentra apropiadamente activado (pirámide invertida)

La pirámide doble, la cual es algo semejante a la carga en oleaje, es menos problemática y debe ser el modelo preferido de pirámide si usted elige usar uno.

Carga piramidal plana

Este método es bastante similar a la pirámide regular en la cual el peso es incrementado progresivamente con cada serie. Sin embargo el número de reps permanece igual. Esto significa que solo las últimas 1-2 series son en realidad verdaderas series de trabajo mientras que las otras 2-3 son una entrada en calor progresiva (sin embargo todavía poseen un efecto de entrenamiento). Este tipo de esquema de carga fue utilizado por Dorian Yates entre otros. A menudo se cree que Yates entrenó usando el programa HIT o Heavy Duty en el que uno sólo realiza una serie de un ejercicio yendo al fallo. Esto no es así, Yates en realidad realizaba hasta 5 series de un ejercicio pero solo la última era un verdadero esfuerzo límite. Este método es interesante cuando se entrena en la zona de la hipertrofia funcional porque le permite a uno hacer que sus músculos y SNC se preparen gradualmente para un esfuerzo límite sin causar demasiada fatiga (la que deterioraría el esfuerzo límite). Sin embargo en la mayoría de los casos el "volumen efectivo" (VE): la cantidad de reps que son lo suficientemente duras para causar una adaptación, es demasiado bajo. Es un buen cambio de ritmo cuando uno ha estado haciendo entrenamiento de alto volumen durante mucho tiempo de todos modos. Por ejemplo, si un practicante ha estado en una rutina de alto volumen por 6-8 semanas, incluir 3-4 semanas de pirámide plana con un bajo volumen de trabajo le permitirá al organismo recuperarse del entrenamiento previo de alto volumen de trabajo y sobrevendrá un efecto de supercompensación. Esto se llama adaptación demorada.

La siguiente tabla ilustra cómo podría verse un esquema de pirámide plana:

Serie	Principiante	Intermedio	Avanzado
Serie 1	10 reps @ 50%	8 reps @ 55%	6 reps @ 60%
Serie 2	10 reps @ 55%	8 reps @ 60%	6 reps @ 65%
Serie 3	10 Reps @ 60%	8 reps @ 65%	6 reps @ 70%
Serie 4	10 Reps @ 65%	8 reps @ 70%	6 reps @ 75%
Serie 5	10 reps @ 70%	8 Reps @ 75%	6 reps @ 80%

Carga en meseta

La carga en meseta es algo similar a la carga piramidal excepto por dos diferencias:

- No hay tantos pasos diferentes
- Más de una serie es realizada en cada paso

Usted básicamente realiza diferentes mesetas (2 a 4) cada una teniendo 2 series con la misma carga y reps de entrenamiento. Luego de una meseta usted puede comenzar otra, o bien con un nivel de intensidad mayor o bien con uno menor. He aquí algunos ejemplos:

Ejemplo de una meseta progresiva simple			
Serie	Principiante	Intermedio	Avanzado
Serie 1	12 reps	10 reps	8 reps
Serie 2	12 reps	10 reps	8 reps
Serie 3	10 reps	8 reps	6 reps
Serie 4	10 reps	8 reps	6 reps
Serie 5	8 reps	6 reps	4 reps
Serie 6	8 reps	6 reps	4 reps

Ejemplo de una meseta regresiva simple			
Serie	Principiante	Intermedio	Avanzado
Serie 1	8 reps	6 reps	4 reps
Serie 2	8 reps	6 reps	4 reps
Serie 3	10 reps	8 reps	6 reps
Serie 4	10 reps	8 reps	6 reps
Serie 5	12 reps	10 reps	8 reps
Serie 6	12 reps	10 reps	8 reps

Ejemplo de una meseta progresiva doble			
Serie	Principiante	Intermedio	Avanzado
Serie 1	10 reps	8 reps	6 reps
Serie 2	10 reps	8 reps	6 reps
Serie 3	8 reps	6 reps	4 reps
Serie 4	8 reps	6 reps	4 reps
Serie 5	12 reps	10 reps	8 reps
Serie 6	12 reps	10 reps	8 reps

Personalmente prefiero la meseta progresiva doble ya que le permite a usted prepararse apropiadamente para las series más pesadas, al tanto que no se fatiga demasiado para poder realizarlas bien.

5. Tempo de un ejercicio

Primero una pequeña recapitulación acerca del tempo. Tempo significa simplemente el ritmo al cual usted está realizando un ejercicio. Hay tres maneras principales de planear el ritmo:

1. No planearlo en absoluto … esta es la escuela de pensamiento de "solo levanta la maldita barra". Personalmente pienso que al planificar una sesión orientada en desarrollar la fuerza límite (por lo tanto usando pesos grandes) esa es la manera de hacer.

2. Brindando una recomendación general. En ese caso una fase del movimiento puede ser a) lenta (4-5+ segundos), b) controlada (2-4 segundos), c) rápida (1-2 segundos) o d) explosiva (tan rápida como sea posible). En la mayoría de los casos la porción concéntrica / levantar de un movimiento debe siempre ser rápida o explosiva mientras la excéntrica / bajar debe ser o bien controlada o lenta. Lo precedente se aplica cuando uno está entrenando para construir masa muscular.

3. Usando un número de 3 o 4 dígitos para prescribir con precisión el ritmo del movimiento. Este método será ilustrado en algunos momentos. Primero quisiera decir que yo no soy un gran admirador de prescribir tempos exactos. Encuentro que eso puede obstaculizar el rendimiento en el ejercicio al estar el practicante enfocado en contar el ritmo de su tempo. También lo encuentro impráctico porque a medida que la serie avanza y la fatiga se presenta, puede resultar imposible continuar la serie en el tempo prescripto <u>pero</u> sería posible realizar unas reps más usando un tempo no específico. ¿Debe el practicante detenerse cuando no puede respetar el tempo prescripto aún cuando él puede continuar haciendo algo de trabajo? Recomendaciones precisas de tempo con principiantes pueden ser buenas, ya que lo fuerzan a controlar sus movimientos. Pero una vez superada la etapa de principiante yo prefiero más el método de tempo n.º 2.

No obstante, a alguna gente le agrada el uso de la prescripción del tempo de 3-4 dígitos así que voy a explicar cómo funciona de todos modos. En primer lugar el de 3 dígitos, popularizado por Charles Poliquin.

El **método de 3-dígitos** es representado por un número tal como 302 o 401 (estos son solo ejemplos). Cada uno de estos tres dígitos representa la longitud en segundos de una fase del ejercicio. El primer dígito representa la longitud de la fase excéntrica (descenso) el segundo representa la longitud de la pausa entre bajar y levantar el peso mientras que el tercer dígito representa la longitud de la fase concéntrica (elevación). Por ejemplo:

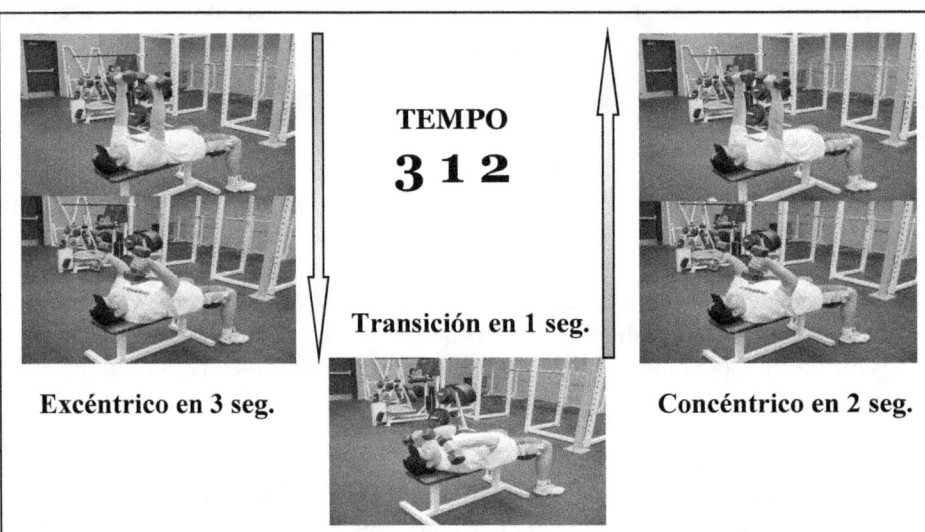

El **método de 4-dígitos** es muy similar excepto por la adición de un cuarto dígito indicando el tiempo de intervalo entre la finalización de una repetición y el inicio de una nueva. Lo primeros 3 dígitos significan lo mismo que en el método de los 3 dígitos. Por ejemplo:

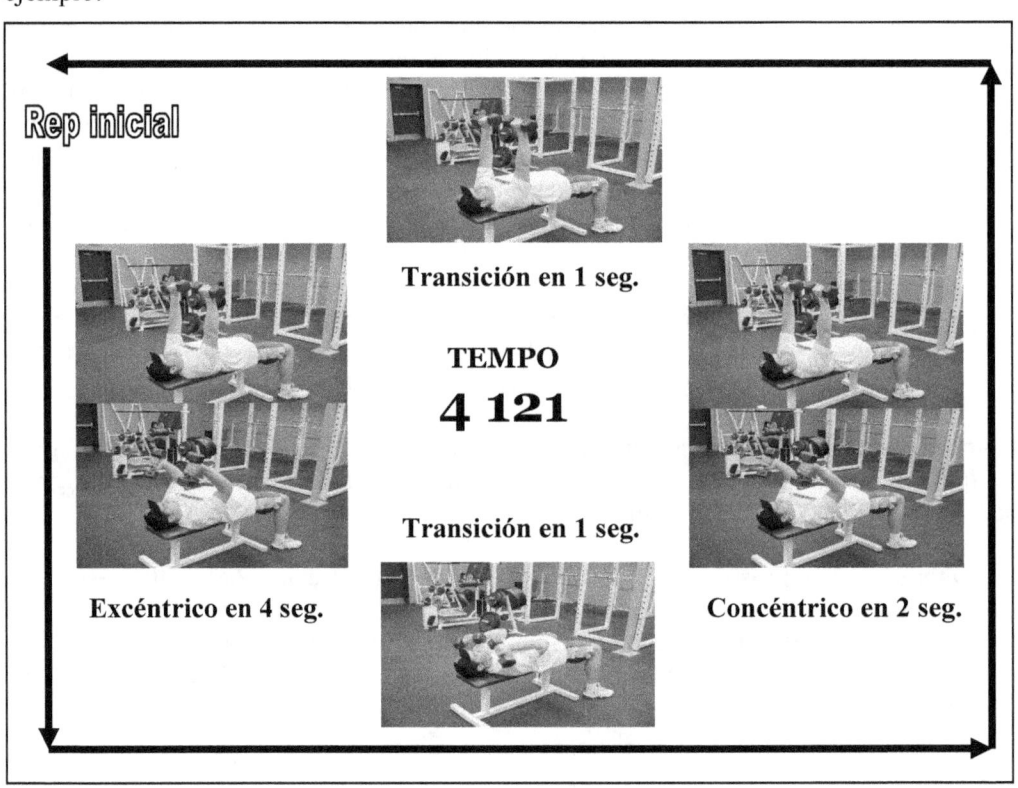

Además de las limitaciones presentadas arriba existe una dificultad más cuando se trata de los métodos de prescripción de tempo en "dígitos".

El primer número refiere a la porción excéntrica del movimiento, no necesariamente la fase que viene primero en el ejercicio y el tercer número se refiere a la porción concéntrica, no necesariamente a la tercer fase del ejercicio.

Tome los tirones en polea por ejemplo: la fase concéntrica viene primera en el movimiento (no la fase excéntrica) mientras que la fase excéntrica es tercera (en vez de ser primera). Un tempo 301 puede resultar confuso para algunos practicantes: ¿Debo ejecutar la primer fase (concéntrica) en 3 segundos o es en 1 segundo? Permítame ilustrarlo:

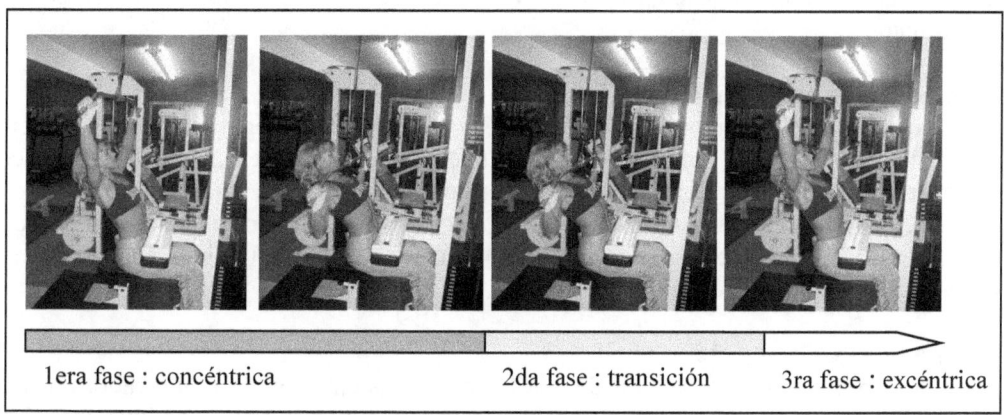

1era fase : concéntrica   2da fase : transición   3ra fase : excéntrica

Si tuviésemos que prescribir el tempo de acuerdo al orden de las fases puede ser que se vea algo como **103** cuando en realidad debemos escribir **301** debido a que los dígitos no son ordenados basado en cuál de las fases viene en primer lugar sino por la fase excéntrica (primer dígito), transición (segundo dígito), fase concéntrica (tercer dígito). Llega así a resultar obvio cuan confuso puede volverse para un iniciado al entrenamiento.

Dicho esto, el tempo de un ejercicio puede ser una importante variable cuando se entrena para hipertrofia (tamaño muscular) debido a que puede modificar enormemente el estímulo de entrenamiento, especialmente cuando hablamos acerca de la longitud / velocidad de la fase excéntrica del movimiento.

Al entrenar para aumentos de tamaño, un individuo debe siempre tratar de bajar el peso lentamente o bajo control (por lo tanto 3-6 segundos) pero intentar levantarlo tan rápido como sea posible. De este modo maximizamos el factor de tiempo bajo tensión al incrementar la longitud de la fase excéntrica y maximizamos la tensión intramuscular aumentando la producción de fuerza durante la porción concéntrica del levantamiento (aumentando el factor de aceleración). ¡Usted así obtiene un doble estímulo de crecimiento!

6. Duración de los intervalos de descanso

Al entrenar únicamente para el crecimiento muscular usted siempre debe apuntar a reducir la duración de los intervalos de descanso de modo que incremente la densidad de su entrenamiento. Este es el disparador que produce un crecimiento importante y respuestas hormonales de combustión de grasas. No obstante, usted no quiere tomarse intervalos de descanso que resulten tan cortos como para tener que disminuir los pesos que está utilizando. Al entrenar para hipertrofia debe comenzar con intervalos de descanso que se extiendan entre 60-120 segundos trabajando gradualmente para reducirlos a 30-45 segundos con el tiempo.

Obviamente al entrenar para fuerza y potencia esto no resulta suficiente debido a que deseamos utilizar intervalos de descanso lo suficientemente extensos de modo que tanto la musculatura como el sistema nervioso estén recuperados. Esto normalmente requiere 3-5 minutos.

6. Selección de los ejercicios

Existen literalmente cientos, sino miles, de ejercicios para elegir cuando uno decide desarrollar su cuerpo. También existen numerosos aparatos en los que uno puede entrenar: barras, mancuernas, kettlebells, máquinas de resistencia variable, máquinas con carga de discos, estaciones de cable / polea, etc. De modo que no resulta extraño que la mayoría de los aprendices puedan resultar abrumados o aun confundidos cuando llega el momento de elegir los ejercicios apropiados.

a) Máquinas vs. pesos libres

Esto ha sido materia de debate desde que las máquinas entraron en el mercado. Por más de 40 años fanáticos del entrenamiento han estado discutiendo acerca de la superioridad de las máquinas sobre los pesos-libres y viceversa. Ambos bandos parecen tener argumentos válidos, el grupo de las máquinas argumenta que las máquinas son más seguras porque es un ambiente controlado y que son tan efectivas como los pesos-libres porque los músculos no pueden notar la diferencia. Bueno, ante todo el asunto de la "seguridad" no es enteramente verdadero; las máquinas no son necesariamente más seguras que los pesos-libres. Sin duda usted reduce el riesgo de lesión causado por la pérdida de control de la barra. Existe una compensación sin embargo: las máquinas, al ajustarlo a un patrón constante de movimiento, aumentan enormemente el riesgo de lesiones por sobreuso. Una no es más segura que la otra. Cualquier tipo de trabajo contra una resistencia externa conlleva sus riesgos. De modo que el argumento pro-máquinas es discutible.

Los pesos-libres ofrecen varias ventajas sobre las máquinas:
  · Requieren al aprendiz controlar el peso en un espacio tridimensional mientras que las máquinas guían su movimiento. De modo que los pesos-libres mejorarán su orientación especial, control corporal así como reforzarán los muy importantes músculos estabilizadores. Todos cuantos son muy significativos para los atletas.

  · Los ejercicios con pesos-libres tienden a involucrar más grupos musculares de sostén que las máquinas. Algunos pueden ver esto como una desventaja (menor aislamiento muscular) pero en realidad, si uno desea construir mucho músculo rápido, es una ventaja.

- Los pesos-libres le brindan la posibilidad de realizar muchos ejercicios mientras que con las máquinas usted está normalmente limitado a 1-2 movimientos por estación.

Esto no es para decir que las máquinas no tengan su lugar en un programa de entrenamiento. Mientras que la mayoría de los ejercicios compuestos (multiarticulares) deben ser realizados con pesos-libres, algunos trabajos de aislamiento pueden realizarse en máquinas o en una estación de cable / polea. Puesto a que estos dos últimos aparatos son casi libres-de-estrés sobre el sistema nervioso, le permiten al entrenado aumentar su volumen de entrenamiento sin arriesgar una sobrecarga sobre el SNC.

b) Multiarticulares vs. aislamiento
¿Qué es lo mejor cuando se trata de construir un físico musculoso? ¿Utilizar solo ejercicios multiarticulares (press de banca, sentadilla, peso muerto, remo con barra, press militar, etc.) o solo ejercicios de aislamiento? Algunos dirán (con razón) que usted no puede construir gran cantidad de masa muscular realizando solo un trabajo de aislamiento mientras otros argumentarán (también con razón) que realizar solo movimientos multiarticulares quizás descuide algunas áreas y desarrolle en exceso algunas otras conduciendo a un físico poderoso pero no necesariamente estético.

¡Ambos bandos tienen razón! Si usted desea construir un físico muy musculoso no hay otra manera: usted debe basar su entrenamiento en ejercicios multiarticulares. Sin embargo debido a que estos ejercicios involucran múltiples grupos musculares al mismo tiempo, es posible sobredesarrollar algunos grupos musculares mientras otros quedan relativamente sin estimular. Esto se debe a que el cuerpo siempre confiará en sus fortalezas para realizar una cierta tarea. Si usted posee deltoides y tríceps muy fuertes pero un pectoral relativamente débil y está realizando una serie de press de banca, su cuerpo se apoyará en los hombros y los tríceps para hacer la mayor parte del trabajo mientras que los pectorales no serán estimulados por completo. Los ejercicios multiarticulares tienen la tendencia de acentuar desbalances musculares. De modo que si su búsqueda es hacia un físico muscular y estético tendrá que agregar algún trabajo de aislamiento para las partes más débiles para que estas puedan ponerse a la par con el resto de su cuerpo.

De modo que el mensaje para recordar es:
Los ejercicios multiarticulares con pesos-libres deben ser mayoría en su programa de entrenamiento. A eso usted puede agregarle la asistencia de ejercicios de aislamiento realizados con pesos-libres y ejercicios auxiliares realizados en máquinas o estaciones de cable / polea.

CAPÍTULO 7
Bloques de entrenamiento

En este capítulo ...

- Bloques de entrenamiento: periodización para tontos
- Bloques de entrenamiento para atletas
- Bloques de entrenamiento para culturistas

"Bloques de entrenamiento: Periodización para tontos"

Cuando se nombran las palabras "periodización de entrenamiento", es probable que usted termine en un cuarto lleno de caras confusas y miradas en blanco. Por alguna extraña razón, existe un estigma de complejidad rodeando a la periodización. Muchos autores occidentales son culpables porque la hicieron ver más complicada de lo que realmente es. La mayor parte del tiempo harán eso porque desean presentar todo lo que ellos saben y toda la investigación que realizaron. ¡Eso es grandioso si usted está brindando una conferencia en un cuarto lleno de doctores en fisiología del ejercicio, pero no lo es tanto si usted en realidad está intentando enseñarle a la gente cómo entrenar!

Personalmente me gusta simplificar las cosas. Creo que abordar una materia compleja y hacerla fácil de entender es un signo de inteligencia, mucho más que tomar un concepto simple y hacerlo sonar como ciencia espacial. ¡La periodización del entrenamiento es algo simple, de verdad! Según Freeman:

"Periodización es simplemente dividir el programa de entrenamiento de un atleta en un número de períodos de tiempo, cada uno con uno o más objetivos de entrenamiento específicos. El corazón de la periodización es simple: hacer del entrenamiento un proceso objetivo"

En ningún lado se postuló que la periodización debe utilizar un montón de complejos gráficos y análisis estadísticos. Y en ningún lado se postuló que existe solo una manera de periodizar un programa de entrenamiento. La gente parece pensar que la única forma de periodización es la lineal, yendo de un período de baja intensidad / alto volumen a uno de alta intensidad / bajo volumen. ¡Bueno, esta forma de periodización, la periodización lineal, ha sido vista como noticia vieja por sus propios creadores por más de 30 años! Con todo muchos "expertos" occidentales aún siguen el dogma ciegamente.

¿Qué son los bloques de entrenamiento?

En vez de una progresión lineal yo prefiero usar bloques de entrenamiento. Un bloque de entrenamiento es simplemente un cierto período de entrenamiento en el que se utilizan los mismos ejercicios, los mismos medios de entrenamiento y que posee objetivos de entrenamiento similares.

Un bloque de entrenamiento no debería ser menor a dos semanas (o dos microciclos de 5-10 días). Un período menor que ese no puede conducir a adaptaciones significativas, crónicas y positivas. Generalmente un bloque de entrenamiento podrá ser tanto de **4 semanas** de duración u **8 semanas** para un "bloque doble".

Cada bloque de entrenamiento es su propia unidad funcional, lo que significa que usted planifica cada bloque de entrenamiento individualmente. Varios bloques pueden ser planificados por adelantado, pero al hacerlo usted solo planifica las sesiones individuales de a un bloque a la vez. Usted puede establecer los objetivos de 4-6 bloques por adelantado, pero el entrenamiento específico a ser utilizado es planificado 4 semanas, o un bloque a la vez. Esto permitirá al entrenador ajustar el programa de acuerdo a cómo responde el atleta. Durante un bloque los modelos de carga varían cada semana. Sin embargo los ejercicios son los mismos para todo el bloque. Usted cambia los ejercicios con el inicio de cada nuevo bloque. Usted cuenta con cuatro modelos posibles diferentes de carga en un bloque de entrenamiento:

1. **Carga introductoria**: Aquí es donde se introduce al atleta a los métodos de entrenamiento y ejercicios que serán utilizados durante todo el bloque de entrenamiento. El volumen y la intensidad son bajos porque todo lo que queremos es establecer el nivel actual del atleta y acostumbrarlo a los ejercicios que se van a utilizar.

2. **Carga de base**: En esta porción del bloque el volumen de entrenamiento es máximo. El objetivo es realizar una gran cantidad de trabajo, tanto como el atleta / culturista pueda tolerar. El hecho de que más series sean utilizadas conducirá a mayores adaptaciones estructurales.

3. **Carga de choque**: Si la carga de base está basada en una gran cantidad de volumen, la porción de carga de choque está basada en la utilización de muy alta intensidad. El volumen es disminuido en algo, alrededor del 70-80% del de la semana de base. Pero las cargas utilizadas son mayores. El hecho de que mayor intensidad sea utilizada conducirá a mayores adaptaciones funcionales.

4. **Descarga / Test**: Esto se planifica al final de un bloque de entrenamiento y es utilizado para evaluar cuánto ha progresado el atleta y decidir sobre el bloque siguiente. El test es planificado para el 5to día de la semana. En este día usted evaluará su máximo en 3-4 ejercicios diferentes (si usted compite se testea en sus movimientos competitivos). Los primeros 4 días de la semana utilice un volumen muy bajo, no mayor al 50-60% del volumen de la semana de base. La intensidad es un 5 al 10% inferior que en la semana de choque, pero máxima para el día del test. Luego del día del test usted tiene dos días de completo descanso.

Estructura de bloque

El más básico y sencillo bloque a utilizar es el bloque de cuatro semanas. Con un bloque de cuatro semanas usted dedica una semana a cada tipo de carga. Esta es la mejor manera de desarrollar óptimos resultados con la mayoría de los atletas. Una vez más entienda que los ejercicios utilizados permanecen idénticos durante toda la duración del bloque, pero usted cambia los ejercicios cada vez que cambian los bloques.

El bloque de entrenamiento más efectivo es el siguiente:

Semana 1: Carga introductoria
Semana 2: Semana de base
Semana 3: Semana de choque
Semana 4: Descarga y test

Aquí hay algunos bloques que a mí gusta utilizar:

Bloque atlético / fuerza para un sistema nervioso muy eficiente
Semana 1: 3 x 5 (80-85% del máx.)
Semana 2: 3 x 5 (80-85% del máx.), 3 x 4 (85-90% del máx.)
Semana 3: 3/2/1/3/2/1 (90% / 95% / 100% / 92% / 97% / 102%)
Semana 4: 3 x 3 (85-90% del máx.) para los primeros 4 días, test en el 5to día

Bloque atlético / fuerza para un sistema nervioso menos eficiente
Semana 1: 3 x 8 (77-82% del máx.)
Semana 2: 3 x 8 (77-82% del máx.), 3 x 4 (85-90% del máx.)
Semana 3: 5/3/2/5/3/2 (85% / 90% / 95% / 87% / 92% / 97%)
Semana 4: 3 x 6 (80-85% del máx.) para los primeros 4 días, test en el 5to día

Estos son dos ciclos básicos que yo utilizo con mis atletas fuera de temporada y que han mostrado brindar grandes ganancias de fuerza y potencia. Sin embargo, esto es para atletas y para el desarrollo de fuerza. Para propósitos culturistas el mismo enfoque puede ser utilizado y se transformaría en:

Bloque culturista para contracción rápida dominante / ganancias fáciles
Semana 1: 3 x 8
Semana 2: 3 x 8, 3 x 6
Semana 3: 7/5/3/7/5/3
Semana 4: 2 x 6, 2 x 3

Bloque culturista para fibras mixtas / ganancias promedio
Semana 1: 3 x 10
Semana 2: 3 x 10, 3 x 8
Semana 3: 8/6/4/8/6/4
Semana 4: 2 x 8, 2 x 5

Bloque culturista para contracción lenta dominante / ganancias difíciles
Semana 1: 3 x 15
Semana 2: 3 x 12, 3 x 10
Semana 3: 10/7/5/10/7/5
Semana 4: 2 x 10, 2 x 6

Usted notará que no brindé los porcentajes para los bloques culturistas, eso se debe a que al planificar para el entrenamiento culturista recomiendo usar un peso cercano a su mejor (para el número planeado de reps) en todas las series.

Las sesiones

Con bloques de entrenamiento prefiero usar 4 sesiones por semana. Dependiendo del tipo de cliente yo utilizaría uno de los siguientes esquemas:

Atleta
Día 1: Tren inferior
Día 2: Tren superior
Día 3: Descanso
Día 4: Tren inferior
Día 5: Tren superior
Día 6: Descanso
Día 7: Descanso

Culturista
Día 1: Pecho y espalda
Día 2: Piernas y abdominales
Día 3: Descanso
Día 4: Bíceps y tríceps
Día 5: Descanso
Día 6: Deltoides anterior / medio y posterior
Día 7: Descanso

Los ejercicios

En cada entrenamiento 4-5 deben ser utilizados, cada uno de los ejercicios respeta las pautas de carga (series, reps e intensidad) de la semana. Una buena selección de ejercicios podría ser algo así (estas son solo sugerencias):

Atleta
Día 1: Sentadilla profunda por detrás, peso muerto romano, hiperextensiones a 1-pierna, estocadas.
Día 2: Press de banca, press inclinado, press con impulso, remo con barra, remo sentado / dominadas.
Día 4: Arranque de potencia desde bloques, cargada de potencia desde bloques, sentadilla por delante, sentadilla con salto (liviana).
Día 5: Segundo tiempo, press de banca balístico (liviano), dominadas a sobrevelocidad (con ayuda de un compañero), remo a un brazo.

Culturista
Día 1: Press de banca declinada con mancuernas, aperturas planas, fondos, remo sentado, remo con barra
Día 2: Sentadilla profunda por detrás, estocadas, peso muerto romano, camilla de isquiotibiales, trabajo abdominal.
Día 4: Curl Zottman, curl martillo, curl predicador, extensiones de tríceps con cable por sobre la cabeza, extensiones e tríceps acostado con barra EZ.
Día 6: press de hombros alternado con mancuernas, vuelos laterales inclinado, vuelos laterales con cable a 1 brazo, press arqueado, vuelos laterales.

Estos son los ejercicios para un bloque de entrenamiento, los ejercicios deben cambiar luego de 4 semanas. Obviamente, estos son solo ejemplos de posibles elecciones de ejercicios. Usted puede usar ejercicios equivalentes si se siente más cómodo con otras opciones.

Cambiando los bloques

Cuando usted cambia de bloques debe primero elegir nuevos ejercicios. Usted no tiene que usar todos ejercicios nuevos en cada bloque, pero es mejor cambiar al menos 3 de 5 para resultados óptimos. La cantidad de reps, series e intensidad puede variar dependiendo del objetivo del atleta. Las pautas que brindé son las de mis bloques "burros de carga"; esos que utilizo la mayoría de las veces. Sin embargo hay ciertas veces en donde usaré más volumen o más intensidad dependiendo de las necesidades y capacidades del atleta. Si usted comprende la estructura de un bloque de 4 semanas puede fácilmente manipular el volumen y la intensidad de acuerdo a las necesidades del atleta respetando todavía los principios básicos de la carga de bloques.

Objetivos de los bloques

Como ya he mencionado, durante un bloque el objetivo(s) es / son fijos. Esto significa que un bloque quizás sea dedicado al desarrollo de la fuerza (**bloque de fuerza**), otro al desarrollo de la potencia (**bloque de potencia**), otro al desarrollo de la velocidad (**bloque de velocidad**) y algún otro a la hipertrofia (**bloque de hipertrofia**). <u>Ahora, simplemente porque una cierta cualidad es enfatizada durante un bloque no significa que usted no deba incluir trabajo para otras capacidades.</u> Aun durante una fase en la que hay cierto énfasis usted todavía intenta mantener (o incluso mejorar) otras capacidades físicas.

Pero como generalidad cada bloque de entrenamiento debe tener sólo un objetivo general. Y dependiendo de que tipo de actividad realiza el atleta, variará la adecuada combinación de los bloques. Discutiré brevemente cada tipo de bloque así como también le brindaré la apropiada secuencia de los bloques dependiendo del tipo de atleta.

Tipos de bloques

Hay tres divisiones generales de bloques, cada una tiene varios tipos de bloques. Las divisiones son: **trabajo de fuerza-especial**, **trabajo de pista** y **trabajo para deporte**. Para los propósitos de este libro únicamente la primera división de los bloques será explorada.

La categoría de trabajo de fuerza-especial puede tener varios tipos de bloques. Siendo los más comunes: **bloque de fuerza, bloque de potencia** y **bloque de hipertrofia**.

<u>**Bloque de fuerza:**</u> El bloque de fuerza es llamado también "carga concentrada de fuerza". Esto significa que un gran volumen de trabajo es dedicado a mejorar la fuerza límite en todos los grupos musculares. Durante este tipo de bloque, el trabajo de fuerza constituirá alrededor del 75% del volumen total de entrenamiento mientras que el 15% será dedicado al trabajo de potencia y el 10% a la hipertrofia.

Bloque de potencia: El bloque de potencia es llamado también "carga de secuencia-conjugada". Esto significa que usted usa una amplia gama de métodos de entrenamiento situados en todo el espectro de la fuerza (vea el capítulo de métodos de entrenamiento para una lista completa de los mismos) con un énfasis en el trabajo balístico, trabajo de velocidad-fuerza y fuerza-velocidad. Durante esta fase los trabajos de potencia comprenden un 50-70% del volumen de entrenamiento mientras que el trabajo de fuerza límite cuenta con un 20-30% y el trabajo de hipertrofia con un 10-20%.

Bloque de hipertrofia: El bloque de hipertrofia es denominado también "bloque estructural". En términos simples, el objetivo es incrementar el tamaño de las estructuras musculares (músculos y tendones). Durante esta fase, ejercicios de alto-volumen / excéntrico controlados y aislamiento son muy utilizados. Básicamente, incluye los métodos de culturismo más efectivos (vea el capítulo sobre consejos culturistas para algunas ideas). Un 50-70% de su volumen de entrenamiento es usado en trabajo de hipertrofia, el trabajo de fuerza límite cuenta con un 20-30% y el trabajo de potencia con un 10-20%.

Organización de los bloques

Diferentes tipos de atletas se beneficiarán con diferentes organizaciones de bloques. Esto es especialmente verdadero si uno compara a los culturistas con la mayoría de los tipos de atletas competitivos. La siguiente secuenciación de bloques es un buen punto de partida:

Culturista

Bloque 1	Bloque 2	Bloque 3	Bloque 4	Bloque 5	Bloque 6
Fuerza	Hipertrofia	Hipertrofia	Fuerza	Hipertrofia	Hipertrofia

Levantador de potencia

Bloque 1	Bloque 2	Bloque 3	Bloque 4	Bloque 5	Bloque 6
Hipertrofia	Fuerza	Fuerza	Potencia	Fuerza	Fuerza

Levantador olímpico

Bloque 1	Bloque 2	Bloque 3	Bloque 4	Bloque 5	Bloque 6
Hipertrofia	Fuerza	Potencia	Fuerza	Potencia	Potencia

Atleta anaeróbico (por ej. Jugador de hockey o fútbol americano)*

Bloque 1	Bloque 2	Bloque 3	Bloque 4	Bloque 5	Bloque 6
Hipertrofia	Fuerza	Potencia	Hipertrofia	Fuerza	Potencia

*Esto obviamente excluye las divisiones de pista y deporte que también juegan un rol importante en el proceso de la planificación.

Conclusión

Obviamente la planificación del entrenamiento, o periodización, puede ser más compleja que esto. Pero creo que el entrenamiento por bloques es un modo sencillo de periodizar el propio entrenamiento. Es un método mucho más simple que gran cantidad de otros esquemas y por tanto hace a la periodización disponible para casi todos.

Por su simplicidad este enfoque le asegura brindarle óptimos resultados. Sabemos que la periodización es una de las claves para un rendimiento deportivo óptimo; sin embargo, pocos realmente entienden cómo diseñar un programa periodizado. ¡Con el entrenamiento de bloques usted puede tener acceso a los beneficios de la periodización sin su complejidad! ¡Es una situación en la que todos ganan!

CAPÍTULO 8
Planificando la intensidad

En este capítulo ...

- Seleccionando el rango apropiado de intensidad para sus metas
- Intensidad apropiada para distintos tipos de ejercicios

"Intensidad, intensividad e intenso"

Existen muchas definiciones en conflicto de intensidad. En algunos lugares usted encontrará a la intensidad de entrenamiento definida en el porcentaje de las capacidades máximas. En otros será igual a la cantidad de fatiga muscular producida por una serie, más otras fuentes proclamarán que la intensidad está asociada con "la acidez o quemazón".

Uno debe hacer la distinción entre la intensidad del entrenamiento, la intensividad del entrenamiento y ser intenso. La intensidad del entrenamiento refiere a la carga utilizada comparada a lo que usted puede emplear a su máximo. Por ejemplo si usted puede hacer press de banca con 180kg para una rep y está utilizando 135kg para su serie usted está trabajando a un nivel de intensidad del 75% (135 x 100 /180). Esta es la definición científica oficial y aceptada de intensidad de entrenamiento; no tiene nada que ver con la fatiga muscular o la sensación subjetiva de estar entrenando duro.

Intensividad se referiría a métodos que causan mucha fatiga (por e.j. series en caída, súper series, etc.). Estos métodos se diría que son intensivos, sin embargo la intensidad de la carga no es necesariamente alta en el verdadero sentido de la palabra.

Ser intenso es una sensación subjetiva acerca de que tan duro está usted entrenando y no debe ser confundida con intensidad.

Al planificar el entrenamiento de atletas o culturistas usted debe usar siempre la definición científica de intensidad. Usted no tiene que utilizar porcentajes de todos modos; el sistema de RM es más adecuado en mi opinión. El sistema de RM significa que usted debe utilizar tanta carga como sea posible para un número de reps dadas. Por ejemplo un nivel de intensidad de 6RM significa una carga con la que puede hacer 6 veces (pero no 7) en buena forma. Esta forma de planificación de la intensidad es superior al sistema de porcentaje porque es autorregulada. Autorregulada significa que la intensidad de entrenamiento es adaptada a sus capacidades actuales. Si usted utilizara un sistema de planificación con porcentaje y prescribe 3 x 6 al 80%, en un buen día puede resultar verdaderamente fácil brindarle una óptima estimulación, mientras que en otros días, si usted se encuentra cansado o enfermo, resultará muy pesado y usted en realidad no será capaz de completar las series. Utilizando una planificación de 3 x 6RM, la carga de entrenamiento se ajusta a sus capacidades diarias, lo que asegura óptima, pero no excesiva estimulación.

Otro problema con el sistema de porcentaje es que los individuos con fibras de contracción lenta dominantes y fibras de contracción rápida dominantes no podrán realizar el mismo número de reps en cualquier porcentaje dado. Por ejemplo, 3 x 6 al 80% resultará muy fácil para un individuo con fibras de contracción lenta dominantes pero casi imposible para alguien con fibras de contracción rápida muy dominantes. Como puede ver, el sistema RM es mucho mejor y hace más fácil la planificación del entrenamiento.

No obstante, a alguna gente le gusta usar porcentajes. Yo mismo lo uso a veces para **propósitos de guía**. Charles Poliquin posee un gráfico rep / porcentaje en su libro "Poliquin Principles". Si bien era bueno, está basado en una persona promedio. NO tuvo en cuenta que dependiendo de la dominancia del tipo de fibra de un individuo los porcentajes para cada rango de reps variarán.

Aquí está un gráfico modificado basado en los más recientes estudios así como en la información presentada antes en el libro:

Número de Reps	% para contracción rápida dominantes	% para una ratio equilibrada de fibras	% para contracción lenta dominantes
1	100%	100%	100%
2	92%	95%	98%
3	87%	90%	96%
4	82%	87%	94%
5	79%	84%	92%
6	76%	83%	90%
7	73%	80%	88%
8	70%	77%	86%
9	67%	74%	84%
10	64%	71%	82%
11	61%	69%	80%
12	58%	67%	78%
13	55%	65%	76%
14	52%	63%	74%
15	50%	61%	72%
16	48%	59%	70%
17	46%	57%	68%
18	44%	55%	66%
19	42%	53%	64%
20	40%	52%	62%
21	39%	51%	61%
22	38%	50%	60%
23	37%	49%	59%
24	36%	48%	58%
25	35%	47%	57%

Christian Thibaudeau, 2003

Como puede usted ver en esta tabla, utilizar porcentajes no resulta tan efectivo como utilizar el sistema RM debido a la gran variabilidad de resultados dependiendo del tipo de fibra del atleta. Sin embargo si usted quiere usar porcentajes para planificar su entrenamiento sugiero que use esta tabla en vez de la vieja. Al menos usted puede adaptarlo a su dominancia de fibra (o a la de su atleta).

Intensidad de la carga para distintos tipos de ejercicios

La intensidad real a utilizar está fuertemente influenciada por el tipo de ejercicio que usted está realizando. Utilizar un 60% en la sentadilla probablemente será una brisa mientras que posiblemente se haga matar si utiliza la misma carga en la sentadilla con salto.

Tipo de ejercicio	Baja intensidad	Moderada intensidad	Alta intensidad	Muy alta intensidad
Ejercicios balísticos (sentadilla con salto, press de banca balístico, etc.)	5-10% del máximo correspondiente al levantamiento completo (por ej. Sentadilla con salto = sentadilla por detrás, banca balístico = press de banca)	10-15%	15-20%	20-25%
Ejercicios clásicos de alta aceleración (sentadilla veloz, press de banca veloz)	50%	55%	60%	65%
Levantamientos Olímpicos	40-65%	65-80%	80-90%	90-100%
Ejercicios clásicos de fuerza	55-70%	70-85%	85-95%	95-100%

Ahora, dependiendo de su objetivo usted puede seleccionar uno o varios rangos de intensidad para usar en su entrenamiento.

Un atleta debe usar las 4 zonas en su programa anual, no necesariamente todas a la vez sin embargo.

Un culturista debe pasar la mayor parte de su tiempo de entrenamiento en las zonas de intensidad moderadas y altas con algún ciclo ocasional de muy alta intensidad de carga.

Un levantador olímpico o de potencia debe permanecer en las zonas de alta y muy alta intensidad durante la mayor parte de su entrenamiento anual, con algunas sesiones de baja a moderada intensidad para permitir una máxima recuperación.

CAPÍTULO 9
Frecuencia de entrenamiento

En este capítulo ...

- Recuperación total versus carga / descarga

- Divisiones de entrenamiento ideales para atletas

- Divisiones de entrenamiento ideales para culturistas

- Cómo hacer que dos-sesiones-al-día le funcionen

- Intervalos de descanso ideales

"¿Debo quedarme o debo crecer?"

Muchas autoridades han estado diciendo que luego de cada sesión de entrenamiento un músculo necesita 48 horas para recuperarse, por lo que 3 sesiones de entrenamiento por semana resultan óptimas. No sé realmente de dónde viene esa figura de las 48 horas. Oh, ha estado dando vueltas desde hace bastante tiempo (los libros de Bompa, Superentrenamiento y muchos otros hablan de eso). Pero por lo que yo recuerdo esto está basado en investigaciones en resistencia extensiva, no en entrenamiento de fuerza.

Si usted piensa acerca de ello, la regla de las 48 horas no tiene demasiado sentido. Si fuese cierto entonces cualquier sesión de entrenamiento requeriría 48 horas antes de que un restablecimiento completo sea alcanzado. Esto no es tan así. Algunas sesiones requerirán 48 horas, otras puede que solo requieran 12-24 horas y algunas pueden tomar hasta incluso 72 horas. Desde mi experiencia, la mayoría de los atletas puede entrenar en un nivel que requiere 24-48 horas antes de que una recuperación completa sea alcanzada.

Pero esto trae otros dos puntos que querría señalar:

1) ¿Es la constante "recuperación completa" necesaria, o incluso conveniente? Parecería lógico decir que sí. Pero el trabajo reciente de Verkhoshansky sobre carga concentrada indica que un mayor efecto de entrenamiento puede ser alcanzado si el atleta nunca se recupera por completo durante sus semanas de carga (primeras tres semanas de un bloque de entrenamiento) y permitir un rebote de adaptación durante una semana de descarga (muy bajo volumen). Verkhoshansky indicó <u>que cuanto mayor es la pérdida de capacidades durante el período de carga (lo que significa recuperación incompleta durante el ciclo de entrenamiento) mayor será el rebote luego de una semana de descarga</u>. Así que considerando esto, entrenar solo al estar completamente recuperado no resulta óptimo para ganancias más rápidas. Sin embargo, entrenar sin una recuperación completa por más de 3-4 semanas es contraproducente. **La verdadera clave es la sucesión de una fase de carga y una de descarga.**

Utilizando una sucesión de 3 semanas de fase de alta carga y 1 semana de fase de descarga

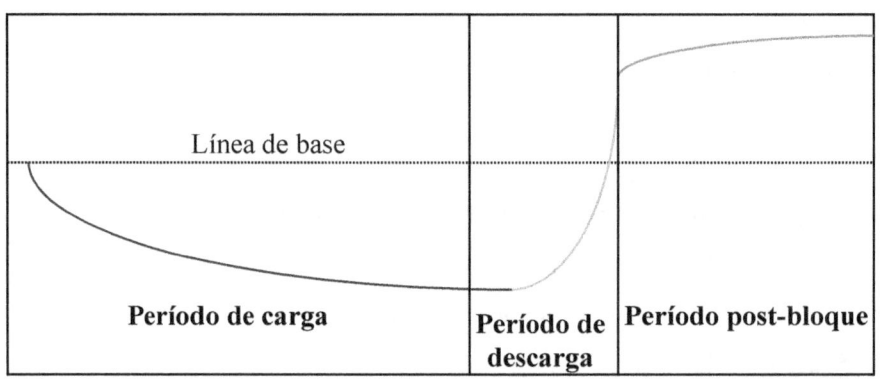

Permitiendo recuperación completa luego de cada sesión

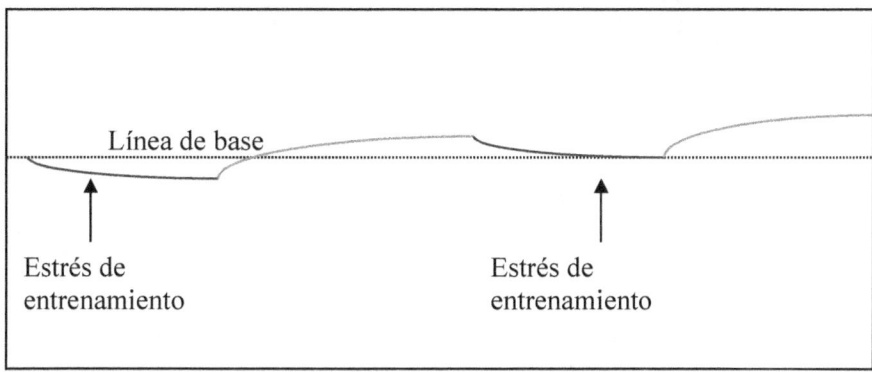

2) ¿Es la regla de las 24-48 horas aplicable al entrenamiento de los mismos grupos musculares o de todo el cuerpo? ¿Si uno entrena el tren inferior el día 1 y el tren superior el día 2, incluso si hay menos de 48 horas entre ambos trabajos es posible entrenar con una alta calidad? ¡Puede apostar a que sí! Es por eso que con mis atletas utilizo 4 sesiones semanales. Dos sesiones para el tren superior y dos para el tren inferior. Hay 48-72 horas entre ambas sesiones de tren superior y 48-72 horas entre ambas sesiones del tren inferior. Sin embargo habrá una acumulación sistémica de fatiga (aunque menor que si usted entrenara todo el cuerpo cada vez) lo que puede accionar el rebote de adaptación mencionado anteriormente.

Un tema muy candente en el reino de "Acerolandia" es la cantidad de días de entrenamiento semanales que usted debe dedicarle a cada grupo muscular cuando desea ganar tanto músculo como sea posible. Algunos dicen de entrenar cada grupo muscular una vez a la semana, otras dirán dos y algunos incluso recomiendan entrenar cada grupo muscular tres veces a la semana. ¿Quién tiene razón? ¡Todos la tienen! Sin embargo para progresar en forma óptima usted debe tomar algunas precauciones al planificar la frecuencia de entrenamiento. Estas precauciones permitirán que usted evite las distintas trampas que le aguardan.

Primera trampa: Entrenar demasiado y demasiado seguido

Usted puede entrenar o bien mucho en una sesión o entrenar seguido. ¡Rara vez puede hacer ambas cosas! Si usted entrena una parte corporal con gran cantidad de reps y series usted necesitará más de un par de días para recuperarse. Por lo tanto alguien que gusta entrenar un grupo muscular dos o tres veces a la semana no debería utilizar el mismo volumen *por sesión* que alguien que solo entrena cada grupo muscular una vez a la semana. Puesto simplemente, si usted entrena con un alto volumen y no le da a su cuerpo suficiente tiempo para recuperar usted no progresará. Como puede ver en el gráfico, usted solo se recupera lo suficiente para evitar retroceder pero no tiene grandes ganancias.

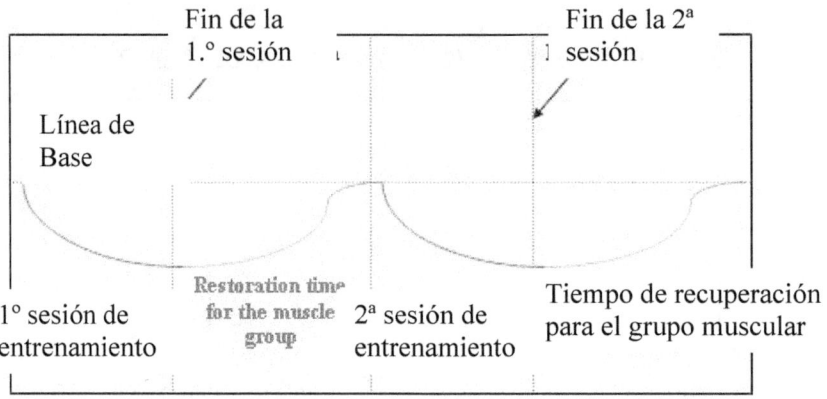

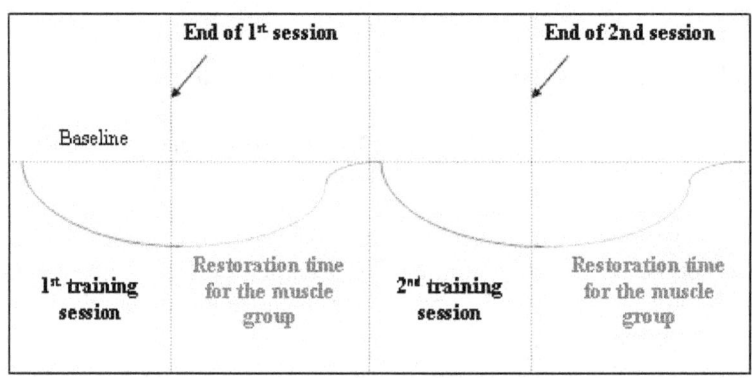

Segunda trampa: No entrenar demasiado o con suficiente frecuencia

Si usted tiene más de 5 días entre sesiones de un mismo grupo muscular necesita utilizar un volumen de entrenamiento relativamente grande por sesión. ¿Por qué? Porque si usted permite demasiado descanso para el estrés que colocó en su organismo, usted mejorará, pero muy pronto retornará a la línea de base. Esto se llama "involución". Si permite demasiado descanso entre dos sesiones de entrenamiento para un mismo grupo muscular, usted perderá gran parte de sus ganancias.

De todas maneras la frecuencia apropiada de entrenamiento es dependiente del volumen por sesión. Si usted usa un gran volumen en una sesión no sufrirá de involución si tiene 5-7 días entre sesiones para el mismo grupo muscular. Por otro lado, a medida que usted aumenta la frecuencia de entrenamiento usted debe reducir el volumen. Sin embargo, si elige entrenar cada grupo muscular una vez a la semana, el volumen por sesión debe ser alto. Esto se ilustra en el siguiente gráfico: durante la sesión de entrenamiento sus capacidades disminuyen solo para mejorar durante el período de recuperación, pero luego las ganancias se pierden debido a la involución / desentrenamiento.

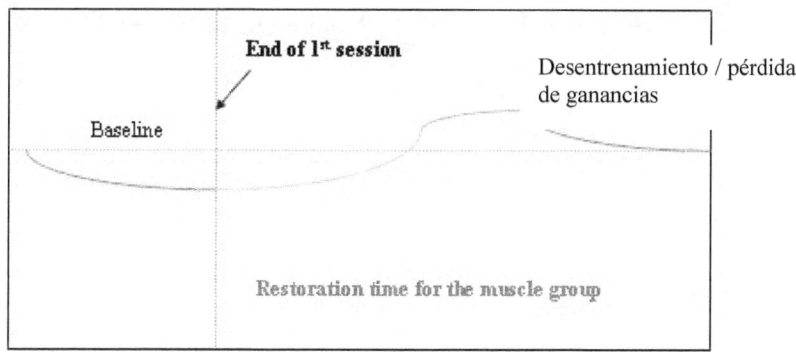

Dividir el volumen no sumarlo

Para un progreso máximo sin importar cuántas sesiones semanales usted tenga para cada grupo muscular usted debe realizar el mismo volumen de entrenamiento *semanal*. Por ejemplo, si usted realizó 120 reps totales por grupo muscular por semana usted puede o bien hacer 1 sesión de 120 reps, 2 sesiones de 60 reps o 3 sesiones de 40 reps. Cuando usted agrega sesiones de entrenamiento semanales no duplique o triplique el volumen total semanal, eso llevará al estancamiento.

Los siguientes tres gráficos muestran cómo su cuerpo reaccionará a una apropiada planificación de sesiones de una vez a la semana, dos veces a la semana y tres veces a la semana.

a) Planificación apropiada de una sesión semanal para cada grupo muscular

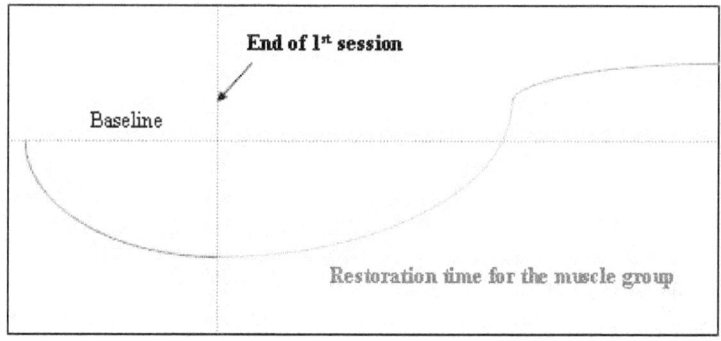

b) Planificación apropiada de dos sesiones semanales para cada grupo muscular

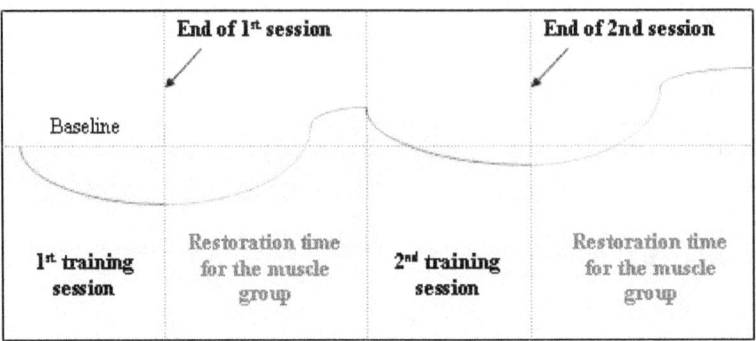

c) Planificación apropiada de tres sesiones semanales para cada grupo muscular

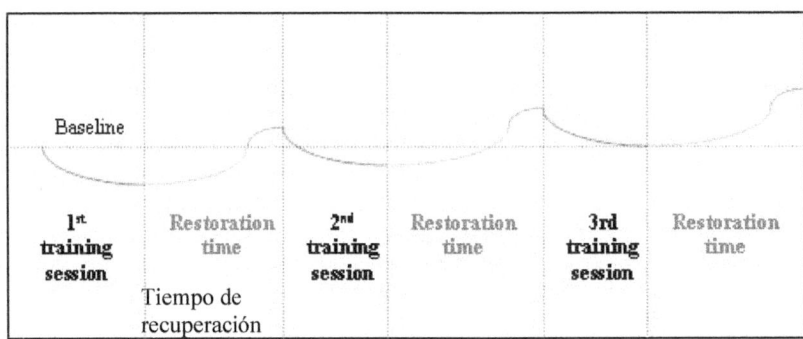

Cómo planificar el volumen

El siguiente gráfico ilustra cómo establecer el volumen de entrenamiento dependiendo de su dominancia de fibra muscular y la cantidad de sesiones semanales por grupo muscular.

Paso 1. Seleccionando el volumen semanal apropiado.

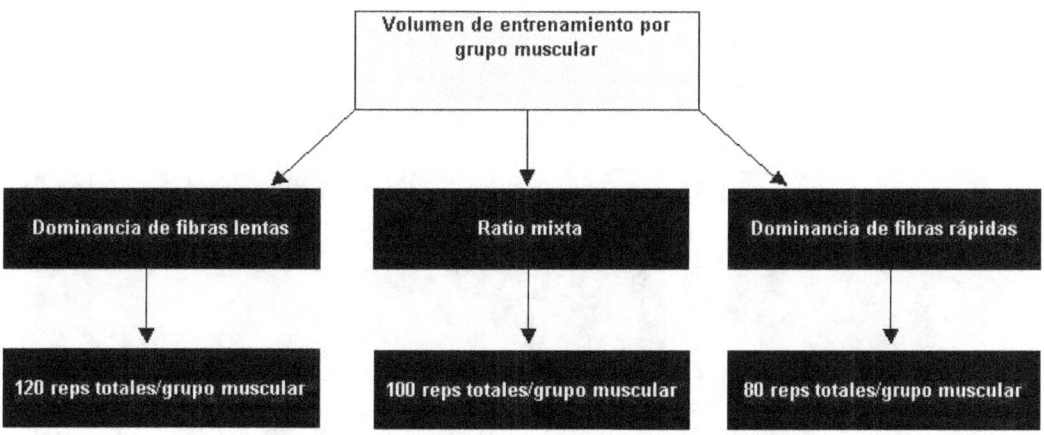

Paso 2. Cómo dividir el total semanal en las sesiones

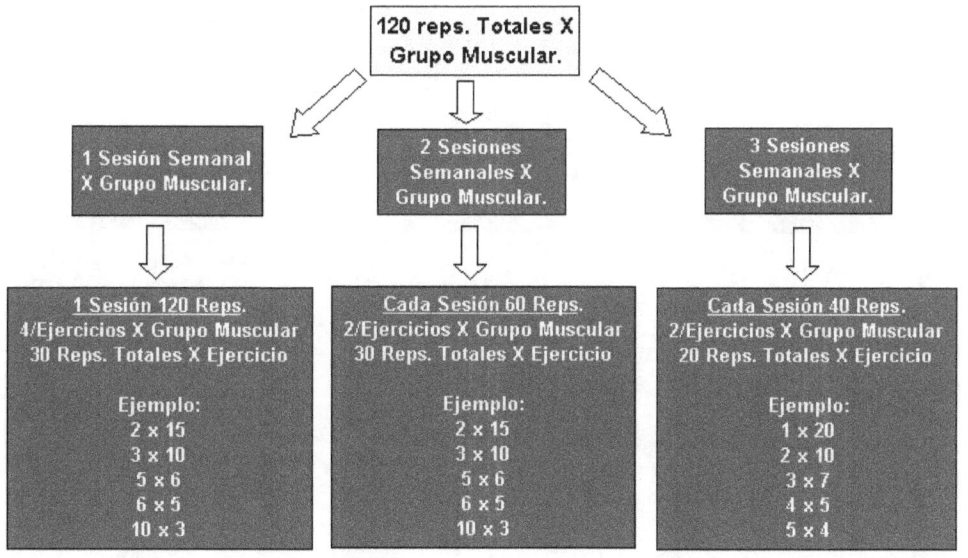

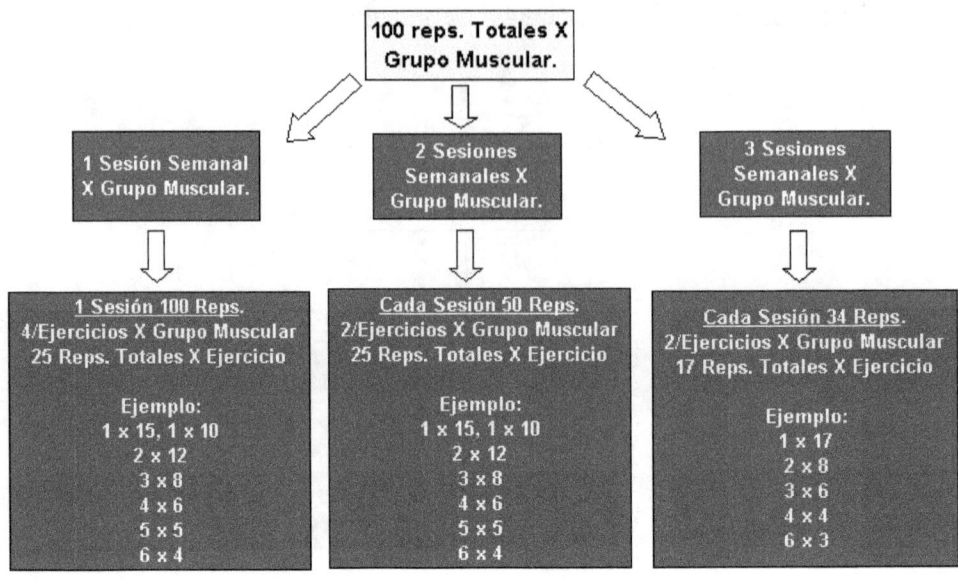
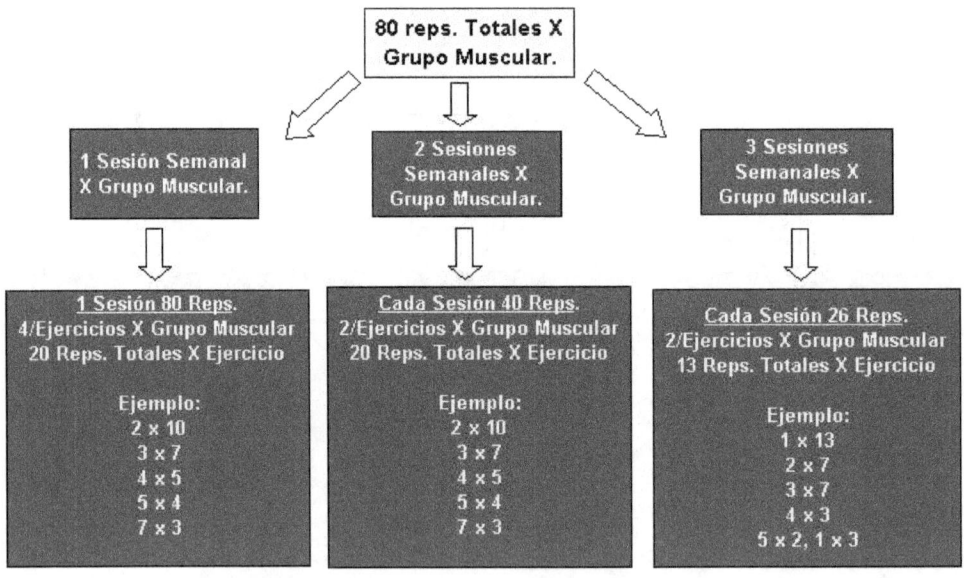

Paso 3. Seleccionar la división de entrenamiento apropiada

a) Si usted entrena cada grupo muscular una vez a la semana

Primera opción:

Día	Músculos a trabajar
Lunes	Pecho / Espalda
Martes	Piernas / Abdominales
Miércoles	Descanso
Jueves	Bíceps / Tríceps
Viernes	Descanso
Sábado	Deltoides Anterior / Medio / Posterior
Domingo	Descanso

Segunda opción:

Día	Músculos a trabajar
Lunes	Pecho / Tríceps / Deltoides Anterior
Martes	Descanso
Miércoles	Piernas / Abdominales
Jueves	Descanso
Viernes	Espalda / Bíceps / Deltoides Posterior
Sábado	Descanso
Domingo	Descanso

Tercera opción:

Día	Músculos a trabajar
Lunes	Pecho
Martes	Bíceps
Miércoles	Piernas
Jueves	Deltoides Anterior / Medio / Posterior
Viernes	Tríceps
Sábado	Espalda
Domingo	Descanso

b) Si usted entrena cada grupo muscular dos veces a la semana

Primera opción:

Día	Músculos a trabajar
Lunes	Pecho / Tríceps / Deltoides Anterior
Martes	Espalda / Bíceps / Deltoides Posterior
Miércoles	Piernas / Abdominales
Jueves	Descanso
Viernes	Pecho / Tríceps / Deltoides Anterior
Sábado	Espalda / Bíceps / Deltoides Posterior
Domingo	Piernas / Abdominales

Segunda opción:

Día	Músculos a trabajar
Lunes	Tren Superior
Martes	Tren Inferior
Miércoles	Descanso
Jueves	Tren Superior
Viernes	Tren Inferior
Sábado	Descanso
Domingo	Descanso

c) Si usted entrena cada grupo muscular tres veces a la semana

Primera opción:

Día	Músculos a trabajar
Lunes	Todo el Cuerpo
Martes	Descanso
Miércoles	Todo el Cuerpo
Jueves	Descanso
Viernes	Todo el Cuerpo
Sábado	Descanso
Domingo	Descanso

El mensaje a recordar

La cosa importante a recordar es que el volumen de entrenamiento óptimo en una sola sesión variará dependiendo de cuántas veces usted entrene cada grupo muscular por semana. Si usted lo entrena una vez, el volumen por sesión debe ser muy alto para prevenir una involución. Por el otro lado, si usted entrena cada grupo muscular tres veces por semana el volumen debe ser muy bajo para prevenir el sobreentrenamiento.

Planificado correctamente, cada tipo de frecuencia rendirá grandes resultados. ¡Pero tenga cuidado con las trampas que esperan detener su progreso!

"Dos de lo mismo: Cómo hacer que dos sesiones a la semana funcionen para usted"

Tengo una confesión que hacer: realmente no me gusta estar en el gimnasio. Es cierto, a pesar de la constante atención de las muchas chicas del lugar y de mi amor por el juego del hierro, ¡apenas puedo esperar para salir de allí! Es por eso que personalmente amo entrenar dos veces al día. Aguarde un minuto, acaba de decir que usted *odia* estar en el gimnasio, ¿entonces por qué entrena dos veces al día? Bueno, usar dos sesiones diarias me permite realizar dos sesiones muy cortas cada vez. Yo prefiero realizar la misma cantidad de trabajo (o incluso un poco más) en dos sesiones cortas que en una sesión larga. Hay varias ventajas en esto:

1. Es más difícil perder motivación, estando en el gimnasio durante solo 25-30 minutos ¡no le da tiempo a aburrirse!

2. Su calidad general de trabajo es mucho más alta. Dividiendo su trabajo en dos sesiones diarias usted está más descansado para la segunda mitad de la sesión, lo que significa mejores ganancias.

3. Usted gasta más calorías. Un estudio reciente de Almuzaini y col. (1998) encontró que cuando el mismo volumen de trabajo es dividido en dos sesiones, la cantidad total de calorías quemadas es mayor (sobre todo debido a un consumo de oxígeno post-ejercicio más alto y más sostenido). Entonces para aquellos individuos deseando ganar gran cantidad de músculo, esto hará posible comer más comida buena sin ganar tanta grasa. Y para individuos buscando verse ripeados, bueno, ¡la ventaja es manifiesta!

4. Cuando usted realiza la misma cantidad de trabajo dividida en dos sesiones usted puede recuperarse más rápido de la carga de trabajo y por tanto progresar a un ritmo mayor.

5. Individuos con fibras rápidas y gente con un eficaz sistema nervioso parecen responder mucho mejor a un entrenamiento dividido que a una única, más extensa sesión.

6. ¡Usted puede ver el doble de chicas el mismo día!

Ahora, dos sesiones diarias parecen ser el Santo Grial y en algún sentido pueden serlo. Sin embargo resulta fácil abusar de este método. Mucha gente cometerá el error de en realidad duplicar su carga de trabajo, realizando dos sesiones grandes en vez de dos pequeñas. Esta es un de las vías más rápidas hacia el estancamiento. Al hacer dos sesiones diarias el primer trabajo no debe durar más de 30-40 minutos y el segundo entre 20 y 30 minutos de duración.

Otro error clásico es el de trabajar sobre la misma faceta fisiológica en ambas sesiones. Para sacarle el máximo a las dos sesiones diarias usted debe variar el tipo de demanda que emplaza sobre su organismo. Yo encontré que tener un énfasis funcional durante la sesión matinal y un énfasis estructural durante la sesión de la tarde es la mejor manera de entrenar.

Una equivocación final en la que la gente incurre es la de trabajar diferentes partes del cuerpo en cada una de las dos sesiones de un mismo día. Esto es un error. Todo lo que hace es reducir en realidad el tiempo de recuperación que recibe cada grupo muscular (se vuelve más rápidamente al turno de cada músculo). Además, debido a que usted utiliza un volumen muy bajo de trabajo en cada sesión, haciendo diferentes partes del cuerpo en cada sesión reducirá realmente el efecto del entrenamiento.

¿Entonces cómo puedo hacer que funcione para mí?

Si usted respeta las siguientes pautas se beneficiará enormemente de las dos sesiones diarias, si no las respeta, bueno, ¡entrene a su propio riesgo! :

1. Entrene por no más de 30-40 minutos en la primer sesión y por no más de 20-30 minutos en la segunda.

2. Entrene el mismo grupo muscular en ambas sesiones.

3. Incluya un entrenamiento más funcionalmente orientado en la primer sesión del día. Esto significa pesos más pesados, mayor aceleración o ejercicios más complejos.

4. Incluya un entrenamiento más estructuralmente orientado en la segunda sesión del día. Esto significa mayor volumen, menor peso y un tempo más lento.

5. Beba una buena bebida post-sesión luego de cada entrenamiento. Surge es el mejor producto disponible para este propósito.

6. Entrene cada músculo solo una vez a la semana. Usted puede aparear grupos musculares y entrenar 4 días por semana o solo entrenar un músculo por día y entrenar 6 días a la semana.

Ejemplo de un programa

Este es un ejemplo de cómo puede usted estructurar su entrenamiento de dos sesiones diarias para ganancias máximas de masa muscular. Esta rutina resultará efectiva por 4 semanas, después de lo cual usted debe cambiar los ejercicios que la componen.

Día 1: Espalda alta

Entrenamiento AM

Ejercicios	Series	Reps	Tempo	Pausa
Dominadas con peso	5	5	20X	**90 seg.**
Remo con barra	5	5	201	**120 seg.**
Remo sentado	**4**	**8**	**201**	**90 seg.**

Entrenamiento PM

Ejercicios	Series	Reps	Tempo	Pausa
Remo a 1 brazo con mancuerna	3	12	302	**60 seg.**
Pullover	3	15	302	**90 seg.**
Vuelos posteriores	**3**	**15**	**302**	**90 seg.**

Día 2: Pecho

Entrenamiento AM

Ejercicios	Series	Reps	Tempo	Pausa
Press de banca	5	5	201	**120 seg.**
Press con mancuernas declinado	5	5	201	**90 seg.**
Fondos con peso	**4**	**8**	**201**	**90 seg.**

Entrenamiento PM

Ejercicios	Series	Reps	Tempo	Pausa
Aperturas en banco plano	3	12	301	**60 seg.**
Aperturas en banco declinado	3	15	301	**90 seg.**
Press de pecho con máquina	**3**	**15**	**301**	**90 seg.**

Día 3: Piernas

Entrenamiento AM

Ejercicios	Series	Reps	Tempo	Pausa
Cargada de potencia desde bloques	5	5	Explosivo	**120 seg.**
Sentadilla profunda por detrás	5	5	201	**120 seg.**
Peso Muerto romano	**4**	**8**	**201**	**120 seg.**

Entrenamiento PM

Ejercicios	Series	Reps	Tempo	Pausa
Extensiones a 1 pierna	3	12	301	**60 seg.**
Estocadas	3	15	301	**90 seg.**
Curl de isquiotibiales	**3**	**15**	**301**	**90 seg.**

Día 4: Bíceps

Entrenamiento AM

Ejercicios	Series	Reps	Tempo	Pausa
Curl Predicador	5	5	201	**90 seg.**
Curl Martillo	5	5	201	**90 seg.**
Curl con cable	**4**	**8**	**201**	**90 seg.**

Entrenamiento PM

Ejercicios	Series	Reps	Tempo	Pausa
Curl Zottman	3	12	301	**60 seg.**
Curl con mancuernas	3	15	301	**60 seg.**
Curl predicador con máquina	3	**15**	**301**	**60 seg.**

Día 5: Hombros

Entrenamiento AM

Ejercicios	Series	Reps	Tempo	Pausa
Press con impulso	5	5	Explosivo	**120 seg.**
Press arqueado	5	5	201	**120 seg.**
Press de hombros con mancuernas	**4**	**8**	**201**	**90 seg.**

Entrenamiento PM

Ejercicios	Series	Reps	Tempo	Pausa
Vuelos laterales inclinado	3	12	301	**60 seg.**
Vuelos laterales a 1 brazo	3	15	301	**60 seg.**
Vuelos frontales con cable	3	15	301	**90 seg.**

Día 6: Tríceps

Entrenamiento AM

Ejercicios	Series	Reps	Tempo	Pausa
Press JM	5	5	201	**90 seg.**
Press de banca angosto	5	5	201	**120 seg.**
½ fondos	**4**	**8**	**201**	**90 seg.**

Entrenamiento PM

Ejercicios	Series	Reps	Tempo	Pausa
Extensiones con cable con barra-V	3	12	301	**60 seg.**
Extensiones con cable a 1 brazo	3	12	301	**60 seg.**
Extensiones de tríceps con cable sobre la cabeza	3	15	301	**60 seg.**

Este es un programa que encaja para individuos que obviamente poseen gran cantidad de tiempo para entrenar. Parece mucho trabajo, y en algún sentido lo es. Sin embargo cada grupo muscular tendrá 7 días para recuperarse, para que usted progrese y progrese muy bien con este cronograma.

Si usted únicamente desea entrenar 3-4 días por semana usted puede acoplar algunos músculos, siempre y cuando se mantenga dentro de las pautas de duración.

Conclusión sobre dos entrenamientos diarios

Dos entrenamientos diarios son una técnica avanzada y no es para cualquiera. Pero si se realiza apropiadamente es muy efectiva y le permitirá a usted ganar gran cantidad de masa muscular mientras permanece magro. Si usted desea probar esta técnica le sugiero que comience con un test de prueba de 4 semanas para ver cómo lo maneja su cuerpo. A partir de ahí puede decidir si es capaz de prosperar con este método. Por experiencia, individuos irascibles o con un carácter explosivo lo hacen muy bien con este método mientras que individuos más "estables", calmos, se benefician un poco menos con dos entrenamientos diarios. Pero si le encaja, le ayudará a alcanzar un importante nivel de desarrollo muscular más rápido de lo que creyó posible.

"Intervalos de descanso ideales"

Recientemente mucha atención se le ha dado a los intervalos de descanso. Algunos expertos abogan intervalos de descanso cortos para maximizar la respuesta hormonal al entrenamiento o para acostumbrar a un atleta a producir fuerza estando fatigado. Otro grupo prefiere utilizar intervalos de descanso mayores para maximizar la recuperación del sistema nervioso y muscular entre series de modo que el rendimiento pueda ser maximizado. ¿Entonces cuál de los dos corresponde?

Bueno, ¡una vez más depende de su dominancia de fibra y su objetivo de entrenamiento! Un individuo con fibras lentas requerirá menos descanso para una carga similar de trabajo que uno con fibras rápidas. Alguien que entrena para ganar masa muscular se beneficiará con intervalos de descanso más cortos que alguien entrenando para fuerza y potencia. Las siguientes tablas le serán de utilidad.

Tabla 1. Intervalos de descanso adecuados para un tipo de dominancia de fibras mixtas

Tipo de adaptación	Pausa recomendada	Efecto de la pausa en la recuperación física	Efecto de la pausa en la recuperación neural	Efecto de la pausa en la respuesta hormonal	Efecto general
Trabajo de hipertrofia	60 segundos	Incompleta: importante acumulación de fatiga muscular	Incompleta: algo de fatiga residual del SNC	Importante aumento de la hormona del crecimiento	Muy efectivo en estimular hipertrofia sarcoplasmática, aumentar la pérdida de peso y bueno para aumentar la captación de nutrientes por los músculos
	90 segundos	Incompleta: alguna acumulación de fatiga muscular	Completa	Significativo aumento de la hormona del crecimiento	Muy efectivo en estimular la hipertrofia total
	120 segundos	Completa	Completa	Ligero aumento de la hormona del crecimiento	Mayor efectividad en aumentar la hipertrofia funcional con algunas ganancias significativas de fuerza
Trabajo de fuerza	120 segundos	Incompleta: Alguna acumulación de fatiga muscular	Incompleta: importante fatiga residual del SNC	Ligero aumento de la hormona del crecimiento y testosterona libre	Bueno para aumentar la fuerza-resistencia y conseguir más ganancias de hipertrofia del trabajo de fuerza
	150 segundos	Completa	Incompleta: algo de fatiga residual del SNC	Ligero aumento de la testosterona libre	Posible regulación hacia arriba de la conducción nerviosa para paliar la fatiga residual
	180 segundos	Completa	Completa	Significativo aumento de la testosterona libre	Esfuerzo potencial máximo en cada serie
Trabajo de potencia	180 segundos	Completa	Incompleta: importante fatiga residual del SNC	Ligero aumento de la hormona del crecimiento y testosterona libre	Híper-activación del sistema nervioso vía un efecto significativo de potenciación
	210 segundos	Completa	Incompleta: algo de fatiga residual del SNC	Ligero aumento de la testosterona libre	Posible regulación hacia arriba de la conducción nerviosa para paliar la fatiga residual
	240 segundos	Completa	Completa	Significativo aumento de la testosterona libre	Esfuerzo potencial máximo en cada serie

Tabla 2. Intervalos de descanso adecuados para un tipo de dominancia de fibras rápidas

Tipo de adaptación	Pausa recomendada	Efecto de la pausa en la recuperación física	Efecto de la pausa en la recuperación neural	Efecto de la pausa en la respuesta hormonal	Efecto general
Trabajo de hipertrofia	90 segundos	Incompleta: importante acumulación de fatiga muscular	Incompleta: algo de fatiga residual del SNC	Importante aumento de la hormona del crecimiento	Muy efectivo en estimular hipertrofia sarcoplasmática, aumentar la pérdida de peso y bueno para aumentar la captación de nutrientes por los músculos
	120 segundos	Incompleta: alguna acumulación de fatiga muscular	Completa	Significativo aumento de la hormona del crecimiento	Muy efectivo en estimular la hipertrofia total
	150 segundos	Completa	Completa	Ligero aumento de la hormona del crecimiento	Mayor efectividad en aumentar la hipertrofia funcional con algunas ganancias significativas de fuerza
Trabajo de fuerza	150 segundos	Incompleta: Alguna acumulación de fatiga muscular	Incompleta: importante fatiga residual del SNC	Ligero aumento de la hormona del crecimiento y testosterona libre	Bueno para aumentar la fuerza-resistencia y conseguir más ganancias de hipertrofia del trabajo de fuerza
	180 segundos	Completa	Incompleta: algo de fatiga residual del SNC	Ligero aumento de la testosterona libre	Posible regulación hacia arriba de la conducción nerviosa para paliar la fatiga residual
	210 segundos	Completa	Completa	Significativo aumento de la testosterona libre	Esfuerzo potencial máximo en cada serie
Trabajo de potencia	210 segundos	Completa	Incompleta: importante fatiga residual del SNC	Ligero aumento de la hormona del crecimiento y testosterona libre	Híper-activación del sistema nervioso vía un efecto significativo de potenciación
	240 segundos	Completa	Incompleta: algo de fatiga residual del SNC	Ligero aumento de la testosterona libre	Posible regulación hacia arriba de la conducción nerviosa para paliar la fatiga residual
	270 segundos	Completa	Completa	Significativo aumento de la testosterona libre	Esfuerzo potencial máximo en cada serie

Tabla 3. Intervalos de descanso adecuados para un tipo de dominancia de fibras lentas

Tipo de adaptación	Pausa recomendada	Efecto de la pausa en la recuperación física	Efecto de la pausa en la recuperación neural	Efecto de la pausa en la respuesta hormonal	Efecto general
Trabajo de hipertrofia	30 segundos	Incompleta: importante acumulación de fatiga muscular	Incompleta: algo de fatiga residual del SNC	Importante aumento de la hormona del crecimiento	Muy efectivo en estimular hipertrofia sarcoplasmática, aumentar la pérdida de peso y bueno para aumentar la captación de nutrientes por los músculos
	60 segundos	Incompleta: alguna acumulación de fatiga muscular	Completa	Significativo aumento de la hormona del crecimiento	Muy efectivo en estimular la hipertrofia total
	90 segundos	Completa	Completa	Ligero aumento de la hormona del crecimiento	Mayor efectividad en aumentar la hipertrofia funcional con algunas ganancias significativas de fuerza
Trabajo de fuerza	90 segundos	Incompleta: Alguna acumulación de fatiga muscular	Incompleta: importante fatiga residual del SNC	Ligero aumento de la hormona del crecimiento y testosterona libre	Bueno para aumentar la fuerza-resistencia y conseguir más ganancias de hipertrofia del trabajo de fuerza
	120 segundos	Completa	Incompleta: algo de fatiga residual del SNC	Ligero aumento de la testosterona libre	Posible regulación hacia arriba de la conducción nerviosa para paliar la fatiga residual
	150 segundos	Completa	Completa	Significativo aumento de la testosterona libre	Esfuerzo potencial máximo en cada serie
Trabajo de potencia	150 segundos	Completa	Incompleta: importante fatiga residual del SNC	Ligero aumento de la hormona del crecimiento y testosterona libre	Híper-activación del sistema nervioso vía un efecto significativo de potenciación
	180 segundos	Completa	Incompleta: algo de fatiga residual del SNC	Ligero aumento de la testosterona libre	Posible regulación hacia arriba de la conducción nerviosa para paliar la fatiga residual
	210 segundos	Completa	Completa	Significativo aumento de la testosterona libre	Esfuerzo potencial máximo en cada serie

Como usted puede ver cualquier tipo de intervalo de descanso puede tener un efecto positivo sobre el efecto de entrenamiento. El truco es seleccionar los intervalos de descanso que mejor se ajusten a las necesidades y objetivos de cada ejercicio.

CAPÍTULO 10
Consejos de culturismo

En este capítulo ...

- Consejos breves que usted puede utilizar en cualquier programa para aumentar su masa muscular

"Y ahora algo completamente diferente"

¡Fiu! Estos últimos capítulos seguramente resultaron densos en información ¿no es así? ¡Ahora o bien su cabeza está girando fuera de control o usted está a punto de descubrir el secreto del universo! Siendo el buen muchacho que soy, pensé que debía darle a su cerebro un breve descanso antes de continuar. Por lo tanto, está sección va a ser un poco más ligera. Le voy a brindar algunos consejos que puede que lo ayuden en su búsqueda hacia ganar más músculo.

Cuántas veces he escuchado "para ponerte grande, simplemente aumenta la cantidad de peso que puedes levantar durante tus series", le digo: ¡un montón de veces! Irónicamente la mayoría de las veces sale de la boca de un gordo bueno para nada que no conseguirá un puesto en el siglo próximo. ¡El tipo se viste como un culturista pero en realidad se ve como un tubbyculturista! Su estilo de entrenamiento se caracteriza por utilizar demasiado peso en sus series, utilizando una forma descuidada. Oh, puede levantar mucho peso (si puede llamarse así) pero tiene un físico que evoca a Homero Simpson, nuestro personaje de caricaturas favorito.

Por otro lado usted verá algunos otros individuos, mentalizados en su propio negocio, con un físico fantástico; enormes y redondeados músculos, densidad sin fin. Pero cuando usted los ve entrenar ellos no parecen levantar tanto hierro como nuestro regordete amigo anterior. ¿Qué significa? Bueno, resulta que nuestro musculoso compañero ha entendido que la calidad de la contracción muscular es a menudo más importante que el peso utilizado, cuando de ganar masa muscular se trata.

Ahora, no estoy menoscabando la importancia de utilizar grandes pesos; si usted continúa usando esas pesas de color rosa, fucsia y malva por siempre es probable que construya tanta masa muscular como un perchero. Creo que fases de levantamiento pesado son necesarias para estimular una ganancia muscular máxima. Sin embargo, también creo que aumentando la calidad de cada una de las repeticiones de cada una de las series es la manera absolutamente más rápida de construir un físico musculoso.

Aumentando la calidad de cada contracción muscular requiere un gran foco porque usted debe verdaderamente concentrarse durante cada centímetro de la serie. Recomendaré cinco métodos simples que lo ayudarán a maximizar la calidad del entrenamiento. Verdaderamente creo que utilizando estos métodos al entrenar para tamaño (la fuerza y la potencia son por entero otro animal) puede cortar a la mitad el tiempo que le lleva a usted agregar gran cantidad de músculo a su estructura. ¿Intrigado? ¡Pues continúe leyendo!

Método 1: Contracción Estática Máxima (CEM)

No se preocupe, no estoy hablando de ese ridículo método "Power Factor" en el que se supone usted crece como mala hierba utilizando solo repeticiones parciales (los autores mismos deben haber estado inhalando la mencionada hierba). De lo que estoy hablando es acerca de maximizar la tensión intramuscular durante toda la contracción. Una manera de hacerlo es la largamente conocida "cúspide de contracción" (o principio Weider núm. 24721). Es muy simple. En la porción de completa contracción del rango del movimiento usted debe flexionar su músculo tan fuerte como sea posible (contracción estática máxima) y mantener esa contracción por 2-3 segundos. ¡Usted debe contraer muy fuerte, hasta que su músculo casi se acalambre! Esta contracción máxima aumenta considerablemente el promedio de tensión intramuscular durante la serie debido a que usted puede generar más fuerza en una contracción estática máxima que durante una contracción concéntrica sub-máxima (e incluso máxima). Al entrenar para tamaño usted debe incluir esta contracción estática máxima (CEM) en cada rep de cada serie de sus ejercicios de aislamiento. Los movimientos compuestos (press de banca, sentadilla, peso muerto, etc.) no se prestan a este principio tan bien como los ejercicios de aislamiento.

Método 2: Tensión máxima constante (TMC)

Este método se relaciona bastante con el primero en que también apunta a la máxima tensión intramuscular durante toda la serie. La premisa de este método es bastante simple. Durante todo el rango de movimiento usted debe flexionar sus músculos tan fuerte como sea posible. Mucha gente (igual que nuestro amigo tubby) simplemente levanta el peso; mientras el peso vaya hacia arriba ellos piensan que es una buena rep. ¡Al entrenar para tamaño este modo de hacer las cosas *no* está bien! Para conseguir un estímulo máximo de hipertrofia usted debe contraer sus músculos tan fuerte como sea posible durante todo el rango del movimiento. Para hacerlo, imagine que toda su serie es una gran rutina de poses. Usted debe usar un intenso foco para asegurarse que su musculatura nunca se relaje ni un poco durante la serie. Eso significa contraer fuertemente en la porción concéntrica, contraer fuertemente en la posición de flexión completa y contraer fuertemente incluso a medida que desciende el peso bajo control. Simplemente levantar y bajar el peso, incluso con pesos grandes, no resultará aceptable al menos en lo que a construir gran cantidad de músculo se refiere.

Método 3: Incluya algunos movimientos de estiramiento

No estoy hablando de ejercicios regulares de estiramiento, sino de ejercicios de levantamiento en los que el rango de movimiento es muy importante y en los que el músculo a desarrollar es estirado completamente en un punto del movimiento. Reciente investigación neuromuscular ha encontrado que el sistema nervioso activará más unidades motoras en un músculo seguido a un estiramiento. No estoy hablando solo del reflejo de estiramiento (o miotático), más bien del efecto del estiramiento controlado de un músculo en su activación. Si usted puede inervar más unidades motoras, mas fibras musculares recibirán un estímulo para producir crecimiento haciendo su progreso más rápido.

Para aplicar este método usted debe incluir al menos 2-3 ejercicios de rango articular completo para cada músculo y estirarse realmente al principio de cada repetición, usted debe sentir el estiramiento en el músculo a desarrollar para que esta técnica sea efectiva.

Además de una activación muscular aumentada, existe cierta evidencia de que el estiramiento con carga (como en este método) es un potente estímulo de hipertrofia e hiperplasia. Se ha teorizado que esto puede deberse al estiramiento de la fascia o a una importante tensión sobre las fibras musculares estiradas.

Método 4: La importancia de la congestión

Acá voy a patear una vaca sagrada. Si todo lo que usted desea es ganar tamaño muscular de calidad y en grandes cantidades, alcanzar una buena congestión *es* importante. Mucha gente argumentará que la congestión no es necesaria para estimular crecimiento muscular. ¡Están en lo cierto! Para estimular crecimiento no es necesario. ¡Pero para estimular crecimiento máximo ciertamente lo es!

Entienda que durante la congestión el flujo de sangre hacia los músculos específicos que están siendo trabajados se incrementa enormemente. Teniendo en cuenta que usted es una persona lista y lee cosas de John Berardi sobre la nutrición pre-entrenamiento, tendrá gran cantidad de aminoácidos flotando por todo su torrente sanguíneo. ¿Bien, adivine qué? Un flujo sanguíneo aumentado hacia un músculo en particular incrementará la cantidad de aminoácidos siendo bombeados hacia ese músculo e incrementará significativamente la recepción de aminoácidos. Esto significa una respuesta anabólica mayor (construcción muscular) derivada del entrenamiento.

Esto no significa que usted debe ir por una congestión máxima en todas las series de todos los ejercicios. Pero yo he hallado que incluir una "serie de bombeo" al final de un trabajo para una parte específica del cuerpo aumenta considerablemente la tasa de ganancia muscular. Mi método favorito para alcanzar una gran congestión son las series extendidas (series extremas en caída). De este modo uno puede enfocarse en los mayores pesos al inicio de la sesión de entrenamiento y trabajar hacia métodos más "congestivo-estimulantes" en la porción final del trabajo.

Método 5: Incluya algo de levantamiento pesado

Como mencioné en los métodos 1 y 2, la carga no es el factor más importante para estimular hipertrofia; la calidad de ejecución de un movimiento es en realidad más importante que la carga. Habiendo sido dicho esto, la inclusión de cierto tipo de levantamiento pesado de manera periódica es necesaria para máximas ganancias. Esto aumenta la eficiencia neural, lo que significa que cuando usted vuelva a su rutina culturista normal será capaz de reclutar y estimular más fibras musculares para un mismo ejercicio. Obviamente esto conducirá a mayor crecimiento. Ha sido mi experiencia que después de un período enfocado en la fuerza, las ganancias de un programa subsiguiente de culturismo son mucho más importantes que si solo se sigue un programa culturista todo el año.

Método 6: ¡Calidad, calidad, calidad!

Para ganancias máximas de hipertrofia tantas reps como sean posibles deben ser de alta calidad. Por lo tanto usted debe respetar los métodos 1 y 2 tanto como sea posible. Esto demanda una intensa concentración, estar simplemente de pie y bombeando es una completa y absoluta pérdida de tiempo. Usted debe concentrarse en tener una contracción máxima a cada centímetro en cada rep de cada serie. Además de proveerle de un mayor estímulo hipertrófico, esto reforzará enormemente el eslabón mente-músculo y le brindará mayor control muscular.

Para recapitular ...

Resumiendo, siga las siguientes pautas si usted quiere estimular máximas ganancias de tamaño:

1. Incluya una contracción estática máxima en la porción de contracción total de los movimientos de aislamiento.

2. Flexione sus músculos tan fuerte como pueda durante cada uno de los centímetros de todas y cada una de las reps.

3. Algunos de sus ejercicios deben incluir un estiramiento con carga en la posición inicial.

4. En su último ejercicio usted debe utilizar cualquier método que tenga para conseguir una congestión tan grande como pueda.

5. Amén de todos estos consejos, incluya aún algo de levantamiento pesado en su plan de entrenamiento.

CAPÍTULO 11
Ejemplos de programas culturistas

En este capítulo ...

- Entrenamiento de Volumen Optimizado
- Entrenamiento de Contraste Interno
- Programa de especialización en press de banca

"Suficiente de ciencia Thibaudeau, muéstreme algo práctico"

Presentaré varias rutinas que he utilizado con mis clientes. Esto incluye varios programas efectivos de culturismo. También he incluido un programa de pretemporada completo de 12 semanas que he utilizado con mis jugadores de fútbol americano. ¡Ese solo programa es de alrededor de 27 páginas, de modo que usted no puede decir que no está haciendo valer su dinero!

"Entrenamiento de volumen optimizado"

En algún lugar de los temidos años 90, alrededor de 1995 para ser precisos, el mundo del entrenamiento fue introducido a una nueva forma de entrenamiento culturista: el Entrenamiento de Volumen Alemán. Ese artículo fue escrito por una (en ese momento) ascendente y venidera estrella (Charles Poliquin) y realmente ha cambiado el modo en que la gente entrena para ganar masa. La premisa era relativamente simple: escoja unos pocos ejercicios y realice 10 series de 10 reps. Simple, sí, pero muy efectivo.

Sin embargo el programa tenía algunas debilidades. Algunas de las cuales fueron puntualizadas en el "Entrenamiento de Volumen Alemán 2000" de TC. Para nombrar algunas de esas debilidades:

- Posibles lesiones por sobreuso derivadas de un alto volumen en los mismos ejercicios.

- Muy alto nivel de aburrimiento. ¡Llámeme loco, pero para yo estar motivado tengo al menos que tener algo de diversión en el gimnasio!

- No demasiado énfasis en algunos músculos y en algunas funciones musculares. ¡Con el EVA usted no puede utilizar demasiados ejercicios debido a que la cantidad de volumen sería excesiva! Como resultado puede que usted desarrolle algunos desbalances musculares.

- Este es uno nuevo: EVA descuida la fuerza. De hecho he conocido varios atletas que en realidad se debilitaron (respecto a su 1RM) con EVA inclusive si ganaban mucha masa. La razón era que el volumen súper-alto, pero la baja intensidad ocasiona mayormente una hipertrofia no funcional y no requiere una intensa participación neuromotora.

Por estas razones, la segunda generación de EVA: EVA2K, fue un paso adelante y aún continúa al tope de la línea de programas culturistas. Sin embargo es la última debilidad la que me dejó pensando, experimentando y manipulando. Así es como arribé a una variación del entrenamiento de volumen que aumentará de igual modo la fuerza y la hipertrofia funcional. ¡Ingrese al **Entrenamiento de Volumen Optimizado**!

Vista general

Para EVO mantuve la premisa básica de hacer 100 reps totales por grupo muscular, ya que resulta un enfoque probado en el tiempo. Sin embargo la distribución de esas repeticiones es sumamente diferente a la distribución original del programa EVA.

Primera diferencia: Cada serie es de hecho una superserie de dos ejercicios trabajando el mismo grupo muscular. El primer ejercicio de la superserie es un ejercicio compuesto grande (por ej. press de banca, sentadilla, peso muerto, remo, incluso cargada o arranque) y es ejecutado por 5 reps utilizando tanto peso como sea posible. El segundo ejercicio de la superserie es un ejercicio de aislamiento para el músculo principal que fue trabajado en el primer ejercicio. Este segundo ejercicio también es realizado por 5 reps, pero con una carga pequeña y un tempo muy lento.

Segunda diferencia: Mientras que en EVA todas las 10 series eran en el mismo ejercicio, nosotros emplearemos dos superseries distintas por músculo, siendo realizada cada superserie 5 veces (50 reps totales por superserie). Esto nos permitirá utilizar 4 ejercicios diferentes para un grupo muscular, los cuales se harán cargo del aburrimiento y los desbalances musculares.

Tercera diferencia: En el programa original la pausa prescrita es de 60 segundos. Debido a que queremos ser capaces de levantar algo más de peso nosotros nos vamos a tomar 120 segundos en EVO. Pero no hay descanso entre los ejercicios en la misma superserie.

División del entrenamiento

Debido a las altas demandas del programa, cada parte del cuerpo es trabajada únicamente una vez por semana. La siguiente división puede ser usada:

Día 1: Pecho y Espalda
Día 2: Piernas y Abdominales
Día 3: Descanso
Día 4: Bíceps y Tríceps
Día 5: Descanso
Día 6: Deltoides Anterior / Medio y Posterior
Día 7: Descanso

Si bien esta selección puede variar de acuerdo a sus preferencias, lo que sigue a continuación ha sido probado como *muy* efectivo:

Día 1: Pecho y espalda

Ejercicio	Series	Reps	Tempo	Pausa
A1. Press de banca	5	5	201	Sin pausa
A2. Aperturas con mancuernas	5	5	602	120 segundos
B1. Press de banca inclinado	5	5	201	Sin pausa
B2. Aperturas Inclinado	5	5	602	120 segundos
C1. Dorsales en polea	5	5	201	Sin pausa
C2. Remo a 1 brazo	5	5 por brazo	602	120 segundos
D1. Remo inclinado con barra	5	5	201	Sin pausa
D2. Remo con cable sentado	5	5	602	120 segundos

Día 2: Piernas y abdominales

Ejercicio	Series	Reps	Tempo	Pausa
A1. Sentadilla por delante	5	5	201	Sin pausa
A2. Estocadas	5	5 por pierna	602	120 segundos
B1. Hiperext. a 1 pierna	5	5 por pierna	201	Sin pausa
B2. Curl de piernas	5	5	602	120 segundos
C1. Peso muerto "sumo"	5	5	201	Sin pausa
C2. Peso muerto romano	**5**	**5**	**602**	**120 segundos**

Los abdominales se realizan de acuerdo a preferencias individuales.

Día 4: Bíceps y Tríceps

Ejercicio	Series	Reps	Tempo	Pausa
A1. Curl con barra	5	5	201	Sin pausa
A2. Curl con mancuernas	5	5	602	120 segundos
B1. Curl predicador	5	5	201	Sin pausa
B2. Curl martillo	5	5	602	120 segundos
C1. Fondos con peso	5	5	201	Sin pausa
C2. Extensión de tríceps declinado	5	5	602	120 segundos
D1. Extensión de tríceps acostado	5	5	201	Sin pausa
D2. Extensiones con cable	5	5	602	120 segundos

Día 6: Deltoides anterior / medio y posterior

Ejercicio	Series	Reps	Tempo	Pausa
A1. Press militar	5	5	201	Sin pausa
A2. Vuelos laterales inclinado	5	5	602	120 segundos
B1. Press con mancuernas alternado	5	5	201	Sin pausa
B2. Vuelos frontales con cable	5	5	602	120 segundos
C1. Remo sentado con cable al cuello	5	5	201	Sin pausa
C2. Vuelos posteriores	5	5	602	120 segundos

Cambiando los ejercicios

La variación de los ejercicios es importante. Para EVO yo recomiendo utilizar bloques de 4 semanas de entrenamiento. Realice el mismo ejercicio por 4 semanas, luego elija otros ejercicios y complete otro bloque de 4 semanas. Un ciclo completo de EVO dura 8 semanas, después de lo cual usted debe encadenarlo con una forma más sencilla de entrenamiento por 1-2 semanas para permitir el máximo efecto retardado.

Aquí está el segundo bloque de 4 semanas:

Día 1: Pecho y espalda

Ejercicio	Series	Reps	Tempo	Pausa
A1. Press declinado con mancuernas	5	5	201	Sin pausa
A2. Aperturas declinadas	5	5	602	120 segundos
B1. Fondos con peso	5	5	201	Sin pausa
B2. Aperturas banca plana	5	5	602	120 segundos
C1. Pullover	5	5	201	Sin pausa
C2. Remo con cable a 1 brazo	5	5 por brazo	602	120 segundos
D1. Remo con barra T	5	5	201	Sin pausa
D2. Remo sentado con cable	**5**	**5**	**602**	**120 segundos**

Día 2: Piernas y abdominales

Ejercicio	Series	Reps	Tempo	Pausa
A1. Sentadilla por delante	5	5	201	Sin pausa
A2. Subidas al banco	5	5 por pierna	602	120 segundos
B1. Elevación natural glúteo-isquios	5	5	201	Sin pausa
B2. Curl de piernas	5	5	602	120 segundos
C1. Peso Muerto	5	5	201	Sin pausa
C2. Peso muerto a 1 pierna	**5**	**5 por pierna**	**602**	**120 segundos**

Los abdominales se realizan de acuerdo a preferencias individuales.

Día 4: Bíceps y Tríceps

Ejercicio	Series	Reps	Tempo	Pausa
A1. Curl con barra EZ	5	5	201	Sin pausa
A2. Curl Zottman	5	5	602	120 segundos
B1. Curl predicador	5	5	201	Sin pausa
B2. Curl a 1 brazo con cable	5	5 por brazo	602	120 segundos
C1. Extensión de tríceps con soga sobre la cabeza	5	5	201	Sin pausa
C2. Extensión de tríceps a 1 brazo	5	5 por brazo	602	120 segundos
D1. Extensión de tríceps acostado	5	5	201	Sin pausa
D2. Extensiones con cable	5	5	602	120 segundos

Día 6: Deltoides anterior / medio y posterior

Ejercicio	Series	Reps	Tempo	Pausa
A1. Press con impulso	5	5	201	Sin pausa
A2. Vuelos laterales a 1 brazo	5	5 por brazo	602	120 segundos
B1. Press de hombros de pie con mancuernas	5	5	201	Sin pausa
B2. Elevaciones frontales con barra	5	5	602	120 segundos
C1. Remo con cable sentado al cuello	5	5	201	Sin pausa
C2. Vuelos posteriores	5	5	602	120 segundos

Progresión de la carga

Una de las claves para el éxito del EVO es el constante impulso para aumentar la carga en el primer ejercicio de todas las superseries de semana a semana. ¡Esto literalmente construirá o romperá el programa! ¡Esfuércese en aumentar la carga pero no a expensas de una técnica inapropiada! Para el segundo ejercicio de cada superserie, la progresión de la carga no resulta tan importante, su rol es mayormente el de incrementar el volumen de entrenamiento y el tiempo total bajo tensión. Si usted puede aumentar la carga en este ejercicio, ¡grandioso! Pero siempre que esté progresando en el ejercicio pesado usted lo estará haciendo bien.

Lo importante es ir tan pesado como sea posible para el primer ejercicio de la superserie mientras utiliza una carga ligera, controlable, para la segunda.

Conclusión

Creo firmemente que con EVO una nueva puerta se ha abierto al menos en lo que a ganancia de tamaño se refiere. ¡No solo le dará a usted un montón de músculo nuevo, ese nuevo músculo será funcional y usted tendrá la fuerza que va con su tamaño!

"Series de carga variable: cómo ganar tamaño, fuerza y velocidad todo a la vez"

Ahora voy a presentarle una técnica de entrenamiento relativamente simple seguida de dos de sus variantes. Es un método que es muy efectivo porque puede apuntar a diversas capacidades al mismo tiempo. El método viene del trabajo de Gilles Cometti, un científico del deporte francés. Ahora, ¡no salga gritando que no hay franceses fuertes! Debo decir que este método ha sido probado con efectividad en diversos atletas. ¡Y si usted consigue pasar la barrera francesa, será muy efectivo para usted también!

Este método es una adaptación de lo que se conoce como entrenamiento de contraste que refiere a alternar entre series lentas y series a alta velocidad. Este nuevo método se llama Contraste Interno, simplemente porque usted no alterna entre series lentas y rápidas, sino entre *reps* lentas y rápidas. Continúe leyendo, ¡no es tan loco como usted piensa!

Algo de lógica

Sabemos que el entrenamiento lento y el rápido pueden tener efectos drásticamente diferentes. También sabemos que pesos livianos y pesos pesados promueven diferentes adaptaciones. El entrenamiento rápido posee un componente neuromotor más importante que el entrenamiento lento y sabemos que el entrenamiento pesado aumenta más la fuerza que el entrenamiento liviano. En el método de la vieja escuela un atleta / culturista alternaría períodos de distintos tipos de entrenamiento para desarrollar su potencia, tamaño y fuerza. Bien, combinando reps explosivas con reps pesadas lentas y reps lentas livianas ¡usted puede conseguirlo todo de una vez!

Además, también sabemos que los ejercicios rápidos y lentos pueden conducir al reclutamiento de diferentes músculos. Un artículo del Dr. Tim Ziegenfuss (Temas breves n.º 2, T-mag número 228) demostró cómo un curl rápido aumenta la activación del bíceps el doble de la del braquial mientras que una rep lenta tendrá un patrón de activación opuesto.

El Gran Kahuna del entrenamiento de contraste interno

Esta es mi versión favorita del método de CI y puede desarrollar potencia, fuerza y tamaño todo a la vez. Básicamente usted realiza 2 reps con el 85-90% de su máx., seguidas de 3 reps explosivas al 60% y por reps lentas al fallo con el mismo 60%.

Un ejemplo podría ser:

El Gran Kahuna		
Press de banca (máx. 180kg)		
Rep	Carga	Tipo de contracción
Rep n.º 1	153-162kg (85-90%)	**Esfuerzo máximo**
Rep n.º 2	153-162kg (85-90%)	**Esfuerzo máximo**
Rep n.º 3	108kg (60%)	**Rep explosiva**
Rep n.º 4	108kg (60%)	**Rep explosiva**
Rep n.º 5	108kg (60%)	**Rep explosiva**
Rep n.º 6 al fallo	108kg **(60%)**	**Reps tempo lento (312)**

Este método es muy efectivo para individuos deseando ganar tamaño, fuerza y potencia todo a la vez. Con este método 3-5 series por ejercicio deben ser utilizadas.

La variación extendida dolorosa

¡Esta variación del método de CI es un verdadero ejemplo de masoquismo! Es un gran método de choque para estimular a su cuerpo fuera de una meseta, pero debe ser utilizado con poca frecuencia porque es demasiado duro para el organismo.

La progresión es: 2 reps al 85-90%, 3 reps explosivas al 60%, reps lentas al fallo al 60%, 3 reps explosivas al 30%, reps lentas al fallo al 30%, sostén estático (punto de estancamiento) con el 30%.

Una serie podría verse del siguiente modo:

La variación dolorosa extendida		
Press de banca (máx. 180kg)		
Rep	Carga	Tipo de contracción
Rep n.º 1	153-162kg (85-90%)	**Esfuerzo máximo**
Rep n.º 2	153-162kg (85-90%)	**Esfuerzo máximo**
Rep n.º 3	108kg (60%)	**Rep explosiva**
Rep n.º 4	108kg (60%)	**Rep explosiva**
Rep n.º 5	108kg (60%)	**Rep explosiva**
Reps n.º 6 – 12	108kg (60%)	**Reps tempo lento (312)**
Rep n.º 13	54kg (30%)	**Rep explosiva**
Rep n.º 14	54kg (30%)	**Rep explosiva**
Rep n.º 15	54kg (30%)	**Rep explosiva**
Rep n.º 16-20	54kg (30%)	**Reps tempo lento (312)**
Rep n.º 21	**54kg (30%)**	**Sostén estático**

*Obviamente el número de reps puede cambiar dependiendo dónde alcance usted el fallo.

Este es un método muy intenso, uno que debe ser utilizado con cuidado. Solo 1-2 de tales series son realizadas por ejercicio. La ventaja de este método comparada con la variante regular es que desarrollará un poco más de masa muscular, más fuerza-resistencia y más potencia-resistencia.

El entrenamiento de contraste interno del perezoso

Esta variante es menos dolorosa pero aún puede proveer de un muy poderoso estímulo de entrenamiento. Recomiendo este método como una introducción al entrenamiento de contraste interno ya que es más sencillo de ejecutar inicialmente. Usted aún será capaz de desarrollar buena fuerza, tamaño y potencia con este método.

Una serie típica se vería así: 2 reps al 80%, 2 reps explosivas al 50%, 2 reps al 80% y 2 reps explosivas al 50%.

Una serie podría verse como esta:

Contraste interno del perezoso		
Press de banca (máx. 180kg)		
Rep	**Carga**	Tipo de contracción
Rep n.º 1	144kg (80%)	**Esfuerzo máximo**
Rep n.º 2	144kg (80%)	**Esfuerzo máximo**
Rep n.º 3	90kg (50%)	**Rep explosiva**
Rep n.º 4	90kg (50%)	**Rep explosiva**
Rep n.º 5	144kg (80%)	**Esfuerzo máximo**
Rep n.º 6	144kg (80%)	**Esfuerzo máximo**
Rep n.º 7	90kg (50%)	**Rep explosiva**
Rep n.º 8	**90kg (50%)**	**Rep explosiva**

Esta forma de entrenamiento CI puede ser utilizada por 3-5 series fácilmente. Es una gran introducción al entrenamiento de CI y puede proveer un entrenamiento muy placentero. Para personas interesadas simplemente en ganar un poco más de fuerza, tamaño y potencia es ciertamente la mejor opción.

¿Puedo periodizar este enfoque?

¡Sí! Un muy buen ciclo de entrenamiento se vería algo así:

| Bloque de contraste interno ||||
Semana 1	Semana 2	Semana 3	Semana 4
Perezoso 4 series de 4 ejercicios por sesión	**Gran Kahuna** 3 series de 4 ejercicios por sesión	**Dolorosa extendida** 2 series de 3 ejercicios por sesión	Entrenamiento regular **2 series de 10 reps para 4 ejercicios / sesión**
Dificultad moderada	*Dificultad alta*	*Dificultad muy alta*	*Baja dificultad*

Este es un enfoque típico de carga progresiva / descarga que ha superado la prueba del tiempo. También provee una gran variedad de entrenamiento ¡y mucho dolor!

Me gusta usar una división de antagonistas para este método:

Día 1: Pecho y espalda
Día 2: Piernas y abdominales
Día 3: Descanso
Día 4: Bíceps y tríceps
Día 5: Descanso
Día 6: Deltoides anterior / medio y posterior
Día 7: Descanso

Obviamente usted puede utilizar otra división con la misma efectividad.

Conclusión

Esto es un arma más para agregar a su arsenal. Un muy duro, pero poderoso método que le brindará un montón de ganancias no solo en tamaño muscular, sino además en capacidades físicas. ¡Ciertamente una buena opción para alguien que lo quiere todo!

"Tenemos un despegue: Haga estallar su press de banca al espacio exterior"

¿Hey usted, con cuánto hace press de banca? Si usted ha pasado algún tiempo en el gimnasio y posee un físico decente es probable que haya oído esto alrededor de un millón de veces. Parece que en algún momento de los años 70 u 80 se decidió que el press de banca iba a ser la referencia en términos de fuerza y virilidad. Siendo alguien que es naturalmente mucho más fuerte en la parte inferior de mi cuerpo no me gusta necesariamente demasiado ese dogma. Pero una parte de mí simplemente no puede resistir tener un gran press de banca … después de todo, a todos nos gusta mostrarnos más masculinos ¿no es verdad?

Christian, usted es un levantador olímpico, usted puede que haga sentadilla y cargada con mucho, ¿pero qué sabe usted de construir un gran press de banca? Bueno amigo, ¡es cuando a uno apesta en algo cuando más aprende de ello! Si fuese naturalmente dotado para el press de banca cualquier cosa hubiera funcionado. Pero debido a que no soy talentoso, he tenido que experimentar y encontrar algunas técnicas especiales que puedan hacer una gran diferencia.

La división
Sugiero un programa de especialización de press de banca de 8 semanas. Durante ese tiempo el press de banca va a ser su prioridad número uno. Usted obviamente realizará otros tipos de entrenamiento, pero mayormente para mantener su fuerza y tamaño mientras hace estallar su press de banca.

La semana va a comenzar y finalizar con un entrenamiento de press de banca. El primer trabajo de la semana va a ser una sesión de alta intensidad ya que su sistema nervioso y músculos estarán frescos debido al fin de semana. El último trabajo de la semana será una sesión de alto volumen para promover una supercompensación máxima durante el fin de semana.

El día de press de banca, los tríceps, pectorales y hombros serán trabajados. De modo que eso deja 1 o 2 trabajos para hacer, bíceps, abdominales y el tren inferior.

La división puede verse así:

A- División de 3 entrenamientos por semana
Lunes: Press de banca alta intensidad, Abdominales
Martes: Descanso
Miércoles: Espalda, Bíceps, Piernas
Jueves: Descanso
Viernes: Press de banca alto volumen, Abdominales
Sábado: Descanso

Domingo: Descanso

B- División de 4 entrenamientos por semana
Lunes: Press de banca alta intensidad
Martes: Espalda, Bíceps, Abdominales
Miércoles: Descanso
Jueves: Piernas, Abdominales
Viernes: Press de alto volumen
Sábado: Descanso
Domingo: Descanso

Entrenamiento de press de banca de alta intensidad

Estos entrenamientos girarán alrededor del levantamiento de cargas pesadas en distintos movimientos. La meta es entrenar al SNC a manejar y vencer cargas elevadas. Dentro de este día usted tiene un ejercicio principal, uno auxiliar y uno correctivo.

Durante el curso de las 8 semanas usted tendrá dos bloques de entrenamiento de 4 semanas de duración cada uno. Ambos bloques poseen una estructura similar, pero los ejercicios cambiarán.

Bloque 1: Semanas 1-4

Ejercicio principal: Press de banca de 45cms.

Este es un press de banca con toma semi-cerrada. El ancho de la toma es de 45cms (ese es el ancho entre ambos dedos índices al tomar la barra). Baje la barra a su pecho y presiónela hacia arriba en línea recta. En este ejercicio usted no controla el tempo, el objetivo es simplemente levantar tanto peso como sea posible para el número prescripto de repeticiones.

	Semana 1	Semana 2	Semana 3	Semana 4
Series/ Reps	3 x 5	3 x 5, 3 x 4	1 x 5, 1 x 3, 1 x 2 1 x 5, 1 x 3, 1 x 2	1 x 3, 1 x 2, 1 x 1 1 x 3, 1 x 2, 1 x 1

Ejercicio auxiliar: Sostén estático

El objetivo de este ejercicio es habituarlo a sostener pesos muy grandes con los brazos extendidos. Sosteniendo cargas submáximas usted condiciona a su sistema nervioso y reflejos motores a aceptar esta elevada forma de carga y tensión muscular. Vea, usted tiene un reflejo inhibitorio, el que es un "regalo" del Órgano Tendinoso de Golgi (OTG). Cuando la tensión muscular es muy alta, le dice a sus músculos que cesen de producir fuerza. Este es un mecanismo protector, pero en la mayoría de los individuos está calibrado demasiado conservadoramente y puede perjudicar su habilidad de levantamiento. Una inhibición reducida es una de las razones de porqué ve usted individuos pequeños manejar grandes pesos. Entonces para este ejercicio usted simplemente libera (con un compañero) una carga que es mayor a su máximo y sostiene el peso con los brazos extendidos trabados durante un cierto período de tiempo.

	Semana 1	Semana 2	Semana 3	Semana 4
Series/ Tiempo	3 x 10 segundos	4 x 8 segundos	5 x 6 segundos	**3 x 4 segundos**
Carga	**110%**	**115%**	**120%**	**125%**

Ejercicio Auxiliar: Press Bradford

Comience con la barra sobre sus hombros, presiónela solo lo suficiente para que pase la cabeza y llévela a sus clavículas. Presiónela solo lo suficiente para que pase su cabeza y llévela a sus hombros. Esa es una repetición. Resulta un excelente ejercicio para desarrollar los hombros y la salida desde el pecho en el press de banca.

	Semana 1	Semana 2	Semana 3	Semana 4
Series/ Reps	3 x 5	6 x 4	4 x 3	2 x 5

Ejercicio correctivo: Extensiones de tríceps acostado con mancuernas

Acuéstese en una banca, tome una mancuerna con cada mano, brazos completamente extendidos, palmas enfrentadas. Lleve las mancuernas hacia abajo mediante la flexión de los codos, luego llévelas hacia arriba. Para este ejercicio use un tempo lento, algo en línea con un 503 estará bien.

	Semana 1	Semana 2	Semana 3	Semana 4
Series/ Reps	3 x 10	5 x 8	3 x 6	2 x 10

Esto es todo para el primer bloque al menos en lo que concierne al entrenamiento de alta intensidad.

Bloque 2: Semanas 5-8
Este es el segundo bloque de ejercicios y es realizado luego del primer bloque de 4 semanas. También tiene una duración de 4 semanas.

Ejercicio principal: Press de banca de 80cms

Este es su press de banca regular. Los 80cms continúan siendo la distancia entre sus dedos índices cuando sus manos toman la barra. Baje la barra hasta la porción inferior del pecho y súbalo en línea recta. En este ejercicio usted no controla el tempo, el objetivo es simplemente levantar tanto peso como sea posible para el número prescripto de repeticiones.

	Semana 5	Semana 6	Semana 7	Semana 8
Series/ Reps	3 x 4	3 x 4, 3 x 3	1 x 4, 1 x 3, 1 x 2 1 x 4, 1 x 3, 1 x 2	1 x 2, 1 x 1, 1 x 1 1 x 2, 1 x 1, 1 x 1

Ejercicio auxiliar: ½ press de banca (press sobre pernos en el rack).

En este ejercicio usted continúa estresando el SNC utilizando una supra-carga (peso mayor que su máx.) pero le agrega una faceta dinámica al realizar la mitad de un levantamiento. Comience de modo que la barra se encuentre a 20cms de la extensión (o apenas más arriba de su punto de estancamiento). Quite la barra de los pernos y presiónela hacia arriba. Bájela todo el recorrido hasta los pernos, descanse 1-2 segundos y luego realice la siguiente repetición.

	Semana 5	Semana 6	Semana 7	Semana 8
Series/ Reps	3 x 5	6 x 4	4 x 3	**3 x 2**
Carga	**105%**	**110%**	**115%**	**120%**

Ejercicio auxiliar: Press con impulso

Este ejercicio es un gran constructor de hombros y realmente aumentará su fuerza al inicio del press de banca. También le enseña a "explotar" al inicio del movimiento. Para realizarlo párese derecho con la barra sobre sus clavículas, flexiónese un poco y empuje el peso hacia arriba con una potente acción de brazos y piernas.

	Semana 5	Semana 6	Semana 7	Semana 8
Series/ Reps	3 x 5	6 x 4	4 x 3	2 x 5

Ejercicio correctivo: Extensiones de tríceps acostado con mancuernas

Acuéstese en una banca, tome una mancuerna con cada mano, brazos completamente extendidos, palmas enfrentadas. Lleve las mancuernas hacia abajo mediante la flexión de los codos, luego llévelas hacia arriba. Para este ejercicio use un tempo lento, algo en línea con un 503 estará bien.

	Semana 5	Semana 6	Semana 7	Semana 8
Series/ Reps	3 x 10	5 x 8	4 x 6	2 x 10

Press de banca entrenamiento de alto volumen

Estos entrenamientos tienen algo menos de intensidad por lo que usted levantará cargas más ligeras. Pero continúan siendo trabajos duros y participarán en su desarrollo y mejoramiento.
En este día usted aún tendrá un ejercicio principal, uno auxiliar, dos ejercicios de asistencia y uno correctivo.

Contrariamente al entrenamiento de alta intensidad, usted no cambiará el programa luego de 4 semanas. Únicamente realizará un bloque de 8 semanas. Esto es debido a la naturaleza de este trabajo, el cual puede ser tolerado por un período mayor de tiempo, sin mencionar que los ejercicios elegidos no tienen a su equivalente.

Bloque 1: Semanas 1-8

Ejercicio principal: Press de banca balístico

Este es el único ejercicio en el que considero la utilización de la máquina Smith como efectiva. El objetivo es bajar la barra al pecho y lanzarla al aire, luego agarrarla y empezar de nuevo. La carga que usted use debe ser liviana, porque el objetivo no es que solo sea explosivo, sino también balístico.

	Semana 1	Semana 2	Semana 3	Semana 4	Semana 5	Semana 6	Semana 7	Semana 8
Series/Reps	8 x 4	12 x 3	8 x 2	6 x 1	8 x 5	12 x 4	8 x 3	**6 x 2**
Carga	**20%**	**25%**	**30%**	**35%**	**20%**	**25%**	**30%**	**35%**

Ejercicio auxiliar: Press de banca casi-isométrico / con detención / explosivo

Descenso en 5 segundos

2 segundos de pausa

¡Explote!

Este ejercicio es en realidad la combinación de dos métodos de entrenamiento: el entrenamiento excéntrico súper-lento y el entrenamiento de detención-explosión. La porción excéntrica (descenso) del press de banca es lenta, 5 segundos, usted hace una pausa de 2 segundos cuando la barra está en su pecho, luego explota la barra hacia arriba tan rápido como sea posible. Este ejercicio construirá gran cantidad de masa muscular así como de fuerza en el pecho.

	Semana 1	Semana 2	Semana 3	Semana 4	Semana 5	Semana 6	Semana 7	Semana 8
Series/Reps	3 x 10	6 x 8	4 x 6	3 x 4	3 x 12	6 x 10	4 x 8	**3 x 6**
Carga	**55%**	**60%**	**65%**	**70%**	**55%**	**60%**	**65%**	**70%**

Ejercicio de asistencia: Press con mancuernas arqueado

	Semana 1	Semana 2	Semana 3	Semana 4	Semana 5	Semana 6	Semana 7	Semana 8
Series/Reps	2 x 10	6 x 8	3 x 6	2 x 4	2 x 8	6 x 6	3 x 4	2 x 2

Ejercicio de asistencia n.º 2: Lagartijas iso-balísticas

 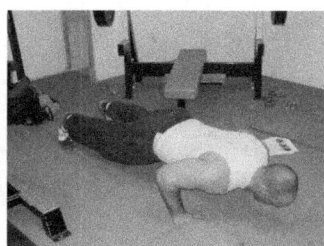  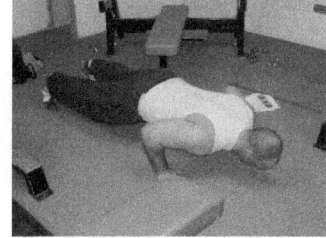

Otra ejercitación para aumentar la potencia de su tren superior. Descienda a posición de lagartijas. Proyéctese en el aire. Aterrice en una posición de lagartija "profunda" y manténgala durante 15 segundos, eso es una repetición.

	Semana 1	Semana 2	Semana 3	Semana 4	Semana 5	Semana 6	Semana 7	Semana 8
Series/Reps	3 x 5	6 x 5	4 x 5	2 x 5	3 x 6	6 x 6	4 x 6	2 x 6

Ejercicio correctivo: Caja de hombros

Este ejercicio es un muy efectivo desarrollador de hombros. Aumentará la fuerza en todas las cabezas del deltoides y además mejorará sus músculos del manguito rotador. Utilizar este ejercicio resulta una gran póliza de seguro para sus hombros durante un programa intensivo de press de banca.

	Semana 1	Semana 2	Semana 3	Semana 4	Semana 5	Semana 6	Semana 7	Semana 8
Series/Reps	2 x 8	2 x 10	2 x 12	1 x 15	2 x 10	2 x 12	2 x 15	1 x 20

Entonces ahí tiene usted un programa muy explosivo de especialización de press de banca. El mismo aumentará enormemente su fuerza en el press de banca, así como el tamaño de su pecho, hombros y tríceps. No es para el débil de espíritu; usted debe tener una fuerte iniciativa para triunfar en este programa. Pero si usted brinda su mejor esfuerzo él *hará* maravillas para usted.

CÁPITULO 12
Ejemplo de un programa de fútbol americano de 12-semanas

En este capítulo ...

- Descripciones de los ejercicios para los movimientos involucrados en un programa de fútbol
- Ilustración de las ejercitaciones de agilidad incluidas
- Programa de entrenamiento verdadero

ENTRENAMIENTO PARA RENDIMIENTO EN FÚTBOL AMERICANO

**Entrenamiento de Alto Rendimiento
Fútbol Americano; Nivel 1
Fase 1
Semanas 1-12**

Entrenador Christian Thibaudeau
The_Beast@t-mag.com

Introducción y explicación de los ejercicios

Complejo Javorek: Cinco ejercicios realizados uno tras otro sin pausa. Esta es una ejercitación preparatoria compleja y es utilizada como herramienta para la entrada en calor específica así como para incrementar la masa muscular general.

1. Tirones de potencia de arranque x 6

2. Tirones de potencia de cargada x 6

3. Sentadilla + press x 6

4. Buenos Días x 6

5. Remo con barra x 6

Cargada de potencia desde bloques: El objetivo de este ejercicio es el desarrollo de la producción de potencia del atleta (potencia = fuerza x velocidad). La barra es llevada desde la altura de las rodillas hasta los hombros. El movimiento debe ser explosivo.

Sentadilla por detrás veloz: Usando una carga moderada (50-60% del máx. en sentadilla) el atleta levanta la barra tan rápido como sea posible. Una vez más, el objetivo es generar una alta tasa de producción de fuerza y potencia.

Sentadilla con salto: Este es uno de los mejores ejercicios para construir un enorme salto vertical. Una carga liviana es utilizada (10-30% del máx. de la sentadilla) y el objetivo es saltar tan alto como sea posible.

Hiperextensiones a 1 pierna: Fantástico ejercicio de isquiotibiales. Los isquiotibiales son los músculos clave para la *velocidad*.

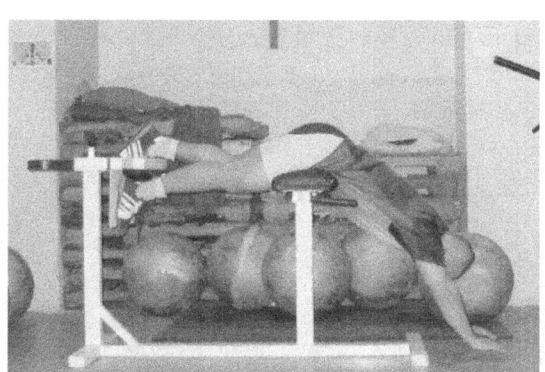 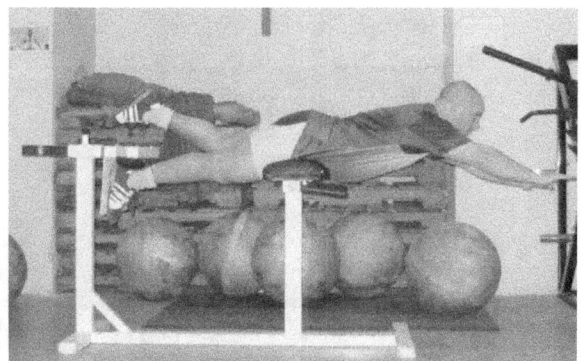

Arrastre de disco: Otro decente ejercicio de isquiotibiales usado para enfatizar el desarrollo de la porción concéntrica de la función de flexión de rodilla / flexión de cadera.

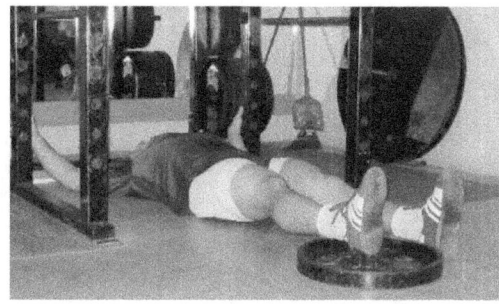 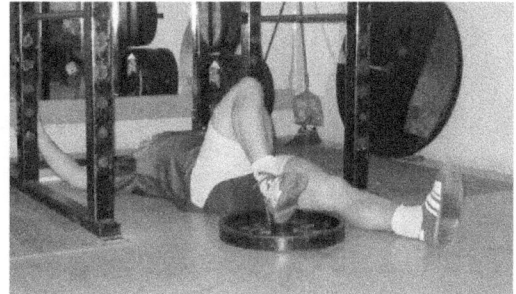

Curl de piernas: Ejercicio de fortalecimiento general de los isquiotibiales para desarrollar la función de flexión de rodilla de los isquiotibiales.

Press con impulso: Gran ejercicio para desarrollar la fuerza de los hombros y brazos. Es básicamente un press militar con trampa. Usted usa un leve impulso de piernas al inicio del movimiento, solo lo suficiente para hacer andar la barra. Los brazos aún realizan la mayor parte del trabajo.

Press de banca iso: Gran ejercitación para aumentar la masa del pectoral y la potencia de empuje. Baje la barra al pecho en 5 segundos, deténgala 2 segundos en el pecho y EXPLOTE. La carga a utilizar es de alrededor del 50 al 70% para maximizar la aceleración.

Descenso en 5 segundos

2 segundos de pausa

¡Explote!

Press de banca con mancuernas: Ejercicio de fortalecimiento general para los brazos, hombros y pectorales.

Extensión de tríceps con mancuernas: Ejercicio de fortalecimiento general del tríceps.

Curl Zottman: Ejercicio de fortalecimiento general del bíceps, braquial y antebrazo.

Curl predicador: Ejercicio de fortalecimiento general del bíceps, braquial, y antebrazo.

Press cubano: Ayuda a prevenir lesiones de hombro. Se usa como ejercicio de calentamiento.

Arranque de potencia desde bloques: El objetivo de este ejercicio es el desarrollo de la producción de potencia del atleta (potencia = fuerza x velocidad). La barra es llevada desde la altura de las rodillas hasta por encima de la cabeza. El movimiento debe ser explosivo.

Estocadas: Gran ejercicio para aumentar la fuerza del tren inferior mientras estira los músculos de la cadera al mismo tiempo.

Sentadilla por adelante: Excelente ejercicio de cuádriceps y glúteos.

Elevación natural de glúteo-isquio: Es un sencillo, pero fantástico ejercicio. El objetivo es arrodillarse e intentar bajar su torso bajo control y luego vuelva hacia atrás. Muy pocos atletas pueden en realidad volver atrás al principio, por lo que usted puede querer ayudarse con una pequeña ayuda de los brazos para despegar del suelo. Este es un gran ejercicio para desarrollar la función de flexión de rodilla de los isquiotibiales.

Segundo Tiempo con impulso: Similar al press con impulso, sin embargo usted utiliza una potente acción de las piernas para llevar la barra hacia arriba.

Press de banca: Ejercicio de fortalecimiento general para los músculos de empuje del tren superior.

Press de banca balístico: Este ejercicio hace foco en la capacidad explosiva del tren superior. Utilizando una carga ligera (10-30% del máx. en press de banca), descienda la barra al pecho y láncela al aire tan alto como sea posible. Use una máquina Smith para realizar esta ejercitación en forma segura.

Lagartijas iso balísticas: Otra ejercitación para incrementar la potencia del tren superior. Descienda hasta la posición inicial de lagartijas. Proyéctese hacia arriba. Aterrice en una posición de lagartija "profunda" y manténgase ahí por 15 segundos, esa es una repetición.

 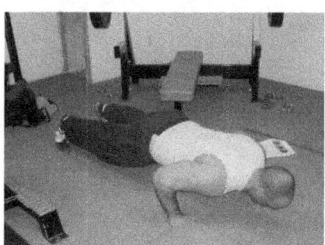  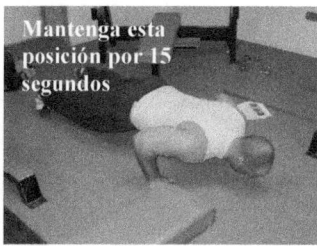

Peso muerto "sumo": Excelente ejercicio para fortalecer los glúteos, isquiotibiales, cuádriceps y espalda baja.

Peso muerto romano: Excelente ejercicio para los isquiotibiales. Descienda la barra inclinando el tronco hacia delante y llevando las caderas atrás. El ángulo de la rodilla se mantiene igual durante todo el movimiento.

Peso muerto búlgaro: Ejercicio que hace blanco en el desarrollo unilateral de la espalda baja, cadera y piernas.

Caja de hombros: Ejercicio de hombros usado como ejercicio de entrada en calor para prevenir lesiones de hombro.

Rutina de estiramiento

1 x 30 segundos   1 x 30 segundos / lado   1 x 30 segundos / lado   1 x 30 segundos / lado

 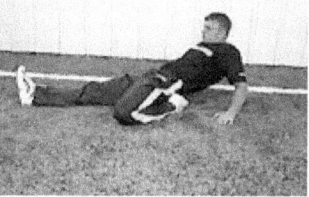  

1 x 30 segundos   1 x 30 segundos / lado   1 x 30 segundos   1 x 30 segundos

1 x 30 segundos / lado   1 x 30 segundos

Driles de agilidad

Driles con conos 1

* 10m entre conos
* Realice los módulos al 75% de su máx. velocidad
* Repita dos veces cada módulo (uno en cada dirección)

A. Caja

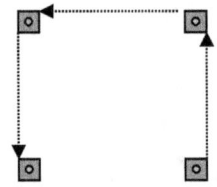

Módulos
a) Todo hacia el frente
b) Al frente, lateral, al frente
c) Al frente, lateral, hacia atrás

B. "X"

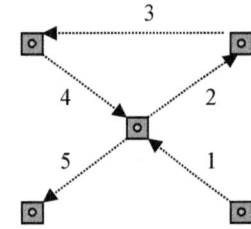

Módulos
a) Todo hacia el frente

C. Estrella

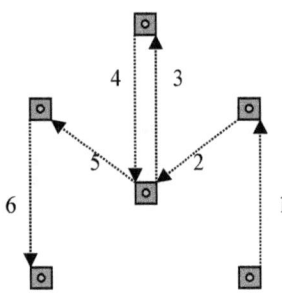

Módulos
a) Todo hacia el frente
b) Adelante, atrás, adelante, atrás, adelante, atrás

Driles con conos 2

* 10m entre conos
* Realice los módulos al 75% de su máx. velocidad
* Repita dos veces cada módulo (uno en cada dirección)

A. Silla

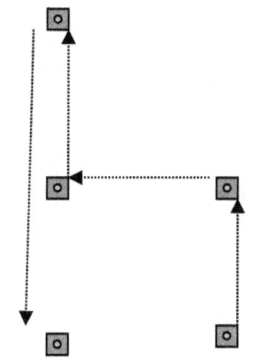

Módulos
a) Todo hacia el frente
b) Adelante, lateral, adelante, adelante
c) Adelante, lateral, adelante, hacia atrás

B. "M"

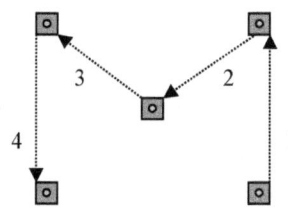

Módulos
a) Todo hacia adelante
b) Adelante, atrás, adelante, atrás

Driles con escalera 1

    a) Rodillas altas pasos cortos
    b) Rodillas altas pasos largos
    c) Rodillas altas pasos laterales cortos (sin cruzar)
    d) Rodillas altas pasos laterales largos (sin cruzar)
    e) Saltos con ambas piernas, "rodillas arriba"

Driles con escalera 2

    a) Rodillas altas pasos cortos ("pedaleo" hacia atrás)
    b) Rodillas altas pasos largos ("pedaleo" hacia atrás)
    c) Saltos con una pierna "rodillas arriba" (10 saltos por pierna)
    d) Saltos con ambas piernas "rodillas arriba" (hacia atrás)

Fase 1– Bloque A: Carga concentrada - Semana 1

Bloque	Lunes	Miércoles	Jueves	Sábado	Domingo
Preparación	Entrada en calor hombros Caja de hombros 2 x 10 Press cubano 2 x 10	Complejo Javorek Tirones arranque 1 x 6 Tirones cargada 1 x 6 Sentadilla + press 1 x 6 Buenos días 1 x 6 Remo con barra 1 x 6 *Sin pausa entre ejercicios		Entrada en calor hombros Caja de hombros 2 x 10 Press cubano 2 x 10	Complejo Javorek Tirones arranque 1 x 6 Tirones cargada 1 x 6 Sentadilla + press 1 x 6 Buenos días 1 x 6 Remo con barra 1 x 6 *Sin pausa entre ejercicios
Velocidad/ Agilidad	Driles con conos 1 4 x 200m 75% intensidad 90 segundos de pausa	Driles con escalera 1		Driles con escalera 2 4 x 300m Carrera técnica 120 segundos de pausa	Driles con conos 2
Desarrollo	Fuerza tren superior Press de banca inclinado 5 x 6 Dominadas o polea alta 5 x 6 Press con impulso 5 x 6 Extensión de tríceps 3 x 10 Curl Zottman 3 x 10	Fuerza tren inferior Sentadilla atrás 5 x 6 Peso muerto "sumo" 5 x 6 Estocadas 3 x 10/pierna Hiperextensiones 1-pierna 3 x 10/pierna Curl de piernas 3 x 10		Fuerza tren superior y potencia Press de banca 5 x 6 2º tiempo con impulso 5 x 6 Press de banca balístico 5 x 6 (15% máx. banca) Remo sentado 5 x 6	Fuerza tren inferior y potencia Sentadilla por delante 5 x 6 Arranque desde bloques 5 x 6 Cargada desde bloques 5 x 6 Subidas al banco 3 x 10/pierna Press a 1 pierna (pie sobre parte alta de la tabla) 3 x 10/pierna
Trabajo opcional	Press de banca con MC 3 x 12 Curl predicador 3 x 12	Arrastre de disco 3 x 12 Elevación natural glúteo/isquio 3 x 12		Press de banca con MC 3 x 12 Curl predicador 3 x 12	Arrastre de disco 3 x 12 Elevación natural glúteo/isquio 3 x 12
Acondicionamiento		Caminata del granjero 6 x 100m caminata			Caminata del granjero 6 x 50m contoneándose
Vuelta a la calma	Rutina de estiramiento	Rutina de estiramiento		Rutina de estiramiento	Rutina de estiramiento

Fase 1– Bloque A: Carga concentrada - Semana 2

Bloque	Lunes	Miércoles	Jueves	Sábado	Domingo
Preparación	Entrada en calor hombros Caja de hombros 2 x 10 Press cubano 2 x 10	Complejo Javorek Tirones arranque 1 x 6 Tirones cargada 1 x 6 Sentadilla + press 1 x 6 Buenos días 1 x 6 Remo con barra 1 x 6 *Sin pausa entre ejercicios		Entrada en calor hombros Caja de hombros 2 x 10 Press cubano 2 x 10	Complejo Javorek Tirones arranque 1 x 6 Tirones cargada 1 x 6 Sentadilla + press 1 x 6 Buenos días 1 x 6 Remo con barra 1 x 6 *Sin pausa entre ejercicios
Velocidad/ Agilidad	Driles con conos 1 5 x 200m 75% intensidad 90 segundos de pausa	Driles con escalera 1		Driles con escalera 2 5 x 300m Carrera técnica 120 segundos de pausa	Driles con conos 2
Desarrollo	Fuerza tren superior Press de banca inclinado 3 x 6, 3 x 5 Dominadas o polea alta 3 x 6, 3 x 5 Press con impulso 3 x 6, 3 x 5 Extensión de tríceps 4 x 10 Curl Zottman 4 x 10	Fuerza tren inferior Sentadilla atrás 3 x 6, 3 x 5 Peso muerto "sumo" 3 x 6, 3 x 5 Estocadas 4 x 8/pierna Hiperextensión 1-pierna 4 x 8/pierna Curl de piernas 4 x 8		Fuerza tren superior y potencia Press de banca 3 x 6, 3 x 5 2º tiempo con impulso 3 x 6, 3 x 5 Press de banca balístico 6 x 5 (20% máx. banca) Remo sentado 3 x 6, 3 x 5	Fuerza tren inferior y potencia Sentadilla adelante 3 x 6, 3 x 5 Arranque desde bloques 3 x 6, 3 x 5 Cargada desde bloques 3 x 6, 3 x 5 Subidas al banco 4 x 8/pierna Press a 1 pierna (pie sobre parte alta de la tabla) 4 x 8/pierna
Trabajo opcional	Press de banca con MC 3 x 12 Curl predicador 3 x 12	Arrastre de disco 3 x 12 Elevación natural glúteo/isquio 3 x 12		Press de banca con MC 3 x 12 Curl predicador 3 x 12	Arrastre de disco 3 x 12 Elevación natural glúteo/isquio 3 x 12
Acondiciona-miento		Caminata del granjero 7 x 100m caminata			Caminata del granjero 7 x 50m contorneándose
Vuelta a la calma	Rutina de estiramiento	Rutina de estiramiento		Rutina de estiramiento	Rutina de estiramiento

Fase 1– Bloque A: Carga concentrada - Semana 3

Bloque	Lunes	Miércoles	Jueves	Sábado	Domingo
Preparación	<u>Entrada en calor hombros</u> Caja de hombros 2 x 10 Press cubano 2 x 10	<u>Complejo Javorek</u> Tirones arranque 1 x 6 Tirones cargada 1 x 6 Sentadilla + press 1 x 6 Buenos días 1 x 6 Remo con barra 1 x 6 *Sin pausa entre ejercicios		<u>Entrada en calor hombros</u> Caja de hombros 2 x 10 Press cubano 2 x 10	<u>Complejo Javorek</u> Tirones arranque 1 x 6 Tirones cargada 1 x 6 Sentadilla + press 1 x 6 Buenos días 1 x 6 Remo con barra 1 x 6 *Sin pausa entre ejercicios
Velocidad/ Agilidad	Driles con conos 1 6 x 200m 75% intensidad 90 segundos de pausa	Driles con escalera 1		Driles con escalera 2 6 x 300m Carrera técnica 120 segundos de pausa	Driles con conos 2
Desarrollo	<u>Fuerza tren superior</u> Press de banca inclinado 3 x 6, 3 x 5, 1 x 4 Dominadas o polea alta 3 x 6, 3 x 5, 1 x 4 Press con impulso 3 x 6, 3 x 5, 1 x 4 Extensión de tríceps 5 x 10 Curl Zottman 5 x 10	<u>Fuerza tren inferior</u> Sentadilla atrás 3 x 6, 3 x 5, 1 x 4 Peso muerto "sumo" 3 x 6, 3 x 5, 1 x 4 Estocadas 5 x 6/pierna Hiperextensiones 1-pierna 5 x 6/pierna Curl de piernas 5 x 6		<u>Fuerza tren superior y potencia</u> Press de banca 3 x 6, 3 x 5, 1 x 4 2º tiempo con impulso 3 x 6, 3 x 5, 1 x 4 Press de banca balístico 7 x 4 (25% máx. banca) Remo sentado 3 x 6, 3 x 5, 1 x 4	<u>Fuerza tren inferior y potencia</u> Sentadilla adelante 3 x 6, 3 x 5, 1 x 4 Arranque desde bloques 3 x 6, 3 x 5, 1 x 4 Cargada desde bloques 3 x 6, 3 x 5, 1 x 4 Subidas al banco 5 x 6/pierna Press a 1 pierna (pie sobre parte alta de la tabla) 5 x 6/pierna
Trabajo opcional	Press de banca con MC 3 x 12 Curl predicador 3 x 12	Arrastre de disco 3 x 12 Elevación natural glúteo/isquio 3 x 12		Press de banca con MC 3 x 12 Curl predicador 3 x 12	Arrastre de disco 3 x 12 Elevación natural glúteo/isquio 3 x 12
Acondicionamiento		<u>Caminata del granjero</u> 8 x 100m caminata			<u>Caminata del granjero</u> 8 x 50m contorneándose
Vuelta a la calma	Rutina de estiramiento	Rutina de estiramiento		Rutina de estiramiento	Rutina de estiramiento

Fase 1– Bloque A: Carga concentrada - Semana 4

Bloque	Lunes	Miércoles	Jueves	Sábado	Domingo
Preparación	Entrada en calor hombros Caja de hombros 2 x 10 Press cubano 2 x 10	Complejo Javorek Tirones arranque 1 x 6 Tirones cargada 1 x 6 Sentadilla + press 1 x 6 Buenos días 1 x 6 Remo con barra 1 x 6 *Sin pausa entre ejercicios		Entrada en calor hombros Caja de hombros 2 x 10 Press cubano 2 x 10	Complejo Javorek Tirones arranque 1 x 6 Tirones cargada 1 x 6 Sentadilla + press 1 x 6 Buenos días 1 x 6 Remo con barra 1 x 6 *Sin pausa entre ejercicios
Velocidad/ Agilidad	Driles con conos 1 4 x 200m 75% intensidad 90 segundos de pausa	Driles con escalera 1		Driles con escalera 2 4 x 300m Carrera técnica 120 segundos de pausa	Driles con conos 2
Desarrollo	Fuerza tren superior Press de banca inclinado 1 x 5, 1 x 4, 2 x 3 Dominadas o polea alta 1 x 5, 1 x 4, 2 x 3 Press con impulso 1 x 5, 1 x 4, 2 x 3 Extensión de tríceps 2 x 10 Curl Zottman 2 x 10	Fuerza tren inferior Sentadilla atrás 1 x 5, 1 x 4, 2 x 3 Peso muerto "sumo" 1 x 5, 1 x 4, 2 x 3 Estocadas 3 x 4/pierna Hiperextensión 1-pierna 3 x 4/pierna Curl de piernas 3 x 4		Fuerza tren superior y potencia Press de banca 1 x 5, 1 x 4, 2 x 3 2º tiempo con impulso 1 x 5, 1 x 4, 2 x 3 Press de banca balístico 3 x 3 (30% máx. banca) Remo sentado 1 x 5, 1 x 4, 2 x 3	Fuerza tren inferior y potencia Sentadilla adelante 1 x 5, 1 x 4, 2 x 3 Arranque desde bloques 1 x 5, 1 x 4, 2 x 3 Cargada desde bloques 1 x 5, 1 x 4, 2 x 3 Subidas al banco 3 x 4/pierna Press a 1 pierna (pie sobre parte alta de la tabla) 3 x 4/pierna
Trabajo opcional	Press de banca con MC 3 x 12 Curl predicador 3 x 12	Arrastre de disco 3 x 12 Elevación natural glúteo/isquio 3 x 12		Press de banca con MC 3 x 12 Curl predicador 3 x 12	Arrastre de disco 3 x 12 Elevación natural glúteo/isquio 3 x 12
Acondicionamiento		Caminata del granjero 4 x 100m caminata			Caminata del granjero 4 x 50m contorneándose
Vuelta a la calma	Rutina de estiramiento	Rutina de estiramiento		Rutina de estiramiento	Rutina de estiramiento

Fase 1– Bloque B: Carga en secuencia conjugada - Semana 5

Bloque	Lunes	Miércoles	Jueves	Sábado	Domingo
Preparación	Entrada en calor hombros Caja de hombros 2 x 10 Press cubano 2 x 10	Complejo Javorek Tirones arranque 1 x 6 Tirones cargada 1 x 6 Sentadilla + press 1 x 6 Buenos días 1 x 6 Remo con barra 1 x 6 *Sin pausa entre ejercicios		Entrada en calor hombros Caja de hombros 2 x 10 Press cubano 2 x 10	Complejo Javorek Tirones arranque 1 x 6 Tirones cargada 1 x 6 Sentadilla + press 1 x 6 Buenos días 1 x 6 Remo con barra 1 x 6 *Sin pausa entre ejercicios
Velocidad/ Agilidad	Driles con conos 1 4 x 100m 85% intensidad 90 segundos de pausa	Driles con escalera 1	10 x 20m 100% intensidad 60 segundos de pausa	Driles con escalera 2 4 x 150m 80% intensidad 120 segundos de pausa	Driles con conos 2
Desarrollo	Fuerza tren superior y potencia Press de banca inclinado 4 x 4 Dominadas o polea alta 4 x 4 Press con impulso 4 x 4 Press de banca balístico 5 x 6 (17% máx. banca)	Fuerza tren inferior y potencia Sentadilla atrás 4 x 4 Peso muerto romano 4 x 4 Estocadas 3 x 10/pierna Hiperextensión 1-pierna 3 x 10/pierna Arranque desde bloques 4 x 4		Fuerza tren superior y potencia Press de banca 4 x 6 2º tiempo con impulso 4 x 6 Press de banca balístico 5 x 6 (17% máx. banca) Remo sentado 5 x 6 Lagartijas iso-balísticas 4 x 4	Fuerza tren inferior y potencia Sentadilla adelante 4 x 6 Arranque desde bloques 4 x 6 Cargada desde bloques 4 x 6 Sentadilla con salto 3 x 10 (15% máx. sentadilla)
Trabajo opcional	Press de banca con MC 3 x 12 Curl predicador 3 x 12	Arrastre de disco 3 x 12 Elevación natural glúteo/isquio 3 x 12		Press de banca con MC 3 x 12 Curl predicador 3 x 12	Arrastre de disco 3 x 12 Elevación natural glúteo/isquio 3 x 12
Acondiciona-miento		Caminata del granjero 6 x 100m caminata			Caminata del granjero 6 x 50m contorneándose
Vuelta a la calma	Rutina de estiramiento	Rutina de estiramiento		Rutina de estiramiento	Rutina de estiramiento

Fase 1– Bloque B: Carga en secuencia conjugada - Semana 6

Bloque	Lunes	Miércoles	Jueves	Sábado	Domingo
Preparación	Entrada en calor hombros Caja de hombros 2 x 10 Press cubano 2 x 10	Complejo Javorek Tirones arranque 1 x 6 Tirones cargada 1 x 6 Sentadilla + press 1 x 6 Buenos días 1 x 6 Remo con barra 1 x 6 *Sin pausa entre ejercicios		Entrada en calor hombros Caja de hombros 2 x 10 Press cubano 2 x 10	Complejo Javorek Tirones arranque 1 x 6 Tirones cargada 1 x 6 Sentadilla + press 1 x 6 Buenos días 1 x 6 Remo con barra 1 x 6 *Sin pausa entre ejercicios
Velocidad/ Agilidad	Driles con conos 1 5 x 100m 85% intensidad 90 segundos de pausa	Driles con escalera 1	12 x 20m 100% intensidad 60 segundos de pausa	Driles con escalera 2 5 x 150m 80% intensidad 120 segundos de pausa	Driles con conos 2
Desarrollo	<u>Fuerza tren superior y potencia</u> Press de banca inclinado 2 x 4, 2 x 3 Dominadas o polea alta 2 x 4, 2 x 3 Press con impulso 2 x 4, 2 x 3 Press de banca balístico 6 x 5 (22% máx. banca) Lanzamientos balón medicinal desde el pecho (5-10kg) 4 x 5	<u>Fuerza tren inferior y potencia</u> Sentadilla atrás 2 x 4, 2 x 3 Peso muerto romano 2 x 4, 2 x 3 Estocadas 3 x 8/pierna Hiperextensión 1-pierna 3 x 8/pierna Arranque desde bloques 2 x 4, 2 x 3 Cargada desde bloques 2 x 4, 2 x 3		<u>Fuerza tren superior y potencia</u> Press de banca 2 x 6, 2 x 5 2° tiempo con impulso 2 x 6, 2 x 5 Press de banca balístico 6 x 5 (22% máx. banca) Remo sentado 2 x 6, 2 x 5 Lagartijas iso-balísticas 4 x 5 Press de banca iso 4 x 5 (50% máx. press banca)	<u>Fuerza tren inferior y potencia</u> Sentadilla adelante 2 x 6, 2 x 5 Arranque desde bloques 2 x 6, 2 x 5 Cargada desde bloques 2 x 6, 2 x 5 Sentadilla con salto 4 x 8 (20% máx. sentadilla) Estocadas con salto 4 x 5/pierna (10% máx. sentadilla)
Trabajo opcional	Press de banca con MC 3 x 12 Curl predicador 3 x 12	Arrastre de disco 3 x 12 Elevación natural glúteo/isquio 3 x 12		Press de banca con MC 3 x 12 Curl predicador 3 x 12	Arrastre de disco 3 x 12 Elevación natural glúteo/isquio 3 x 12
Acondiciona-miento		<u>Caminata del granjero</u> 7 x 100m caminata			<u>Caminata del granjero</u> 7 x 50m contorneándose
Vuelta a la calma	Rutina de estiramiento	Rutina de estiramiento		Rutina de estiramiento	Rutina de estiramiento

Fase 1– Bloque B: Carga en secuencia conjugada - Semana 7

Bloque	Lunes	Miércoles	Jueves	Sábado	Domingo
Preparación	Entrada en calor hombros Caja de hombros 2 x 10 Press cubano 2 x 10	Complejo Javorek Tirones arranque 1 x 6 Tirones cargada 1 x 6 Sentadilla + press 1 x 6 Buenos días 1 x 6 Remo con barra 1 x 6 *Sin pausa entre ejercicios		Entrada en calor hombros Caja de hombros 2 x 10 Press cubano 2 x 10	Complejo Javorek Tirones arranque 1 x 6 Tirones cargada 1 x 6 Sentadilla + press 1 x 6 Buenos días 1 x 6 Remo con barra 1 x 6 *Sin pausa entre ejercicios
Velocidad/ Agilidad	Driles con conos 1 6 x 100m 85% intensidad 60 segundos de pausa	Driles con escalera 1	14 x 20m 100% intensidad 30 segundos de pausa	Driles con escalera 2 6 x 150m 80% intensidad 90 segundos de pausa	Driles con conos 2
Desarrollo	Fuerza tren superior y potencia Press de banca inclinado 2 x 4, 1 x 3, 1 x 2 Dominadas o polea alta 2 x 4, 1 x 3, 1 x 2 Press con impulso 2 x 4, 1 x 3, 1 x 2 Press de banca balístico 7 x 4 (27% máx. banca) Lanzamientos balón medicinal desde el pecho (5-10kg) 5 x 5	Fuerza tren inferior y potencia Sentadilla atrás 2 x 4, 1 x 3, 1 x 2 Peso muerto romano 2 x 4, 1 x 3, 1 x 2 Estocadas 3 x 6/pierna Hiperextensión 1-pierna 3 x 6/pierna Arranque desde bloques 2 x 4, 1 x 3, 1 x 2 Cargada desde bloques 2 x 4, 1 x 3, 1 x 2 Saltos en profundidad 3 x 5		Fuerza tren superior y potencia Press de banca 2 x 6, 1 x 5, 1 x 4 2º tiempo con impulso 2 x 6, 1 x 5, 1 x 4 Press de banca balístico 7 x 4 (27% máx. banca) Remo sentado 2 x 6, 1 x 5, 1 x 4 Lagartijas iso-balísticas 5 x 5 Press de banca iso 5 x 4 (55% máx. press banca)	Fuerza tren superior y potencia Sentadilla adelante 2 x 6, 1 x 5, 1 x 4 Arranque desde bloques 2 x 6, 1 x 5, 1 x 4 Cargada desde bloques 2 x 6, 1 x 5, 1 x 4 Sentadilla con salto 5 x 6 (25% máx. sentadilla) Estocadas con salto 5 x 5/pierna (10% máx. sentadilla) Saltos en profundidad 3 x 5
Trabajo opcional	Press de banca con MC 3 x 12 Curl predicador 3 x 12	Arrastre de disco 3 x 12 Elevación natural glúteo/isquio 3 x 12		Press de banca con MC 3 x 12 Curl predicador 3 x 12	Arrastre de disco 3 x 12 Elevación natural glúteo/isquio 3 x 12
Acondicionamiento		Caminata del granjero 8 x 100m caminata			Caminata del granjero 8 x 50m contorneándose
Vuelta a la calma	Rutina de estiramiento	Rutina de estiramiento		Rutina de estiramiento	Rutina de estiramiento

Fase 1– Bloque B: Carga en secuencia conjugada - Semana 8

Bloque	Lunes	Miércoles	Jueves	Sábado	Domingo
Preparación	Entrada en calor hombros Caja de hombros 2 x 10 Press cubano 2 x 10	Complejo Javorek Tirones arranque 1 x 6 Tirones cargada 1 x 6 Sentadilla + press 1 x 6 Buenos días 1 x 6 Remo con barra 1 x 6 *Sin pausa entre ejercicios		Entrada en calor hombros Caja de hombros 2 x 10 Press cubano 2 x 10	Complejo Javorek Tirones arranque 1 x 6 Tirones cargada 1 x 6 Sentadilla + press 1 x 6 Buenos días 1 x 6 Remo con barra 1 x 6 *Sin pausa entre ejercicios
Velocidad/ Agilidad	Driles con conos 1 4 x 100m 85% intensidad 60 segundos de pausa	Driles con escalera 1	10 x 20m 100% intensidad 30 segundos de pausa	Driles con escalera 2 4 x 150m 80% intensidad 90 segundos de pausa	Driles con conos 2
Desarrollo	Fuerza tren superior y potencia Press de banca inclinado 1 x 3, 1 x 2, 1 x 1 Dominadas o polea alta 1 x 3, 1 x 2, 1 x 1 Press con impulso 1 x 3, 1 x 2, 1 x 1 Press de banca balístico 3 x 3 (32% máx. banca) Lanzamientos balón medicinal desde el pecho (5-10kg) 6 x 5	Fuerza tren inferior y potencia Sentadilla atrás 1 x 3, 1 x 2, 1 x 1 Peso muerto romano 1 x 3, 1 x 2, 1 x 1 Estocadas 3 x 4/pierna Hiperextensión 1-pierna 3 x 4/pierna Arranque desde bloques 1 x 3, 1 x 2, 1 x 1 Cargada desde bloques 1 x 3, 1 x 2, 1 x 1 Saltos en profundidad 4 x 5		Fuerza tren superior y potencia Press de banca 1 x 5, 1 x 3, 1 x 2 2º tiempo con impulso 1 x 5, 1 x 3, 1 x 2 Press de banca balístico 3 x 3 (32% máx. banca) Remo sentado 1 x 5, 1 x 3, 1 x 2 Lagartijas iso-balísticas 5 x 5 Press de banca iso 6 x 5 (60% máx. press banca)	Fuerza tren superior y potencia Sentadilla adelante 1 x 5, 1 x 3, 1 x 2 Arranque desde bloques 1 x 5, 1 x 3, 1 x 2 Cargada desde bloques 1 x 5, 1 x 3, 1 x 2 Sentadilla con salto 6 x 5 (30% máx. sentadilla) Estocadas con salto 6 x 5/pierna (12% máx. sentadilla) Saltos en profundidad 4 x 5
Trabajo opcional	Press de banca con MC 3 x 12 Curl predicador 3 x 12	Arrastre de disco 3 x 12 Elevación natural glúteo/isquio 3 x 12		Press de banca con MC 3 x 12 Curl predicador 3 x 12	Arrastre de disco 3 x 12 Elevación natural glúteo/isquio 3 x 12
Acondiciona-miento		Caminata del granjero 7 x 100m caminata			Caminata del granjero 7 x 50m contorneándose
Vuelta a la calma	Rutina de estiramiento	Rutina de estiramiento		Rutina de estiramiento	Rutina de estiramiento

Fase 1– Bloque C: Conversión retrasada de ganancias / maestría deportiva – Semana 9

Bloque	Lunes	Miércoles	Jueves	Sábado	Domingo
Preparación	Entrada en calor hombros Caja de hombros 2 x 10 Press cubano 2 x 10	Complejo Javorek Tirones arranque 1 x 6 Tirones cargada 1 x 6 Sentadilla + press 1 x 6 Buenos días 1 x 6 Remo con barra 1 x 6 *Sin pausa entre ejercicios		Entrada en calor hombros Caja de hombros 2 x 10 Press cubano 2 x 10	Complejo Javorek Tirones arranque 1 x 6 Tirones cargada 1 x 6 Sentadilla + press 1 x 6 Buenos días 1 x 6 Remo con barra 1 x 6 *Sin pausa entre ejercicios
Velocidad/ Agilidad	Driles con conos 1 10 x 20m 100% intensidad 60 segundos de pausa	Driles con escalera 1 6 x 40m 100% intensidad 90 segundos de pausa	6 x 50m 100% intensidad 90 segundos de pausa	Driles con escalera 2 6 x 60m 90% intensidad 90 segundos de pausa	Driles con conos 2 4 x 80m 90% intensidad 120 segundos de pausa
Desarrollo	<u>Fuerza tren superior y potencia</u> Press de banca 2 x 3, 2 x 2 Remo sentado 3 x 10 Press con impulso 2 x 3, 2 x 2 Press de banca balístico 3 x 5 (20% máx. banca)	<u>Fuerza tren inferior y potencia</u> Sentadilla atrás 2 x 3, 2 x 2 Hiperextensión 1-pierna 3 x 10 Sentadilla con salto 3 x 10 (20% máx. sentadilla) Saltos en profundidad 3 x 5		<u>Fuerza tren superior y potencia</u> Press de banca inclinado 3 x 10 2° tiempo con impulso 3 x 6 Press de banca balístico 3 x 5 (20% máx. banca) Tirones polea alta 3 x 10	<u>Fuerza tren inferior y potencia</u> Arranque desde bloques 2 x 3, 2 x 2 Cargada desde bloques 2 x 3, 2 x 2 Sentadilla con salto 3 x 10 (20% máx. sentadilla) Saltos en profundidad 3 x 5
Trabajo opcional	Press de banca con MC 3 x 12 Curl predicador 3 x 12	Arrastre de disco 3 x 12 Elevación natural glúteo/ísquio 3 x 12		Press de banca con MC 3 x 12 Curl predicador 3 x 12	Arrastre de disco 3 x 12 Elevación natural glúteo/ísquio 3 x 12
Acondicionamiento					
Vuelta a la calma	Rutina de estiramiento	Rutina de estiramiento		Rutina de estiramiento	Rutina de estiramiento

Fase 1– Bloque C: Conversión retrasada de ganancias / maestría deportiva - Semana 10

Bloque	Lunes	Miércoles	Jueves	Sábado	Domingo
Preparación	Entrada en calor hombros Caja de hombros 2 x 10 Press cubano 2 x 10	Complejo Javorek Tirones arranque 1 x 6 Tirones cargada 1 x 6 Sentadilla + press 1 x 6 Buenos días 1 x 6 Remo con barra 1 x 6 *Sin pausa entre ejercicios		Entrada en calor hombros Caja de hombros 2 x 10 Press cubano 2 x 10	Complejo Javorek Tirones arranque 1 x 6 Tirones cargada 1 x 6 Sentadilla + press 1 x 6 Buenos días 1 x 6 Remo con barra 1 x 6 *Sin pausa entre ejercicios
Velocidad/ Agilidad	Driles con conos 1 12 x 20m 100% intensidad 60 segundos de pausa	Driles con escalera 1 8 x 40m 100% intensidad 90 segundos de pausa	8 x 50m 100% intensidad 90 segundos de pausa	Driles con escalera 2 8 x 60m 90% intensidad 90 segundos de pausa	Driles con conos 2 6 x 80m 90% intensidad 120 segundos de pausa
Desarrollo	Fuerza tren superior y potencia Press de banca 1 x 3, 1 x 2, 1 x 1 1 x 3, 1 x 2, 1 x 1 Remo sentado 3 x 10 Press con impulso 1 x 3, 1 x 2, 1 x 1 1 x 3, 1 x 2, 1 x 1 Press de banca balístico 4 x 4 (25% máx. banca)	Fuerza tren inferior y potencia Sentadilla atrás 1 x 3, 1 x 2, 1 x 1 1 x 3, 1 x 2, 1 x 1 Hiperextensión 1-pierna 3 x 10 Sentadilla atrás 4 x 8 (25% máx. sentadilla) Saltos en profundidad 4 x 5		Fuerza tren superior y potencia Press de banca inclinado 3 x 8 2º tiempo con impulso 3 x 4 Press de banca balístico 4 x 4 (25% máx. banca) Tirones polea alta 3 x 8	Fuerza tren inferior y potencia Arranque desde bloques 1 x 3, 1 x 2, 1 x 1 1 x 3, 1 x 2, 1 x 1 Cargada desde bloques 1 x 3, 1 x 2, 1 x 1 1 x 3, 1 x 2, 1 x 1 Sentadilla con salto 4 x 8 (25% máx. sentadilla) Saltos en profundidad 4 x 5
Trabajo opcional	Press de banca con MC 3 x 12 Curl predicador 3 x 12	Arrastre de disco 3 x 12 Elevación natural glúteo/isquio 3 x 12		Press de banca con MC 3 x 12 Curl predicador 3 x 12	Arrastre de disco 3 x 12 Elevación natural glúteo/isquio 3 x 12
Acondicionamiento					
Vuelta a la calma	Rutina de estiramiento	Rutina de estiramiento		Rutina de estiramiento	Rutina de estiramiento

Fase 1– Bloque C: Conversión retrasada de ganancias / maestría deportiva - Semana 11

Bloque	Lunes	Miércoles	Jueves	Sábado	Domingo
Preparación	Entrada en calor hombros Caja de hombros 2 x 10 Press cubano 2 x 10	Complejo Javorek Tirones arranque 1 x 6 Tirones cargada 1 x 6 Sentadilla + press 1 x 6 Buenos días 1 x 6 Remo con barra 1 x 6 *Sin pausa entre ejercicios		Entrada en calor hombros Caja de hombros 2 x 10 Press cubano 2 x 10	Complejo Javorek Tirones arranque 1 x 6 Tirones cargada 1 x 6 Sentadilla + press 1 x 6 Buenos días 1 x 6 Remo con barra 1 x 6 *Sin pausa entre ejercicios
Velocidad/ Agilidad	Driles con conos 1 14 x 20m 100% intensidad 60 segundos de pausa	Driles con escalera 1 10 x 40m 100% intensidad 90 segundos de pausa	10 x 50m 100% intensidad 90 segundos de pausa	Driles con escalera 2 10 x 60m 90% intensidad 90 segundos de pausa	Driles con conos 2 8 x 80m 90% intensidad 120 segundos de pausa
Desarrollo	Fuerza tren superior y potencia Press de banca 1 x 2, 1 x 2, 1 x 1 1 x 2, 1 x 2, 1 x 1 Remo sentado 3 x 10 Press con impulso 1 x 2, 1 x 2, 1 x 1 1 x 2, 1 x 2, 1 x 1 Press de banca balístico 5 x 3 (30% máx. banca)	Fuerza tren inferior y potencia Sentadilla atrás 1 x 2, 1 x 2, 1 x 1 1 x 2, 1 x 2, 1 x 1 Hiperextensión 1-pierna 3 x 10 Sentadilla con salto 5 x 6 (30% máx. sentadilla) Saltos en profundidad 5 x 5		Fuerza tren superior y potencia Press de banca inclinado 3 x 6 2º tiempo con impulso 3 x 4 Press de banca balístico 5 x 3 (30% máx. banca) Tirones polea alta 3 x 6	Fuerza tren inferior y potencia Arranque desde bloques 1 x 2, 1 x 2, 1 x 1 1 x 2, 1 x 2, 1 x 1 Cargada desde bloques 1 x 2, 1 x 2, 1 x 1 1 x 2, 1 x 2, 1 x 1 Sentadilla con salto 5 x 6 (30% sentadilla máx.) Saltos en profundidad 5 x 5
Trabajo opcional					
Acondiciona-miento					
Vuelta a la calma	Rutina de estiramiento	Rutina de estiramiento		Rutina de estiramiento	Rutina de estiramiento

Fase 1– Bloque C: Conversión retrasada de ganancias / maestría deportiva - Semana 12

Bloque	Lunes	Miércoles	Jueves	Sábado	Domingo
Preparación	Entrada en calor hombros Caja de hombros 2 x 10 Press cubano 2 x 10	Complejo Javorek Tirones arranque 1 x 6 Tirones cargada 1 x 6 Sentadilla + press 1 x 6 Buenos días 1 x 6 Remo con barra 1 x 6 *Sin pausa entre ejercicios		Entrada en calor hombros Caja de hombros 2 x 10 Press cubano 2 x 10	Complejo Javorek Tirones arranque 1 x 6 Tirones cargada 1 x 6 Sentadilla + press 1 x 6 Buenos días 1 x 6 Remo con barra 1 x 6 *Sin pausa entre ejercicios
Velocidad/ Agilidad	Driles con conos 1 12 x 20m 100% intensidad 60 segundos de pausa	Driles con escalera 1 8 x 40m 100% intensidad 90 segundos de pausa	8 x 50m 100% intensidad 90 segundos de pausa	Driles con escalera 2 8 x 60m 90% intensidad 90 segundos de pausa	Driles con conos 2 6 x 80m 90% intensidad 120 segundos de pausa
Desarrollo	<u>Fuerza tren superior y potencia</u> Press de banca 1 x 2, 1 x 2, 1 x 1 Remo sentado 2 x 10 Press con impulso 1 x 2, 1 x 2, 1 x 1 Press de banca balístico 3 x 2 (35% máx. banca)	<u>Fuerza tren inferior y potencia</u> Sentadilla atrás 1 x 2, 1 x 2, 1 x 1 Hiperextensión 1-pierna 2 x 10 Sentadilla con salto 3 x 6 (30% máx. sentadilla) Saltos en profundidad 3 x 5		<u>Fuerza tren superior y potencia</u> Press de banca inclinado 2 x 4 2º tiempo con impulso 2 x 4 Press de banca balístico 3 x 2 (35% máx. banca) Tirones en polea 2 x 4	<u>Fuerza tren inferior y potencia</u> Arranque desde bloques 1 x 2, 1 x 2, 1 x 1 Cargada desde bloques 1 x 2, 1 x 2, 1 x 1 Sentadilla con salto 3 x 6 (30% máx. sentadilla) Saltos en profundidad 3 x 5
Trabajo opcional					
Acondicionamiento					
Vuelta a la calma	Rutina de estiramiento	Rutina de estiramiento		Rutina de estiramiento	Rutina de estiramiento

CAPÍTULO 13
Aprendiendo los levantamientos olímpicos

En este capítulo ...

- Cómo corregir los errores más comunes en la cargada de potencia
- Programa de levantamiento olímpico para principiantes

"Ordenando el embrollo: Corrigiendo los 9 errores más comunes de la cargada de potencia"

Existe ese estigma alrededor de los levantamientos olímpicos acerca de que son imposibles de aprender sin un entrenador. Debido a esto, gran cantidad de atletas a los que les gustaría probar estos levantamientos, simplemente no lo hacen. Es comprensible sin embargo. Vaya a cualquier gimnasio de su país y será afortunado si ve a una persona realizar una cargada de potencia. Usted será aún más afortunado si encuentra una persona que sea capaz de enseñar los levantamientos y de corregir los errores que la gente comete.

¡Bien, estoy a punto de hacer a muchos bastardos afortunados porque voy a hacer de usted un experto en levantamiento olímpico! Es cierto, voy a mostrarle los 9 errores más frecuentes al realizar la cargada de potencia y exactamente cómo corregirlos. Esto resultará de mucho valor si usted es entrenador, o si simplemente desea probar los levantamientos olímpicos por diversión.

La práctica perfecta hace a la perfección … la perfección se hace permanente con la práctica

Lo dije antes, lo diré de nuevo, las variantes más simples de los levantamientos de halterofilia (cargada de potencia desde bloques / desde colgado y arranque de potencia desde bloques / desde colgado) pueden ser aprendidos en forma muy fácil y segura. Un atleta, o alguien entrenando para sí mismo, debe permanecer así, con estos levantamientos más sencillos, que son tan efectivos como los levantamientos olímpicos completos en lo que a desarrollo de fuerza y potencia concierne.

Sin embargo, incluso si los levantamientos son fáciles de aprender, el mínimo error puede realmente retrasar su progreso y las ganancias que obtendrá de los levantamientos. Además, debido a que los levantamientos olímpicos son movimientos que requieren habilidad (estructuras más complejas que los levantamientos regulares, hay más sincronización implicada), practicar un error creará un mal hábito que será difícil de corregir.

Para volverse eficiente en los levantamientos olímpicos usted debe practicar mucho. No sólo eso, usted debe hacer un montón de reps *perfectas*. La ciencia del aprendizaje motor sugiere que un movimiento de la complejidad de una cargada de potencia necesita alrededor de 500 reps perfectas para ser automatizado, incrementando ligeramente ese número con cada rep mal ejecutada. Es por esto que conocer los errores más comunes y cómo corregirlos le adelantarán kilómetros hacia la construcción de un mejor atleta o un ser humano más potente.

Primer tipo de errores: La posición inicial

¡Una casa puede ser tan sólida como lo sean sus cimientos! Mucha gente se enfoca tanto en aprender la parte explosiva de la cargada de potencia que se olvida de aprender la posición inicial apropiada. Es imposible ejecutar una rep técnicamente eficiente desde una inadecuada posición inicial. Antes de corregir cualquier otra cosa usted debe asegurarse que, al inicio, el atleta está perfectamente posicionado. Observe que únicamente hablo de la cargada de potencia desde bloques y desde colgado pues son las variantes que recomiendo que usted utilice en su entrenamiento.

1. Espalda baja redondeada en la posición inicial

Este es un error muy común. Y encuentro que está aún más esparcido entre atletas jóvenes. Hay algo acerca de la actitud *desgarbada* que hace difícil conseguir una posición adecuada al inicio de la cargada.

Usted notará cómo el coxis es girado hacia adentro y la espalda baja ha perdido su arco (de hecho, incluso está arqueada en reversa). Esto eliminará por completo sus esfuerzos de ser explosivo con las piernas. Fijará un "peaje" sobre su espalda baja y alentará a un tirón desde los brazos. Es capital que el atleta aprenda que la posición apropiada es con la espalda baja arqueada y las caderas atrás. Para alguna gente es difícil llegar a esa posición simplemente porque poseen una actitud relajada y nunca arquean sus espaldas. Si su atleta no puede tomar la posición por sí mismo no vacile en colocar las caderas en una posición adecuada para él. La ilustración siguiente representa una buena posición inicial.

2. Insuficiente flexión de piernas en la posición inicial

Esto también resulta algo bastante común. Las piernas están casi rectas en la posición inicial y la cadera demasiado alta. Esto impide cualquier forma de acción explosiva del tren inferior y traslada toda la carga de trabajo hacia la espalda baja. Como atletas, queremos utilizar los levantamientos olímpicos para desarrollar piernas más potentes. Dejarlas fuera de acción no resulta por lo tanto muy productivo.

Las rodillas deben flexionarse lo suficiente de modo que las piernas puedan realizar la mayoría del trabajo. En la mayoría de la gente esto significa un ángulo de 100-120 grados. Una flexión excesiva de rodillas no es mejor, debido a que modifica el brazo de palanca y hace el levantamiento más difícil. La posición ideal tiene al levantador con las rodillas flexionadas y los hombros justo encima de la barra (si usted flexiona demasiado sus rodillas, la barra quedará por frente a sus hombros). Esta posición lo ubica en la posición de tirón más ventajosa posible. Refiérase una vez más a la ilustración de la posición inicial correcta.

3. Mirar hacia abajo / redondear la parte alta de la espalda en la posición inicial

Este error es frecuente en principiantes debido a que carecen de confianza. Cuando no se encuentran seguros acerca de lo que deben hacer, ellos invariablemente mirarán hacia abajo y se enrollarán en sí mismos. ¡Esta es una horrenda posición de tirón! Es imposible desarrollar mucha cantidad de fuerza de esta forma y resulta peligroso para la espalda.

El atleta debe mirar levemente por encima del nivel de sus ojos y mantener su espalda alta tensa. Siempre les digo a mis atletas que adopten una "posición playera". El pecho hacia fuera, las escápulas tiradas hacia atrás y la espalda firme. Obviamente usted debe realizar las correcciones técnicas, pero considere además que si el atleta no comprende el movimiento tendrá una tendencia a adoptar esta posición inicial. De modo que es su deber es cerciorarse de que él entienda la tarea que tiene en sus manos.

4. Brazos flexionados en la posición inicial

Este es un no-no grande. Nada cercenará más su circuito de potencia que el tener los brazos flexionados en la posición inicial. Sin embargo, entienda que es una reacción natural cuando un atleta aprende por primera vez el movimiento y la carga parece excesiva para él. Flexionar los brazos es una reacción de protección. En la posición de salida piense en sus brazos como cuerdas, ellos solo están allí para unir la barra a su cuerpo.

Es importante que usted enseñe a su atleta que tener los brazos flexionados en la posición inicial dificulta una utilización máxima de las piernas. Usted tendrá la tendencia de tirar con sus brazos y eso no es bueno. Enseñe a su atleta a dejar los brazos colgando. La explosión proviene de las caderas y piernas, no de los brazos.

Segundo tipo de errores: Ejecución

Una vez que se domina la adecuada posición inicial, la ejecución debe verse facilitada. No obstante ciertos problemas pueden presentarse. Muy a menudo son difíciles de corregir si fueron marcados tardíamente. Desgraciadamente, la ejecución del movimiento es rápida, de modo que resulta todavía más difícil detectar cualquier error. ¡Ese es el porqué de mantener un ojo afilado mientras se está en el gimnasio!

1. Extensión completa débil / lenta

Este error se presenta de dos modos:

a) el atleta no se extiende por completo durante el tirón
b) la extensión es lenta

Al final del tirón usted debe poder ver una extensión completa de la rodilla, extensión de tobillos y algo de extensión de la espalda. Enseñe a su atleta a pensar "pantorrillas y trapecios". Al final del tirón él debe enfocarse en contraer los trapecios y las pantorrillas. La ilustración de abajo es la apropiada extensión durante una cargada de potencia.

Si la extensión es completa (extensión completa de rodilla y tobillo, algo de extensión de la espalda), pero demasiado lenta el problema es o que la carga es demasiado alta o que el atleta carece de fuerza explosiva. La solución es bastante fácil para el primer caso. Para el segundo es un poco más compleja y requiere tiempo para corregir. La inclusión de sentadillas con salto con un 10-15% del máximo de la sentadilla ayudará a incrementar la explosión y conducirá a un tirón más veloz. ¡Pero sobre todo usted debe acentuar la aceleración! Muchos atletas tiran lentamente porque jamás han sido enseñados a explotar. No permita que su atleta realice un tirón de baja aceleración.

Si la extensión es incompleta (las rodillas o los tobillos no se extienden por completo) el problema es a menudo una carencia de fuerza límite en el tren inferior o una inhibición inconsciente debido a que el atleta siente que la carga es demasiado pesada. Pero al igual que el anterior problema, un tirón acortado puede simplemente ser un hábito aprendido, en ese caso sencillamente enfatice alcanzar una extensión completa. Una clave simple que yo uso es hacer que el atleta se enfoque en "pantorrillas y trapecios". Sienta las pantorrillas y los trapecios contrayéndose por completo al final del tirón. La mayoría de las veces esto resolverá el problema.

2. La barra es levantada hacia adelante

Este error puede ser detectado fácilmente. El atleta o bien saltará hacia adelante para tomar la barra, o la tomará con los hombros por delante de las rodillas. El problema está asociado a menudo con una incompleta extensión en el tirón, o es debido a que se lleva el peso demasiado hacia adelante (sobre los dedos de los pies) durante la porción inicial del movimiento.

Dependiendo del origen del problema usted puede querer trabajar, o bien en completar el tirón (pantorrillas y trapecios), o hacer que el atleta se enfoque en mantener su peso distribuido uniformemente sobre cada pie.

3. La barra es levantada hacia atrás

Esto es también algo fácil de marcar. El atleta o bien salta hacia atrás, o bien atrapa la barra con los hombros por detrás de las caderas. Esto es como el gancho en el golf, es el problema de los buenos en el tirón. De hecho, en la ejecución de los levantamientos olímpicos completos es utilizado en realidad por los levantadores búlgaros (quienes utilizan un mayor tirón hacia atrás que la mayoría de los demás levantadores). Pero para el desarrollo atlético esto no resulta adecuado. Esta forma de ejecución traslada mucha de la carga de trabajo hacia la espalda baja y lejos de las piernas.

9 de cada 10 casos de tirón hacia atrás son causados por una excesiva extensión de la espalda baja. Para resolver el problema haga enfocar al pesista en hacerse alto durante el tirón, debe intentar estirar hacia arriba su cuerpo tanto como sea posible. Esta es la posición de recepción correcta para la cargada de potencia.

4. Tirón de brazos temprano

Esto también resulta bastante común, especialmente a medida que la carga aumenta. Cuando el peso se sienta pesado en sus manos usted tendrá la tendencia de tirar con los brazos primero. ¡Esto es un error! Reduce enormemente la potencial aceleración y puede conducir a lesiones en el codo.

Los brazos deben flexionarse a la altura de los codos cuando el cuerpo alcanza la extensión completa. ¡Si usted advierte una flexión previa a eso, debe corregirlo!

En la mayoría de los casos, este problema debe ser resuelto aprendiendo nuevamente el movimiento, enfocándose en mantener los brazos estirados. Esto significa utilizar pesos más livianos y enfatizar realmente la explosión del tren inferior. Una vez que el levantador se haga sólido y consistente usted puede gradualmente incrementar el peso.

5. Muñecas demasiado lejos delante del cuerpo

Cuanto más cerca esté la barra de su cuerpo, más fácil será el levantamiento. Uno de los errores más comunes en la cargada de potencia es el de utilizar una acción de curl reverso con los brazos. Esto realmente puede limitar su potencial en la cargada. La acción de los brazos durante la cargada es más similar a un remo de pie que a un curl reverso. La barra se mantiene cerca del cuerpo en todo momento y los hombros, codos y muñecas deben estar en línea durante el tirón.

Perspectiva de un atleta

Nicolas Roy es un velocista de 60m y futuro experto en fuerza y acondicionamiento físico. Puesto que él es nuevo en los levantamientos decidí dejar que les cuente a ustedes acerca de su experiencia aprendiendo la cargada de potencia desde colgado. Si usted mismo está aprendiendo estos levantamientos, sus consejos le proveerán indudablemente con gran cantidad de maneras de realizar una experiencia de aprendizaje más veloz y eficiente.

Aprendiendo el truco n.º 1

Antes que nada, cuando yo comencé a aprender cómo realizar los levantamientos olímpicos tuve que tratar con un dilema. Me preguntaba si tenía que saltar con la barra o si solo tenía que hacer una flexión plantar. Algunas personas me decían que no saltara con la barra y otras que sí lo hiciera. Luego de discutir esto con Christian Thibaudeau, me di cuenta que depende de sus necesidades. Si usted está practicando los levantamientos olímpicos para desarrollar su producción de potencia para deportes entonces usted no debería vacilar en saltar. Si usted está aprendiendo los levantamientos olímpicos para tener la técnica perfecta para la halterofilia entonces usted no debiera saltar. En mi caso, yo estaba aprendiendo los levantamientos para mejorar mi potencia para los deportes, por lo que aprendí a saltar.

Aprendiendo el truco n.º 2

Otro detalle que me ayudaría a aumentar mi potencia era empezar mis levantamientos desde la posición de colgado. ¿Por qué es más efectivo un levantamiento olímpico completo entonces para el desarrollo de la potencia? Porque si su posición inicial se encuentra sobre la rodilla la barra tiene que viajar una distancia más corta antes de alcanzar su posición final, dándole menos tiempo para impartir velocidad en ella. Entonces, usted tiene que acelerar mucho más rápidamente.

Aprendiendo el truco n.º 3

Cuando comencé a realizar levantamiento olímpico yo no utilizaba lo suficiente la potencia de mis piernas. De hecho, era casi exclusivamente mi espalda la que levantaba la barra, así que no era eficiente en absoluto. Con algo de retroalimentación aprendí a ¡flexionar mis rodillas e inmediatamente después extenderlas poderosamente! Cuando usted comienza el levantamiento, usted debe utilizar la energía elástica acumulada del ciclo de estiramiento-acortamiento (CEA) como cuando hace pliométricos. Tenga cuidado de no esperar entre la flexión y la extensión de la rodilla o de lo contrario perderá su energía elástica y la barra no irá hacia arriba entonces. ¡Cuando la barra alcance las rodillas explote inmediatamente!

Aprendiendo el truco n.º 4

Mantenga sus brazos estirados hasta que usted se encuentre debajo de la barra, así usted no perderá la energía generada por sus piernas. Si usted flexiona sus codos, la energía será absorbida por la deformación del segmento antebrazo-brazo (***Nota de Chris: muy buen punto y bien explicado***).

Aprendiendo el truco n.º 5

No vacile en extender el tronco. Este movimiento le ayudará a finalizar su levantamiento con el peso sobre sus talones. De este modo, la barra no tendrá la tendencia de caer hacia adelante debido a que se encontrará sobre su centro de gravedad. Realizar un tirón corto es un error que todavía a veces cometo, especialmente cuando estoy cansado. Ejemplo: en la quinta rep cuando mi SNC tiene dificultad en reclutar unidades motoras.

Aprendiendo el truco n.º 6

Mantenga la barra cerca de su cuerpo para mejorar su eficiencia mecánica. Para ilustrar este principio intente tomar un disco de 5kg con sus brazos completamente extendidos frente a usted, luego lleve el disco cerca de su cuerpo. Usted verá inmediatamente que cuanto más cerca un peso está de su centro de gravedad, menor será el esfuerzo que deben generar los músculos. Si la barra está alejada de su cuerpo, sus músculos deben generar una fuerza mayor a la resistencia solo para equilibrar la palanca (y usted todavía no ha comenzado a levantar la resistencia). Entonces, para ayudar a sus músculos a levantar la barra, mantenga la barra tan cerca de su cuerpo como pueda.

Aprendiendo el truco n.º 7

Finalmente, cuando usted recibe la barra, eleve sus codos realmente alto en la posición de bloqueo de modo que no tenga que luchar contra la barra para mantenerla elevada. La gravedad hará el trabajo de mantener la barra sobre sus hombros más difícil si no se la apoya apropiadamente.

Conclusión

Con esta sección usted debe ser capaz de aprender y enseñar la cargada desde colgado adecuadamente y de corregir los errores técnicos básicos que afectan el rendimiento. Con los trucos de Nick posee además muchos indicadores importantes para ayudarle a usted o a sus atletas a mejorar más rápidamente.

Recuerde que incluso si esta sección le brinda las herramientas apropiadas para aprender y corregir la técnica, usted aún debe poner un tiempo de aprendizaje activo de la cargada de potencia desde colgado. ¡La práctica perfecta hace a la perfección!

"Programa de levantamiento olímpico para principiantes"

Aprenda los levantamientos olímpicos básicos en 12 semanas

Los distintos levantamientos olímpicos han recibido recientemente mucha alabanza de expertos de fuerza de todo el mundo y con legitimidad; estos ejercicios son un modo tremendo de desarrollar potencia, flexibilidad dinámica y habilidad atlética. Sin embargo, incluso aunque los levantamientos olímpicos son utilizados más y más por organizaciones de deporte de elite, aún continúan en territorio relativamente oscuro para el practicante promedio. El problema puede provenir del hecho de que estos levantamientos quizás resulten difíciles de aprender. Además, los únicos programas y videos disponibles de estos levantamientos están diseñados con el halterófilo olímpico competitivo en mente. NO existe nada allí afuera para un principiante que quiere aprender los levantamientos y realizarlos dentro de su régimen de entrenamiento. Oh, existen algunos videos ahí fuera que enseñan la técnica. La mayoría son muy buenos. ¡Sin embargo, aprender los levantamientos y diseñar un programa efectivo son dos cosas diferentes!

Por lo tanto, cuando un individuo desee comenzar a utilizar estos levantamientos se enfrenta con tres problemas:

1. Aprender cómo realizar estos levantamientos
2. Aprender cómo planificar una rutina de levantamiento olímpico adaptada a sus necesidades
3. Desarrollar la flexibilidad necesaria para realizar correctamente estos levantamientos

El programa detallado en este capítulo es una fase introductoria a los levantamientos olímpicos. El foco principal es el de desarrollar el adecuado rango utilizable de movimiento para realizar los levantamientos olímpicos mientras le introduce a usted al concepto de explosión utilizando las formas más simples de los levantamientos. Usted comenzará con las formas más simples de los levantamientos olímpicos y los movimientos se volverán más complejos en cada nueva fase de entrenamiento de 4 semanas.

La primera fase de entrenamiento desarrollará mucha hipertrofia específica. Por esto significo que usted ganará abundante masa muscular y considerable fuerza en los músculos específicos al levantamiento olímpico (trapecios, espalda alta y baja, cuádriceps, isquiotibiales, glúteos, deltoides).

Primero presentaré la rutina de calentamiento que usted va a utilizar al inicio de todas las sesiones de las tres fases de entrenamiento. La entrada en calor no cambia durante el curso de las 12 semanas.

La entrada en calor

Esta porción de la sesión es crucial. Los levantamientos olímpicos son ejercicios de alta aceleración y elevada fuerza. Por tanto, las demandas sobre el cuerpo son grandes. Es entonces muy importante que usted se encuentre bien preparado para encarar cada sesión de entrenamiento. La entrada en calor que se utilizará es la misma para todas las sesiones de la semana. Está dividida en dos partes, la preparación articular y la preparación muscular.

Preparación articular

El objetivo de esta parte del entrenamiento es la de preparar a su cuerpo para que alcance las posiciones articulares implicadas en el levantamiento olímpico. Usted únicamente utiliza una barra para estos driles. Esta porción del entrenamiento incluye cuatro ejercicios. Realice todos estos ejercicios en sucesión, no descanse por más de 15 segundos.

A. Estiramiento con barra en posición de arranque

Este ejercicio es relativamente simple. Usted toma la barra con una toma de arranque (toma ancha) y realiza sentadilla. Mientras se encuentra en la posición de sentadilla profunda coloque la barra sobre sus cuádriceps y presione hacia abajo. Intente mantener una espalda baja arqueada. Mantenga esa posición por 30 segundos.

B. Rotaciones de arranque

Este ejercicio es relativamente similar al viejo y efectivo press cubano. Tome la barra en posición de arranque, tire de ella hacia arriba hasta que sus brazos se encuentren paralelos al piso, entonces rote a la posición final del arranque. Realice 2 series de 6 reps con una barra vacía.

C. Press de arranque

Este ejercicio es simplemente un press tras nuca con una barra sin peso. Concéntrese en presionar la barra en línea recta hacia arriba, la barra no debe ir hacia adelante durante el movimiento. Una vez más, realice 2 series de 6 reps con una barra sin peso.

D. Sentadilla sobre la cabeza

¡Okay, ahora veremos que tan flexible es usted en realidad! Este ejercicio parece simple, pero puede verdaderamente desalentar a algunos muchachos fuertes ¡quienes tendrán problemas solamente con la barra! Mientras sostiene la barra sobre la cabeza en la posición final del arranque descienda en sentadilla en línea recta. Los hombros no deberán moverse, la barra debe mantenerse en su lugar y no irse hacia adelante y el tronco se mantiene derecho. Muchos de ustedes tendrán problemas al ir hacia abajo en el ejercicio. No se desanime. Vaya tan abajo como pueda manteniendo una forma apropiada. Practicándolo usted podrá eventualmente ser capaz de alcanzar la posición de sentadilla profunda. Nuevamente, realice 2 series de 6 reps con la barra sin peso.

Preparación muscular

Ahora sus articulaciones ya están listas para el esfuerzo que sigue. ¡Usted ahora necesita poner sus músculos en marcha! Esta fase utiliza el *complejo Javorek* creado por el entrenador de halterofilia Istvan Javorek. Está compuesto por cinco ejercicios que deben ejecutarse en una superserie ¡sin pausa entre ellos! Solo una superserie es realizada. Mantenga baja la carga, el objetivo es prepararse para la acción, ¡no terminar en el suelo! Este complejo le brindará mucha ganancia muscular y le ayudará a aprender los levantamientos olímpicos. Normalmente yo hago comenzar a mis atletas con 30-40kg y ajusto el peso a partir de ahí.

A. Tirón de potencia con agarre de arranque

Utilizando una toma de arranque, comience con la barra ligeramente sobre sus rodillas. Usando todo el cuerpo, lleve la barra hasta su esternón. Note cómo la barra es mantenida cerca del cuerpo y cómo éste se extiende por completo. Realice 6 reps de este ejercicio.

B. Tirón de potencia con agarre de cargada

Este ejercicio es exactamente igual al tirón de potencia con toma de arranque excepto que usted usa un más agarre de cargada, que es más angosto. Usted aún debe usar todo su cuerpo y finalizar completamente extendido. Haga también 6 reps de este ejercicio.

C. Sentadilla + press

Este es un ejercicio híbrido. Combina una sentadilla profunda por detrás con un press tras nuca. Descienda en sentadilla, párese rápidamente y use el momentum para ayudarse a empujar la barra por sobre la cabeza. Use un ancho de agarre intermedio (entre toma de cargada y de arranque). Realice 6 reps de este ejercicio.

D. Buenos días con piernas estiradas

Párese derecho como lo haría al inicio de una sentadilla profunda por detrás, use una toma intermedia. Manteniendo las piernas rectas, incline el tronco hacia delante y lleve las caderas hacia atrás. Realice 6 reps de este ejercicio.

E. Remo con barra

Este es el último ejercicio del complejo. Coloque la barra en el suelo y llévela hasta sus abdominales. La espalda debe permanecer plana durante todo el movimiento y la cabeza en línea con la espina (sin mirar hacia delante, lo que haría hiperextender el cuello). Realice 6 reps de este ejercicio.

Aprenda a dominar todos estos ejercicios de calentamiento, ya que serán parte de todos sus entrenamientos por las próximas 12 semanas. Además de ser una rutina muy completa y específica de calentamiento, le ayudará a mejorar su flexibilidad dinámica y a aprender más rápido la forma apropiada de los levantamientos olímpicos.

Trabajos principales

Esta sección incluye la prescripción de ejercicios para todo el mes de entrenamiento. Cada día de entrenamiento será descrito por separado y todos los ejercicios serán explicados e ilustrados.

Primera fase de entrenamiento: Introducción (4 semanas)

Lunes (Énfasis en el arranque)

Objetivos:
1. *Aprender y dominar la fase de explosión del arranque*
2. *Fortalecer los músculos involucrados en el arranque*
3. *Incrementar la flexibilidad dinámica en las posiciones específicas del arranque*

A. Arranque de potencia desde bloques

El arranque de potencia desde bloques es uno de mis ejercicios favoritos para enseñar al atleta cómo explotar. Puesto que se ubica la barra sobre bloques en la posición inicial (ligeramente por sobre las rodillas) el movimiento se torna más sencillo técnicamente (ya que usted puede enfocarse en explotar) y la trayectoria de aceleración es corta (por tanto usted *debe* explotar para completar el levantamiento). El levantamiento desde bloques posee también la ventaja de posicionar su cuerpo en una posición de tirón óptima.

Posición inicial:

0. Los pies al ancho de caderas, dedos girados ligeramente hacia afuera
1. Las rodillas se flexionan levemente (alrededor de 130-140 grados)
2. El tronco está flexionado, la espalda firmemente arqueada
3. Los hombros están frente a la barra
4. Los brazos están rectos
5. Los trapecios están estirados
6. Vista al frente

Tirón:

0. Explote hacia arriba con una potente extensión de piernas y espalda
1. La barra debe mantenerse cerca de su cuerpo en todo momento
2. Los trapecios se contraen fuertemente para acelerar aún más la barra
3. Básicamente, lo que estamos buscando es que el cuerpo se parezca a un arco (caderas adelante, espalda y piernas extendidas)

Toma:

1. Tome la barra con una *ligera* flexión de rodillas (no la tome con piernas estiradas, aprenda a deslizarse bajo ella)
2. Tome la barra con los brazos rectos, no empuje el peso
3. Mantenga tensos los trapecios para ayudar a sostener la barra

Los parámetros de carga para el arranque de potencia desde bloques son los siguientes:

Semana 1: 1 x 5, 1 x 4, 1 x 3, 1 x 5
Semana 2: 1 x 5, 1 x 4, 1 x 3, 1 x 5, 1 x 4
Semana 3: 1 x 5, 1 x 4, 1 x 3, 1 x 5, 1 x 4, 1 x 3
Semana 4: 3 x 3

Nota: Puede que usted haya notado que yo no brindé un porcentaje o carga a utilizar. Bueno, ¡debido a que la mayoría de ustedes jamás ha realizado un arranque de potencia antes, sería bastante injustificado usar porcentajes para planificar su carga de entrenamiento! Simplemente recuerde que series de 5 son livianas, series de 4 son ligeramente más pesadas y las series de 3 se realizan con un peso moderado. No queremos usar pesos grandes durante esta fase. Enfóquese en la técnica apropiada y la explosión, ¡la carga vendrá después!

B. Peso muerto con toma de arranque

El peso muerto con toma de arranque resulta útil cuando un practicante está aprendiendo los levantamientos olímpicos. Fortalece los músculos involucrados en el arranque y enseña el adecuado posicionamiento para el levantamiento. No es específico al arranque en el sentido de que es un movimiento más lento. Sin embargo, aumenta la fuerza en la posición inicial del arranque, lo que puede resultar de ayuda mientras el levantador se enfoca en levantamientos desde bloques.

Posición inicial:
1. Los pies al ancho de caderas, dedos girados ligeramente hacia afuera
2. La toma es ancha (aproximadamente el doble de ancho de hombros)
3. Las rodillas se flexionan ligeramente (alrededor de 100-110 grados)
4. El tronco está flexionado, la espalda firmemente arqueada
5. Los hombros están frente a la barra
6. Los brazos están rectos
7. Los trapecios están estirados
8. La vista se dirige al frente y hacia abajo

Tirón:
1. Desde el piso hasta las rodillas la barra es levantada a través de la extensión de las rodillas, el ángulo de la espalda permanece igual
2. La espalda se mantiene tensa y arqueada
3. Los brazos permanecen estirados y mantienen la barra cerca del cuerpo
4. Desde las rodillas hasta la posición de pie la barra es levantada con una extensión combinada de rodillas y espalda.
5. La espalda permanece tensa
6. Los brazos se mantienen estirados
7. El levantamiento se completa cuando usted está totalmente de pie

Los parámetros de carga para el peso muerto con toma de arranque son los siguientes:

Semana 1: 1 x 5, 1 x 4, 1 x 3, 1 x 5
Semana 2: 1 x 5, 1 x 4, 1 x 3, 1 x 5, 1 x 4
Semana 3: 1 x 5, 1 x 4, 1 x 3, 1 x 5, 1 x 4, 1 x 3
Semana 4: 3 x 3

Una vez más, no brindo un porcentaje específico. Aunque un buen punto de partida es del 50% de su peso muerto convencional o del de su máximo en sentadilla profunda. Usted no debe ir demasiado pesado en este ejercicio. El objetivo es aprender la apropiada secuencia del tirón en el arranque (extensión de rodilla seguida de una extensión combinada de rodillas y espalda) y desarrollar la capacidad de mantener la espalda firme durante todo el movimiento. Para las series de 4 usted agrega un poco de peso y las series de 3 pueden ser bastante pesadas *si* usted es capaz de mantener la apropiada secuencia del tirón y la posición de la espalda. Este no es un peso muerto de competición, no sacrifique técnica por peso. Usted lo hará mucho mejor intentando levantar el peso más rápidamente que incrementando la carga.

C. Sentadilla sobre la cabeza

Este es un gran ejercicio para cualquier atleta y resulta primordial para el levantador olímpico principiante. ¡Es fantástico para aumentar el nivel de flexibilidad dinámica en las articulaciones de la cadera, las rodillas y tobillos y realmente le enseña cómo debe utilizar todo el cuerpo al mismo tiempo! Para ejecutar apropiadamente este ejercicio su tren inferior debe permanecer flojo y flexible y usted debe utilizar los músculos del tren superior para "reforzar" la posición; su tronco, hombros, espalda baja y trapecios deben estar tensos para mantener la barra en posición. Su tren superior debe convertirse en una única pieza. La barra debe ser mantenida sobre las orejas durante todo el movimiento, no permita que la barra derive hacia delante.

Posición inicial:

1. Párese en la posición final del arranque
2. Los pies están ligeramente más anchos que las caderas, dedos girados un poco hacia afuera
3. El tronco está sólido, los trapecios contraídos
4. Los brazos están sólidos, intentando "empujar afuera" (como si usted tratase de desgarrar la barra) lo que le ayudará a mantener sus brazos y hombros tensos

Sentadilla:

1. Comience a descender, el cuerpo debe bajar en línea recta
2. Evite flexionar el tronco, si usted empieza a flexionarse hacia delante perderá la barra
3. Mientras desciende intente empujar la barra hacia arriba (para contraer los trapecios y estabilizar la barra)
4. Los talones deben permanecer en el suelo
5. Cuando alcance la posición más baja, párese en línea recta, evite un movimiento excesivo del tronco

Nota: Alguna gente tendrá problemas de flexibilidad al principio. Puede tener problemas en descender a más de ¼ de sentadilla sin empezar a flexionarse hacia adelante o hacer que sus talones se despeguen del suelo. Únicamente vaya tan abajo como pueda mientras mantenga la forma apropiada. Sin embargo, en cada entrenamiento, intente descender un poco más.

Los parámetros de carga para la sentadilla sobre la cabeza son los siguientes:

Semana 1: 4 x 5
Semana 2: 3 x 5
Semana 3: 2 x 5
Semana 4: 4 x 5

Idealmente, usted debe querer ser capaz de realizar sus series de 5 con el mismo peso utilizado en el arranque de potencia desde bloques. Sin embargo, pocos serán capaces de lograr esto desde el comienzo. Empiece liviano. Utilice la barra sola si lo necesita, hasta tanto se sienta confortable con el movimiento. Al final del mes usted debe estar utilizando el mismo peso (o más) para la sentadilla sobre la cabeza que para el arranque de potencia desde bloques.

D. Encogimientos sobre la cabeza

Los encogimientos sobre la cabeza son un excepcional constructor de trapecios y una gran manera de aumentar su capacidad de sostener peso al largo de brazos.

Posición inicial:

1. Sostenga la barra sobre su cabeza (toma intermedia) como si usted acabase de completar un press de hombros
2. Estire sus trapecios llevando los hombros hacia abajo. Mantenga los brazos trabados y la barra encima de su cabeza
3. El tronco debe estar tenso

Encogimiento:
1. Manteniendo una postura tensa lleve los hombros hacia arriba contrayendo los trapecios, los hombros deben ir hacia arriba en línea recta
2. Manténgase en la posición más alta por 2 segundos

Los parámetros de carga para los encogimientos sobre la cabeza son los siguientes:

Semana 1: 4 x 5
Semana 2: 3 x 5
Semana 3: 2 x 5
Semana 4: 4 x 5

Comience con un peso con el que pueda confortablemente hacer un press sobre su cabeza. La carga no es del todo importante ya que usted sentirá este ejercicio incluso con pesos bajos. Además de ser un gran constructor de trapecios, este ejercicio es fantástico para desarrollar la capacidad de estabilizar el tronco bajo condiciones de carga.

E. Arranque con press cubano

Este ejercicio es un muy efectivo constructor de hombros. Aumentará su fuerza en todas las porciones del deltoides y también desarrollará sus músculos del manguito rotador. ¡Usar este ejercicio es una gran póliza de seguro para sus hombros!

Posición inicial:

1. De pie, una mancuerna en cada mano, brazos a los costados
2. Mantenga una buena postura, vista al frente

Encogimiento:

1. El levantamiento inicial de las mancuernas es un semi remo de pie
2. Contraiga los trapecios y brazos

Rotación:

1. Rote sus hombros de modo que sus brazos terminen sobre su cabeza apuntando hacia arriba y afuera
2. Mantenga esa posición por 2 segundos

Los parámetros de carga para el arranque con press cubano son los siguientes:

Semana 1: 2 x 15
Semana 2: 2 x 15
Semana 3: 1 x 15
Semana 4: 2 x 15

Martes (Énfasis en el segundo tiempo)

Objetivos:
1. *Aprender y dominar la fase de explosión del segundo tiempo*
2. *Fortalecer los músculos involucrados en el segundo tiempo*
3. *Aumentar la flexibilidad dinámica en las posiciones específicas del segundo tiempo*

A. Segundo tiempo con impulso

El segundo tiempo con impulso es otro de mis ejercicios favoritos. ¡Este es un ejercicio absolutamente formidable para el fortalecimiento de todo el cuerpo! Realmente le enseña a usted cómo sincronizar la explosión de su tren superior e inferior en una única y potente acción.

Posición inicial:

1. Quite la barra de los soportes
2. Colóquela sobre sus clavículas y hombros
3. Sostenga la barra con una toma de cargada o una toma intermedia
4. Sostenga la barra con toda la mano, no sólo con los dedos
5. Los codos apuntan adelante y abajo, no sólo abajo
6. El cuerpo está derecho y tenso

Descenso:

1. Baje su cuerpo en línea recta (imagine que su cuerpo se desliza por una pared)
2. El descenso es controlado, pero no demasiado lento
3. Descienda hasta un cuarto de sentadilla, no más

Explosión:

1. Cuando complete el descenso rápidamente revierta el movimiento y ¡explote hacia arriba!
2. Usted debe buscar un fuerte empuje con las piernas (de modo que la barra salga de sus hombros al final)
3. Tan pronto alcance la posición vertical, empuje con las manos hacia arriba tan rápido como sea posible
4. Intente "lanzar" la barra hacia arriba, no empujarla

Toma:

1. Muy similar al arranque de potencia desde bloques, tome la barra con un *ligero* movimiento de sentadilla
2. El tronco permanece tenso
3. Los brazos son trabados inmediatamente (usted recibe la barra con los brazos rígidos, sin empujar el peso)

Los parámetros de carga para el segundo tiempo con impulso son:

Semana 1: 1 x 5, 1 x 4, 1 x 3, 1 x 5
Semana 2: 1 x 5, 1 x 4, 1 x 3, 1 x 5, 1 x 4
Semana 3: 1 x 5, 1 x 4, 1 x 3, 1 x 5, 1 x 4, 1 x 3
Semana 4: 3 x 3

Comience conservadoramente hasta que usted aprenda a usar una acción explosiva y sincronizada del tren inferior y superior. Un peso equivalente a lo que usa en el press de hombros es adecuado para empezar. A medida que se sienta más confortable con el movimiento usted puede incrementar la carga (siempre que una técnica y explosión adecuadas sean mantenidas).

B. Press Bradford

El press Bradford toma su nombre del ex campeón norteamericano de levantamiento Jim Bradford. Es un constructor de hombros sin paralelo y le ayudará con el movimiento inicial de los brazos durante el segundo tiempo.

Posición inicial:

1. La barra se sostiene sobre los trapecios con una toma intermedia muy parecida a la posición inicial de la sentadilla por detrás

Ejecución:

1. Presione la barra hasta que esta quede justo encima de su cabeza, utilizando solo los brazos
2. Lleve la barra sobre su cabeza y hacia el frente de sus hombros

3. Presione la barra hasta que esta quede justo encima de su cabeza, utilizando solo los brazos
4. Lleve la barra sobre su cabeza y hacia atrás de sus hombros

Los parámetros de carga para el press Bradford son:

Semana 1: 4 x 5 (5 adelante, 5 atrás)
Semana 2: 3 x 5 (5 adelante, 5 atrás)
Semana 3: 2 x 5 (5 adelante, 5 atrás)
Semana 4: 4 x 5 (5 adelante, 5 atrás)

Usted puede ir relativamente pesado en este movimiento. Comience con una carga con la que normalmente usaría en el press militar y avance desde ahí. Use un peso tan alto como pueda sin hacer trampa con sus piernas.

C. Sentadilla con salto con peso

¡Este ejercicio realmente ayuda a desarrollar el potente impulso de las piernas involucrado en el segundo tiempo! Es además una muy efectiva manera de desarrollar la habilidad de salto vertical.

Posición inicial:
1. Párese con la barra en la parte posterior de sus hombros
2. Coloque un cajón (50-70cm) a alrededor de 30cm de sus pies

Ejecución:
1. Descienda a un cuarto de sentadilla y explote hacia arriba
2. Salte al cajón

Nota: Usted no necesita usar un cajón, puede simplemente saltar y aterrizar en el suelo. Sin embargo, usar un cajón elevado disminuirá el estrés en su espalda y rodillas (debido a que existirá menor acumulación de energía cinética durante el descenso).

Los parámetros de carga para la sentadilla con salto con peso son:

Semana 1: 3 x 5
Semana 2: 4 x 5
Semana 3: 5 x 5
Semana 4: 2 x 5

La carga a utilizar es de aproximadamente el 15% de su mejor sentadilla por detrás. Algunos individuos muy explosivos pueden utilizar hasta el 20% de su máximo en sentadilla por detrás. Individuos con muy bajo nivel en sentadilla por detrás pueden comenzar con alrededor de 30kg en este ejercicio.

D. Sentadilla con salto con barra

Este ejercicio es muy parecido al anterior, excepto en que la carga es mínima. Debido a la menor carga usted será capaz de impartir mayor aceleración a la barra y por tanto desarrollar una porción diferente de la curva fuerza-velocidad. Es además un gran modo de aumentar la habilidad de salto vertical.

Posición inicial:

1. Párese con la barra en la parte posterior de sus hombros

Ejecución:

1. Descienda a un cuarto de sentadilla y explote hacia arriba
2. Aterrice en el suelo, flexione sus rodillas para absorber la caída

Los parámetros de carga para la sentadilla con salto con barra son:

Semana 1: 4 x 6
Semana 2: 3 x 6
Semana 3: 2 x 6
Semana 4: 4 x 6

Los siguientes pesos resultan apropiados:

225kg+ sentadilla: 25kg
135-225kg sentadilla: 20kg (barra olímpica sin peso)
90-135kg sentadilla: 15kg (barra más pequeña)
45-90kg sentadilla: 10kg (barra aún más pequeña)

El peso se mantiene constante durante todo el ciclo. El objetivo es aumentar la altura del salto, no el peso a utilizar.

Jueves (Énfasis en la cargada)

Objetivos:

1. *Aprender y dominar la fase de explosión de la cargada*
2. *Fortalecer los músculos involucrados en la cargada*
3. *Incrementar la flexibilidad dinámica en las posiciones específicas de la cargada*

A. Cargada de potencia desde bloques

¡Sí! ¡Aquí está uno de los levantamientos pan y manteca para todos los atletas! La cargada de potencia desde bloques es casi intocable cuando se trata de aumentar la potencia del tirón. Puesto que se ubica la barra sobre bloques en la posición inicial (ligeramente por sobre las rodillas) el movimiento se torna más sencillo técnicamente (ya que usted puede enfocarse en explotar) y la trayectoria de aceleración es corta (por tanto usted *debe* explotar para completar el levantamiento) El levantamiento desde bloques posee también la ventaja de posicionar su cuerpo en una posición de tirón óptima.

Posición inicial:

1. Los pies al ancho de caderas, dedos girados ligeramente hacia afuera
2. Las rodillas se flexionan ligeramente (alrededor 140-150 grados)
3. El tronco está flexionado, la espalda firmemente arqueada
4. Los hombros están frente a la barra
5. Los brazos están rectos
6. Los trapecios están estirados
7. Vista al frente

Tirón:

1. Explote hacia arriba con una potente extensión de piernas y espalda
2. La barra debe mantenerse cerca de su cuerpo en todo momento
3. Los trapecios se contraen fuertemente para acelerar aún más la barra
4. Básicamente, lo que estamos buscando es que el cuerpo se parezca a un arco (caderas adelante, espalda y piernas extendidas)

Toma:

1. Tome la barra con una *ligera* flexión de rodillas (no la tome con piernas estiradas, aprenda a deslizarse bajo ella)
2. Tome la barra sobre sus hombros girando sus brazos de modo que los codos estén apuntando hacia delante, no abajo

Los parámetros de carga para la cargada de potencia desde bloques son los siguientes:

Semana 1: 1 x 5, 1 x 4, 1 x 3, 1 x 5
Semana 2: 1 x 5, 1 x 4, 1 x 3, 1 x 5, 1 x 4
Semana 3: 1 x 5, 1 x 4, 1 x 3, 1 x 5, 1 x 4, 1 x 3
Semana 4: 3 x 3

Nota: Puede que usted haya notado que yo no brindé un porcentaje o carga a utilizar. Bueno, ¡debido a que la mayoría de ustedes jamás ha realizado una cargada de potencia antes, sería bastante injustificado usar porcentajes para planificar su carga de entrenamiento! Simplemente recuerde que series de 5 son livianas, series de 4 son ligeramente más pesadas y las series de 3 se realizan con un peso moderado. No queremos usar pesos grandes durante esta fase. Enfóquese en la técnica apropiada y la explosión, ¡la carga vendrá después!

B. Peso muerto con toma de cargada

El peso muerto con toma de cargada resulta útil cuando un practicante está aprendiendo los levantamientos olímpicos. Fortalece los músculos involucrados en la cargada y enseña el adecuado posicionamiento para el levantamiento. No es específico a la cargada en el sentido de que es un movimiento más lento. Sin embargo, aumenta la fuerza en la posición inicial, lo que puede resultar de ayuda mientras el levantador se enfoca en levantamientos desde bloques. Recuerde que este *no es* un peso muerto de powerlifting. El objetivo no es un máximo en el levantamiento, sino usar la misma técnica y secuencia de tirón que durante una cargada.

Posición inicial:

1. Los pies al ancho de caderas, dedos girados ligeramente hacia afuera
2. La toma es angosta (ancho de hombros aproximadamente)
3. Las rodillas se flexionan ligeramente (alrededor de 110-120 grados)
4. El tronco está flexionado, la espalda firmemente arqueada
5. Los hombros están frente a la barra
6. Los brazos están rectos
7. Los trapecios están estirados
8. La vista se dirige al frente y hacia abajo

Tirón:

1. Desde el piso hasta las rodillas la barra es levantada a través de la extensión de las rodillas, el ángulo de la espalda permanece igual
2. La espalda se mantiene tensa y arqueada

3. Los brazos permanecen estirados y mantienen la barra cerca del cuerpo
4. Desde las rodillas hasta la posición de pie la barra es levantada con una extensión combinada de rodillas y espalda.
5. La espalda permanece tensa
6. Los brazos se mantienen estirados
7. El levantamiento se completa cuando usted está totalmente de pie

Los parámetros de carga para el peso muerto con toma de cargada son los siguientes:

Semana 1: 1 x 5, 1 x 4, 1 x 3, 1 x 5
Semana 2: 1 x 5, 1 x 4, 1 x 3, 1 x 5, 1 x 4
Semana 3: 1 x 5, 1 x 4, 1 x 3, 1 x 5, 1 x 4, 1 x 3
Semana 4: 3 x 3

Una vez más diré que el objetivo no es levantar tanto peso como sea posible, sino utilizar una apropiada técnica de levantamiento olímpico. Habiendo sido dicho esto, usted aún debe intentar aumentar su carga de entrenamiento cada semana.

C. Cargada muscular

Este ejercicio no es tanto para la técnica de la cargada ya que es bastante diferente de una cargada. Sin embargo, cumple su propósito como ejercicio de fortalecimiento general para los hombros, antebrazos, y trapecios, todos cuantos están incluidos en la cargada. Sirve a un objetivo técnico; le ayuda a aprender el valor de mantener la barra cerca del cuerpo.

Posición inicial:
1. Párese derecho, agarrando la barra con una toma de cargada
2. Mantenga rectas las piernas

Tirón:
1. Ejecute un remo parado
2. Mantenga los codos altos y la barra cerca de su cuerpo

Toma:
1. Una vez que la barra alcanza su punto más alto en el remo parado, baje a sentadilla profunda para completar el levantamiento

Los parámetros de carga para la cargada muscular son:

Semana 1: 4 x 5
Semana 2: 3 x 5
Semana 3: 2 x 5
Semana 4: 4 x 5

¡Usted no necesita un montón de peso para hacer difícil este ejercicio! Comience con el peso con el que pueda ejecutar 5-8 reps de remo parado con buena forma y ajuste la carga a partir de ahí. Usted puede utilizar tanto peso como pueda, siempre que sea capaz de completar el levantamiento sin hacer trampa. Llevar la espalda atrás y utilizar sus piernas son consideradas trampas.

Viernes (Ejercicios correctivos)

Objetivo:
1. *Fortalecimiento general de los músculos implicados en los levantamientos olímpicos*

A. Press de banca con mancuernas

Este ejercicio aumentará la fuerza de sus tríceps y hombros, lo que es muy útil al sostener arranques o segundos tiempos pesados. Yo prefiero usar mancuernas por sobre la barra debido a que el rango de movimiento es mayor. En levantamiento olímpico usted necesita buena movilidad articular, por lo que se deben priorizar ejercicios con el mayor rango de movimiento posible.

Confío en que usted ya sabe cómo realizar este movimiento debido a que es bastante común en la mayoría de los gimnasios, así que no entraré en más detalles acerca de la técnica apropiada.

Los parámetros de carga para el press con mancuernas son:

Semana 1: 3 x 5
Semana 2: 4 x 5
Semana 3: 5 x 5
Semana 4: 2 x 5

Use pesos grandes para este ejercicio, pero no acorte su rango de movimiento. Intente conseguir un buen estiramiento del pectoral en la posición inferior. Esto le ayudará a mejorar la movilidad del hombro para el arranque y el segundo tiempo.

B. Press militar

El press militar es otro gran ejercicio de fortalecimiento de los tríceps y hombros. Un adecuado press militar se ejecuta con piernas rectas y sin hacer trampa para subir la barra. Al igual que otros levantamientos por sobre la cabeza, el press militar es además una gran manera de desarrollar las capacidades estabilizadoras de los músculos del tronco. Otra vez, no hay necesidad de describir este ejercicio en detalle, ya que es común en la mayoría de los gimnasios.

Los parámetros de carga para el press militar son:

Semana 1: 3 x 5
Semana 2: 4 x 5
Semana 3: 5 x 5
Semana 4: 2 x 3

C. Curl reverso

No soy personalmente un gran admirador de los ejercicios de bíceps, pero el curl reverso posee cierto valor debido a que es una gran forma de fortalecer los antebrazos y la fuerza de prensión, los que resultan útiles para el halterófilo. Tenga cuidado sin embargo, ¡no utilice el movimiento de curl durante sus ejercicios de cargada!

Los parámetros de carga para el curl reverso son:

Semana 1: 4 x 5
Semana 2: 3 x 5
Semana 3: 2 x 5
Semana 4: 4 x 5

D. Sentadilla profunda por detrás

La sentadilla por detrás es probablemente el mejor ejercicio de asistencia para los levantamientos olímpicos. Es la mejor manera de aumentar la fuerza de piernas y glúteos. ¡Realizado correctamente es también un ejercicio muy efectivo como ejercitación para la flexibilidad del tren inferior y como usina generadora de estabilización para el tronco!

Abogo siempre a ir tan abajo como sea posible en tanto los talones puedan mantenerse en el suelo y la espalda permanezca arqueada.

Posición inicial:
1. De pie, barra sobre la porción inferior de los trapecios (toma intermedia)
2. Los pies al ancho de hombros y apuntando ligeramente hacia afuera
3. Pecho hacia fuera y la vista al frente

Descenso a cuclillas:
1. Descienda a cuclillas bajo control
2. Mantenga el tronco derecho durante todo el movimiento
3. Mantenga la espalda baja y la espalda alta bajo tensión
4. Vaya tan abajo como sea posible manteniendo una forma apropiada

Ascenso:
1. No se detenga en la posición inferior, párese inmediatamente
2. Intente acelerar la barra a medida que se está poniendo de pie
3. Evite inclinarse hacia delante, use sus piernas para pararse, no su espalda

Los parámetros de carga para la sentadilla profunda son:

Semana 1: 3 x 5
Semana 2: 4 x 5
Semana 3: 5 x 5
Semana 4: 2 x 3

Usted puede intentar levantar grandes pesos en la sentadilla por detrás pero usted *debe* hacerlo en tanto mantenga la forma apropiada y vaya profundo. ¡No existen un cuarto de sentadilla afeminadas en el levantamiento olímpico!

Segunda fase de entrenamiento: aprendizaje técnico (4 semanas)

Lunes (Énfasis en el arranque)

Objetivos:
  1. Aprender la secuencia completa del arranque
  2. Fortalecer los músculos involucrados en el arranque
  3. Incrementar la flexibilidad dinámica en las posiciones específicas del arranque

A. Arranque a media sentadilla desde el suelo

Este es el primer paso en el aprendizaje del arranque competitivo completo. Usted empieza a integrar la primer parte técnica difícil del levantamiento, el pasaje desde debajo de las rodillas (tirón lento y controlado) hasta encima de las rodillas (explosión). Usted tomará la barra en una media sentadilla, para acostumbrarse a deslizarse bajo ella.

Posición inicial:
1. Los pies al ancho de caderas, dedos girados ligeramente hacia afuera
2. Las rodillas se flexionan levemente (alrededor 90-100 grados)
3. El tronco está flexionado, la espalda firmemente arqueada
4. Los hombros están frente a la barra
5. Los brazos están rectos
6. Los trapecios están estirados
7. Vista al frente

Tirón:
1. Desde el suelo hasta las rodillas el levantamiento es controlado, el ángulo de la espalda permanece inalterable, la barra es levantada únicamente merced a la extensión de las piernas.
2. Apenas la barra esté sobre las rodillas, explote hacia arriba con una potente extensión de piernas y espalda
3. La barra debe mantenerse cerca de su cuerpo en todo momento
4. Los trapecios se contraen fuertemente para acelerar aún más la barra
5. Básicamente, lo que estamos buscando es que el cuerpo se parezca a un arco (caderas adelante, espalda y piernas extendidas)

Toma:
1. Tome la barra en una posición de media sentadilla
2. Tome la barra con los brazos rectos, no empuje el peso
3. Mantenga tensos los trapecios para ayudar a sostener la barra

Los parámetros de carga para el arranque a media sentadilla desde el suelo son los siguientes:

Semana 1: 2 x 4, 2 x 3
Semana 2: 3 x 4, 3 x 3, 1 x 2
Semana 3: 1 x 3, 1 x 2, 1 x 1, 1 x 3, 1 x 2, 1 x 1
Semana 4: 3 x 3

Nota: Puede que usted haya notado que yo no brindé un porcentaje o carga a utilizar. Bueno, ¡debido a que la mayoría de ustedes jamás ha realizado un arranque antes, sería bastante injustificado usar porcentajes para planificar su carga de entrenamiento! Aunque después de la primer fase de entrenamiento usted debe tener una buena idea acerca del peso que puede manejar. Comience con un peso equivalente al que utilizó en el arranque de potencia desde bloques.

B. Tirón de arranque

El tirón de arranque es la progresión lógica del peso muerto con toma de arranque. Idealmente, usted debe usar exactamente el mismo movimiento de tirón que el del arranque a media sentadilla. Concéntrese en elevar los talones y contraer los trapecios al mismo tiempo.

Los parámetros de carga para el tirón de arranque son los siguientes:

Semana 1: 2 x 4, 2 x 3
Semana 2: 3 x 4, 3 x 3, 1 x 2
Semana 3: 1 x 3, 1 x 2, 1 x 1, 1 x 3, 1 x 2, 1 x 1
Semana 4: 3 x 3

Idealmente, usted debe usar exactamente el mismo peso que usa en el arranque a media sentadilla, o a lo sumo un 10% por encima de lo que usa en ese ejercicio. Mucha gente comete el error ir con demasiado peso en los tirones. Si el peso es significativamente mayor que el del arranque, no existirá una transferencia positiva.

C. Arranque en caída

Al igual que el tirón de arranque es la progresión de los pesos muertos con toma de arranque, el arranque en caída es la progresión de la sentadilla por sobre la cabeza. Este ejercicio posee los mismos beneficios que la sentadilla por sobre la cabeza, pero además enseña al levantador a deslizarse bajo la barra.

Posición inicial:

1. Párese con la barra sobre sus hombros con una toma de arranque
2. Los pies están ligeramente más anchos que las caderas, dedos girados hacia afuera un poco
3. El tronco está sólido, la espalda contraída
4. Los codos apuntan hacia abajo

Descenso:

1. Usted debe caer directo bajo la barra, intente que la barra no caiga demasiado. La clave es trabar los brazos mientras cae. Usted debe bajar muy rápido para vencer a la gravedad que tirará la barra al suelo
2. Evite la flexión del tronco. Si usted comienza flexionándose hacia delante perderá la barra
3. Mientras desciende, intente empujar la barra hacia arriba (de modo de contraer los trapecios y estabilizar la barra)
4. Los talones deben permanecer en el suelo
5. Al alcanzar la posición más baja párese en línea recta, evite un excesivo movimiento del tronco

Los parámetros de carga para el arranque en caída son los siguientes:

Semana 1: 2 x 5
Semana 2: 5 x 5
Semana 3: 3 x 3, 1 x 2
Semana 4: 3 x 5

Al principio este ejercicio va a resultar muy difícil debido a que usted no está acostumbrado a deslizarse bajo la barra. Por lo tanto puede que necesite empezar muy liviano. Afortunadamente ahora usted ya posee la flexibilidad apropiada para realizar una sentadilla por sobre la cabeza y un buen objetivo es ser capaz de usar el mismo peso para el arranque en caída que el utilizado en la sentadilla por sobre la cabeza. ¡No es una tarea fácil, pero todos necesitamos un desafío!

D. Arranque a baja velocidad

Este ejercicio era principal en la rutina de entrenamiento de Alexeyev, después de lo cual llegó a ser un ejercicio extensamente utilizado por los levantadores superpesados soviéticos. Es un buen ejercicio para fortalecer los trapecios, brazos y hombros. Además, es una buena herramienta didáctica para aprender el arranque a sentadilla profunda.

El ejercicio se realiza en forma muy similar al arranque convencional a media sentadilla excepto en que usted levanta la barra lentamente, bajo control y una vez que alcanza la altura de su esternón rápidamente se desliza bajo ella (en modo muy parecido al arranque en caída).

Los parámetros de carga para el arranque a baja velocidad son los siguientes:

Semana 1: 3 x 3
Semana 2: 5 x 3
Semana 3: 2 x 3, 2 x 2
Semana 4: 2 x 3

El peso no es del todo relevante en este ejercicio. Un buen punto de partida es la mitad de lo que usted utilizó para el arranque a media sentadilla. Concéntrese en un tirón lento y un rápido deslizamiento bajo la barra.

Martes (Énfasis en el segundo tiempo)

Objetivos:
1. Aprender el segundo tiempo en tijera
2. Fortalecer los músculos involucrados en el segundo tiempo
3. Aumentar la flexibilidad dinámica en las posiciones específicas del segundo tiempo

A. Segundo tiempo en tijera

El segundo tiempo en tijera es básicamente similar al segundo tiempo con impulso, el cual ya he cubierto. La única diferencia es que una vez que empuja la barra fuera de sus hombros usted se desliza debajo de ella realizando una tijera (una pierna adelante, una pierna atrás).

Posición inicial:

1. Quite la barra del soporte
2. Colóquela sobre sus clavículas y hombros
3. Sostenga la barra con una toma de cargada o una toma intermedia
4. Sostenga la barra con toda la mano, no solo con los dedos
5. Los codos apuntan adelante y abajo, no solo abajo
6. El cuerpo está derecho y tenso

Descenso:

1. Baje su cuerpo en línea recta (imagine que su cuerpo se desliza por una pared)
2. El descenso es controlado, pero no demasiado lento
3. Descienda hasta un cuarto de sentadilla, no más

Explosión:

1. Cuando complete el descenso rápidamente revierta el movimiento y ¡explote hacia arriba!
2. Usted debe buscar un fuerte empuje con las piernas (de modo que la barra salga de sus hombros al final)
3. Tan pronto alcance la posición vertical, empuje con las manos hacia arriba tan rápido como sea posible
4. Intente "lanzar" la barra hacia arriba, no empujarla

Toma:

1. Usted toma la barra en tijera con una pierna adelante y la otra detrás. Experimente para ver que pierna se siente más confortable adelante
2. El tronco permanece tenso
3. Los brazos son trabados inmediatamente (usted recibe la barra con los brazos rígidos, sin empujar el peso)

Los parámetros de carga para el segundo tiempo en tijera son:

Semana 1: 2 x 4, 2 x 3
Semana 2: 3 x 4, 3 x 3, 1 x 2
Semana 3: 1 x 3, 1 x 2, 1 x 1, 1 x 3, 1 x 2, 1 x 1
Semana 4: 3 x 3

Al principio use el mismo peso que utilizó en el segundo tiempo con impulso. Sin embargo, a medida que se vuelva mejor en el estilo tijera usted debería ser capaz de manejar pesos ligeramente superiores a los del segundo tiempo con impulso.

B. Press con impulso

El press con impulso se describe mejor como un press militar "con trampa". Usted usa un leve impulso de piernas para mover la barra de sus hombros, pero los brazos aún realizan la mayor parte del trabajo. Esto es diferente al segundo tiempo con impulso, en el que las piernas realizan la mayor parte del trabajo.

Los parámetros de carga para el press con impulso son:

Semana 1: 2 x 5
Semana 2: 5 x 5
Semana 3: 3 x 3, 1 x 2
Semana 4: 2 x 3

Usted puede ir relativamente pesado con este movimiento. Comience con el peso que normalmente usa para el press militar y avance desde ahí. Use una sobrecarga tan pesada como pueda en tanto usted la levante únicamente con un pequeño impulso de piernas (no lo convierta en un segundo tiempo con impulso).

C. ¼ de sentadilla por delante

El objetivo de este ejercicio es fortalecer los músculos de las piernas así como también acostumbrarse a sostener un gran peso sobre los hombros en la preparación para un segundo tiempo. Muchas veces el segundo tiempo falla debido a que la carga se siente pesada y el atleta se rinde. Bien, practicando ¼ de sentadilla por delante usted se acostumbrará a sostener cargas en modo más pesado de lo que lo haría en el segundo tiempo. Esto tiene un muy importante efecto psicológico en su levantamiento.

Yo recomiendo realizar este ejercicio en el rack de potencia comenzando con la barra a la misma altura que la del fin de la fase de descenso de su segundo tiempo. Tenga cuidado de mantener recto el torso en este movimiento, deseamos emular lo más posible el movimiento del segundo tiempo.

Los parámetros de carga para ¼ de sentadilla adelante son:

Semana 1: 2 x 5
Semana 2: 5 x 5
Semana 3: 3 x 3, 1 x 2
Semana 4: 2 x 3

Debido a que este es un ejercicio de limitado rango de movimiento usted será capaz de utilizar mucho peso en él. Sugiero comenzar con el máx. de su sentadilla por detrás e ir ajustando la carga desde allí.

D. Sentadilla con salto con barra

Este ejercicio es muy parecido al anterior, excepto en que la carga es mínima. Debido a la menor carga usted será capaz de impartir mayor aceleración a la barra y por tanto desarrollar una porción diferente de la curva fuerza-velocidad. Es además un gran modo de aumentar la habilidad de salto vertical.

Posición inicial:
1. Párese con la barra en la parte posterior de sus hombros

Ejecución:
2. Descienda a un cuarto de sentadilla y explote hacia arriba
3. Aterrice en el suelo, flexione sus rodillas para absorber la caída

Los parámetros de carga para la sentadilla con salto con barra son:

Semana 1: 2 x 10
Semana 2: 5 x 10
Semana 3: 3 x 6
Semana 4: 2 x 6

Los siguientes pesos resultan apropiados:

225kg+ sentadilla: 25kg
135-225kg sentadilla: 20kg (barra olímpica sin peso)

90-135kg sentadilla: 15kg (barra más pequeña)
45-90kg sentadilla: 10kg (barra aún más pequeña)

El peso se mantiene constante durante todo el ciclo. El objetivo es aumentar la altura del salto, no el peso a utilizar.

Jueves (Énfasis en la cargada)

Objetivos:
    1. Aprender la secuencia apropiada de la cargada
    2. Fortalecer los músculos involucrados en la cargada
    3. Incrementar la flexibilidad dinámica en las posiciones específicas de la cargada

A. Cargada de potencia a media sentadilla desde el suelo

Este se parece al arranque a media sentadilla en que utiliza la misma secuencia de levantamiento que durante una cargada competitiva a sentadilla profunda. Una vez más, usted levanta el peso bajo control hasta las rodillas, luego, ¡explote! Tome la barra en posición de media sentadilla para acostumbrase a deslizarse bajo ella.

Posición inicial:
    1. Los pies al ancho de caderas, dedos girados ligeramente hacia afuera
    2. Las rodillas se flexionan ligeramente (alrededor de 100-120 grados)
    3. El tronco está flexionado, la espalda firmemente arqueada
    4. Los hombros están frente a la barra
    5. Los brazos están rectos

6. Los trapecios están estirados
7. Vista al frente

Tirón:

1. Del suelo a las rodillas levante la barra bajo control manteniendo un ángulo de torso estable
2. Apenas la barra esté sobre las rodillas, explote hacia arriba con una potente extensión de piernas y espalda
3. La barra debe mantenerse cerca de su cuerpo en todo momento
4. Los trapecios se contraen fuertemente para acelerar aún más la barra

Toma:

1. Tome la barra en una posición de media sentadilla
2. Tome la barra sobre sus hombros girando sus brazos de modo que los codos estén apuntando hacia delante, no abajo

Los parámetros de carga para la cargada a media sentadilla son los siguientes:

Semana 1: 2 x 4, 2 x 3
Semana 2: 3 x 4, 3 x 3, 1 x 2
Semana 3: 1 x 3, 1 x 2, 1 x 1, 1 x 3, 1 x 2, 1 x 1
Semana 4: 3 x 3

Nota: Puede que usted haya notado que yo no brindé un porcentaje o carga a utilizar. Bueno, ¡debido a que la mayoría de ustedes jamás ha realizado una cargada antes, sería bastante injustificado usar porcentajes para planificar su carga de entrenamiento! Aunque después de la primer fase de entrenamiento usted debe tener una buena idea acerca del peso que puede manejar. Comience con un peso equivalente al que utilizó en la cargada de potencia desde bloques.

B. Tirón de cargada

El tirón de cargada es la progresión lógica del peso muerto con toma de arranque. Idealmente, usted debe usar exactamente el mismo movimiento de tirón que el de la cargada a media sentadilla. Concéntrese en elevar los talones y contraer los trapecios al mismo tiempo.

Los parámetros de carga para el tirón de cargada son los siguientes:

Semana 1: 2 x 4, 2 x 3
Semana 2: 3 x 4, 3 x 3, 1 x 2
Semana 3: 1 x 3, 1 x 2, 1 x 1, 1 x 3, 1 x 2, 1 x 1
Semana 4: 3 x 3

C. Peso muerto romano

La mayor diferencia entre el peso muerto romano y otros pesos muertos es que la posición inicial es la posición final de otros pesos muertos; parado completamente derecho. Desde esa posición usted bajará la barra con una flexión de rodilla y una flexión de tronco volviendo luego atrás para completar una repetición.

Posición inicial: Pies al ancho de cadera, los dedos de los pies apuntan directamente adelante. La toma es angosta (ancho de hombros aproximadamente). Las piernas están ligeramente flexionadas y el torso completamente extendido. La espalda firmemente arqueada. Hombros hacia atrás (posición playera). Los brazos están derechos, los trapecios estirados. La vista al frente.

Descenso: Baje la barra hasta que se encuentre a 5-7,5 cms por debajo de las rodillas. Las rodillas solo se flexionan ligeramente más que en la posición inicial, la espalda llega a ubicarse paralela al suelo y las caderas son llevadas hacia atrás. La espalda permanece tensa. Los brazos permanecen estirados.

Tirón: Vuelva atrás la barra al revés de lo que la bajó; mayormente a través de la extensión del tronco con una ligera extensión de rodillas. La espalda permanece tensa. Los brazos estirados. El levantamiento se completa cuando usted está totalmente de pie.

Los parámetros de carga para el peso muerto romano son:

Semana 1: 2 x 5
Semana 2: 5 x 5
Semana 3: 3 x 3, 1 x 2
Semana 4: 2 x 3

D. ½ peso muerto

Consiste en un peso muerto parcial con la barra iniciando a la altura de las rodillas o ligeramente por encima. Usted puede usar pesos realmente elevados para este ejercicio, lo que hará maravillas para la fuerza dinámica de su espalda baja e isométrica de trapecios y espalda. Para levantadores de potencia competitivos puede ayudar a desarrollar realmente una fuerte posición final.

Posición inicial: La barra se coloca sobre pernos (o bloques) de modo que quede a nivel de las rodillas, o ligeramente por encima. Pies al ancho de caderas, los dedos de los pies apuntan ligeramente hacia afuera. La toma es angosta (ancho de hombros aproximadamente) Las piernas están ligeramente flexionadas. El tronco está flexionado, la espalda está firmemente arqueada. Los hombros están frente a la barra. Los brazos están rectos, los trapecios estirados. La vista mira al frente.

Tirón: Desde los pernos hasta la posición de pie la barra es levantada con una extensión combinada de espalda y rodillas. La espalda permanece tensa. Los brazos estirados. El levantamiento se completa cuando usted está totalmente de pie.

Los parámetros de carga para el 1/2 peso muerto son:

Semana 1: 2 x 5
Semana 2: 5 x 5
Semana 3: 3 x 3, 1 x 2
Semana 4: 2 x 3

Viernes (Ejercicios correctivos)

Objetivo:

1. Fortalecimiento general de los músculos involucrados en los levantamientos olímpicos

A. Press de banca

Este ejercicio aumentará la fuerza de sus tríceps y hombros, lo que es muy útil al sostener arranques o segundos tiempos pesados.

Confío en que usted ya sabe cómo realizar este movimiento ya que es bastante común en la mayoría de los gimnasios, por lo que no voy a profundizar en mayores detalles acerca de la técnica apropiada.

Los parámetros de carga para el press de banca son:

Semana 1: 2 x 5
Semana 2: 5 x 5
Semana 3: 3 x 3, 1 x 2
Semana 4: 3 x 3

Use pesos grandes para este ejercicio, pero no acorte su rango de movimiento. Toque el pecho y ¡explote hacia arriba!

B. Press militar

El press militar es otro gran ejercicio de fortalecimiento de los tríceps y hombros. Un adecuado press militar se ejecuta con piernas rectas y sin hacer trampa para subir la barra. Al igual otros levantamientos por sobre la cabeza, el press militar es además una gran manera de desarrollar las capacidades estabilizadoras de los músculos del tronco. Otra vez, no hay necesidad de describir este ejercicio en detalle, ya que es común en la mayoría de los gimnasios.

Los parámetros de carga para el press militar son:

Semana 1: 2 x 5
Semana 2: 5 x 5
Semana 3: 3 x 5
Semana 4: 2 x 3

C. Curl Zottman

Usted sube el peso con las palmas hacia arriba y lo baja con las palmas hacia abajo, haciendo trabajar fuerte al músculo tanto en la porción concéntrica como excéntrica del movimiento. Este ejercicio fortalecerá todos los músculos flexores del brazo. Si bien no es de una importancia fundamental en el levantamiento olímpico, el hecho es que la cadena siempre se rompe por el eslabón más débil.

Los parámetros de carga para el curl Zottman son:

Semana 1: 2 x 5
Semana 2: 5 x 5
Semana 3: 3 x 5
Semana 4: 2 x 5

D. Sentadilla por delante

La sentadilla por delante es un fantástico desarrollador de cuádriceps y glúteos. Posee además el beneficio adicional de prepararlo en la toma de una cargada a sentadilla profunda.

Abogo siempre a ir tan bajo como sea posible en tanto los talones puedan mantenerse en el suelo y la espalda permanezca arqueada.

Posición inicial:
    1. Parado, la barra en las clavículas, los codos altos
    2. Los pies al ancho de hombros y apuntando ligeramente hacia afuera
    3. Pecho hacia fuera y la vista al frente

Descenso a cuclillas:

      1. Descienda a cuclillas bajo control
      2. Mantenga el tronco derecho durante todo el movimiento
      3. Mantenga la espalda baja y la espalda alta bajo tensión
      4. Vaya tan abajo como sea posible manteniendo una forma apropiada

Ascenso:

      1. No se detenga en la posición inferior, párese inmediatamente
      2. Intente acelerar la barra a medida que se está poniendo de pie
      3. Evite inclinarse hacia delante, use sus piernas para pararse, no su espalda

Los parámetros de carga para la sentadilla por delante son:

Semana 1: 2 x 5
Semana 2: 5 x 5
Semana 3: 3 x 3, 1 x 2
Semana 4: 3 x 3

Usted puede intentar levantar grandes pesos en la sentadilla por delante pero usted *debe* hacerlo en tanto mantenga la forma apropiada y vaya profundo. Esto le dará mucha confianza cuando se encuentre listo para hacer cargadas a sentadilla profunda.

Tercera fase de entrenamiento: maestría técnica (4 semanas)

Lunes (Énfasis en el arranque)

Objetivos:

      1. Aprender la secuencia del arranque completo
      2. Fortalecer los músculos involucrados en el arranque
      3. Desarrollar una técnica de levantamiento eficiente

A. Arranque a media sentadilla desde el suelo

Este es el primer paso en el aprendizaje del arranque competitivo completo. Usted empieza a integrar la primer parte técnica difícil del levantamiento, el pasaje desde debajo de las rodillas (tirón lento y controlado) hasta encima de las rodillas (explosión) Usted tomará la barra en una media sentadilla, para acostumbrarse a deslizarse bajo la barra.

Posición inicial:

1. Los pies al ancho de caderas, dedos girados ligeramente hacia afuera
2. Las rodillas se flexionan ligeramente (alrededor de 90-100 grados)
3. El tronco está flexionado, la espalda firmemente arqueada
4. Los hombros están frente a la barra
5. Los brazos están rectos
6. Los trapecios están estirados
7. Vista al frente

Tirón:

1. Desde el suelo hasta las rodillas el levantamiento es controlado, el ángulo de la espalda permanece inalterable, la barra es levantada únicamente merced a la extensión de las piernas.
2. Apenas la barra esté sobre las rodillas, explote hacia arriba con una potente extensión de piernas y espalda
3. La barra debe mantenerse cerca de su cuerpo en todo momento
4. Los trapecios se contraen fuertemente para acelerar aún más la barra
5. Básicamente, lo que estamos buscando es que el cuerpo se parezca a un arco (caderas adelante, espalda y piernas extendidas)

Toma:

1. Tome la barra en una posición de media sentadilla
2. Tome la barra con los brazos rectos, no empuje el peso
3. Mantenga tensos los trapecios para ayudar a sostener la barra

Los parámetros de carga para el arranque a media sentadilla desde el suelo son los siguientes:

Semana 1: 2 x 3, 2 x 2
Semana 2: 2 x 3, 2 x 2, 1 x 1
Semana 3: 1 x 3, 1 x 2, 2 x 1,
Semana 4: 2 x 2

Nota: Puede que usted haya notado que yo no brindé un porcentaje o carga a utilizar. Bueno, ¡debido a que la mayoría de ustedes jamás ha realizado un arranque antes, sería bastante injustificado usar porcentajes para planificar su carga de entrenamiento! Aunque después de la primera y segunda fase de entrenamiento usted debe tener una buena idea acerca del peso que puede manejar y hoy ya su técnica debiera ser buena, por lo que puede comenzar a levantar pesos interesantes.

B. Arranque a sentadilla profunda desde el suelo

Todas estas primeras 8 semanas de entrenamiento han conducido a esto, ¡el test óptimo de fuerza funcional! Ya usted debe ser bastante bueno en la parte del tirón del arranque y se siente cómodo en la posición de sentadilla con la barra sobre la cabeza. Usted aprendió además a recibir la barra en la posición de sentadilla profunda. ¡Así que ahora es tiempo de mezclarlo todo en un fino, pero explosivo movimiento!

Posición inicial:

1. Los pies al ancho de caderas, dedos girados ligeramente hacia afuera
2. Las rodillas se flexionan ligeramente (alrededor de 90-100 grados)
3. El tronco está flexionado, la espalda firmemente arqueada
4. Los hombros están frente a la barra
5. Los brazos están rectos
6. Los trapecios están estirados
7. Vista al frente

Tirón:

1. Desde el suelo hasta las rodillas el levantamiento es controlado, el ángulo de la espalda permanece inalterable, la barra es levantada únicamente merced a la extensión de las piernas.
2. Apenas la barra esté sobre las rodillas, explote hacia arriba con una potente extensión de piernas y espalda
3. La barra debe mantenerse cerca de su cuerpo en todo momento
4. Los trapecios se contraen fuertemente para acelerar aún más la barra
5. Básicamente, lo que estamos buscando es que el cuerpo se parezca a un arco (caderas adelante, espalda y piernas extendidas)

Toma:

1. Tome la barra en posición de sentadilla profunda
2. Tome la barra con los brazos rectos, no empuje el peso
3. Mantenga tensos los trapecios para ayudar a sostener la barra

Los parámetros de carga para el arranque a sentadilla profunda desde el suelo son los siguientes:

Semana 1: 2 x 3, 2 x 2
Semana 2: 2 x 3, 2 x 2, 1 x 1
Semana 3: 1 x 3, 1 x 2, 2 x 1,
Semana 4: 2 x 2

<u>**Nota**</u>: Al principio, comience con el mismo peso con el que realizó el arranque a media sentadilla. Pero a medida que se sienta más confortable con el arranque completo usted debe ser capaz de usar un 10-20% más en este ejercicio.

C. Tirón de arranque

El tirón de arranque es la progresión lógica del peso muerto con toma de arranque. Idealmente, usted debe usar exactamente el mismo movimiento de tirón que el del arranque a media sentadilla. Concéntrese en elevar los talones y contraer los trapecios al mismo tiempo.

Los parámetros de carga para el tirón de arranque son los siguientes:

Semana 1: 2 x 4, 2 x 3
Semana 2: 3 x 4, 3 x 3, 1 x 2
Semana 3: 1 x 3, 1 x 2, 1 x 1
Semana 4: 3 x 3

En esta fase usted debe usar el mismo peso que utiliza para el arranque a sentadilla profunda, a lo sumo un 10% por encima de lo que usted usa en ese ejercicio. Mucha gente comete el error de ir demasiado pesado en los tirones. Si la carga es significativamente mayor que durante un arranque, no existirá un transferencia positiva.

D. Arranque en caída

Al igual que el tirón de arranque es la progresión de los pesos muertos con toma de arranque, el arranque en caída es la progresión de la sentadilla por sobre la cabeza. Este ejercicio posee los mismos beneficios que la sentadilla por sobre la cabeza, pero además enseña al levantador a deslizarse bajo la barra.

Posición inicial:

1. Párese con la barra sobre sus hombros con una toma de arranque
2. Los pies están ligeramente más anchos que las caderas, dedos girados un poco hacia afuera
3. El tronco está sólido, la espalda contraída
4. Los codos apuntan hacia abajo

Descenso:

1. Usted debe caer directo bajo la barra, intente que la barra no caiga demasiado. La clave es trabar los brazos mientras cae. Usted debe bajar muy rápido para vencer a la gravedad que tirará la barra al suelo
2. Evite la flexión del tronco. Si usted comienza flexionándose hacia delante perderá la barra

3. Mientras desciende, intente empujar la barra hacia arriba (de modo de contraer los trapecios y estabilizar la barra)
4. Los talones deben permanecer en el suelo
5. Al alcanzar la posición más baja párese en línea recta, evite un excesivo movimiento del tronco

Los parámetros de carga para el arranque en caída son los siguientes:

Semana 1: 2 x 5
Semana 2: 5 x 5
Semana 3: 3 x 3, 1 x 2
Semana 4: 3 x 5

¡Usted aún necesitará utilizar este valioso ejercicio porque ahora realmente necesita ser rápido y estable bajo la barra! Ahora usted debe ser capaz de utilizar pesos relativamente grandes en este ejercicio.

Martes (Énfasis en el segundo tiempo)

Objetivos:
1. Aprender el segundo tiempo en tijera
2. Fortalecer los músculos involucrados en el segundo tiempo
3. Aumentar la maestría técnica del segundo tiempo

A. ¼ Sentadilla adelante

Usted ahora utilizará este ejercicio antes del segundo tiempo de modo que tenga el máximo beneficio psicológico sobre el segundo tiempo. Una vez más, tenga cuidado de mantener recto el torso durante el movimiento, deseamos emular lo más posible el movimiento del segundo tiempo.

Los parámetros de carga para ¼ de sentadilla por delante son

Semana 1: 2 x 3
Semana 2: 5 x 3
Semana 3: 3 x 3, 1 x 2
Semana 4: 2 x 2

B. Segundo tiempo en tijera

El segundo tiempo en tijera es básicamente similar al segundo tiempo con impulso, el cual ya he cubierto. La única diferencia es que una vez que empuja la barra fuera de sus hombros usted se desliza debajo de ella realizando una tijera (una pierna adelante, una pierna atrás).

Posición inicial:

1. Quite la barra del soporte
2. Colóquela sobre sus clavículas y hombros
3. Sostenga la barra con una toma de cargada o una toma intermedia
4. Sostenga la barra con toda la mano, no sólo con los dedos
5. Los codos apuntan adelante y abajo, no sólo abajo
6. El cuerpo está derecho y tenso

Descenso:

1. Baje su cuerpo en línea recta (imagine que su cuerpo se desliza por una pared)
2. El descenso es controlado, pero no demasiado lento
3. Descienda hasta un cuarto de sentadilla, no más

Explosión:

1. Cuando complete el descenso rápidamente revierta el movimiento y ¡explote hacia arriba!
2. Usted debe buscar un fuerte empuje con las piernas (de modo que la barra salga de sus hombros al final)
3. Tan pronto alcance la posición vertical, empuje con las manos hacia arriba tan rápido como sea posible
4. Intente "lanzar" la barra hacia arriba, no empujarla

Toma:

1. Usted toma la barra en tijera con una pierna adelante y la otra detrás. Experimente para ver que pierna se siente más confortable adelante
2. El tronco permanece tenso
3. Los brazos son trabados inmediatamente (usted recibe la barra con los brazos rígidos, sin empujar el peso)

Los parámetros de carga para el segundo tiempo en tijera son:

Semana 1: 2 x 3, 2 x 2
Semana 2: 2 x 3, 3 x 2, 1 x 1
Semana 3: 1 x 3, 1 x 2, 2 x 1
Semana 4: 3 x 2

C. Segundo tiempo con impulso

La adición del segundo tiempo con impulso a esta fase de entrenamiento completa el giro de un trabajo fuerza-dominante hasta un trabajo potencia-dominante. ¡Cuente con grandes ganancias en movimientos por sobre la cabeza a partir de ahora!

Posición inicial:

1. Quite la barra de los soportes
2. Colóquela sobre sus clavículas y hombros
3. Sostenga la barra con una toma de cargada o una toma intermedia
4. Sostenga la barra con toda la mano, no solo con los dedos
5. Los codos apuntan adelante y abajo, no solo abajo
6. El cuerpo está derecho y tenso

Descenso:

1. Baje su cuerpo en línea recta (imagine que su cuerpo se desliza por una pared)
2. El descenso es controlado, pero no demasiado lento
3. Descienda hasta un cuarto de sentadilla, no más

Explosión:

1. Cuando complete el descenso rápidamente revierta el movimiento y ¡explote hacia arriba!
2. Usted debe buscar un fuerte empuje con las piernas (de modo que la barra salga de sus hombros al final)
3. Tan pronto alcance la posición vertical, empuje con las manos hacia arriba tan rápido como sea posible
4. Intente "lanzar" la barra hacia arriba, no empujarla

Toma:

1. Muy similar al arranque de potencia desde bloques, tome la barra con un *ligero* movimiento de sentadilla
2. El tronco permanece tenso
3. Los brazos son trabados inmediatamente (usted recibe la barra con los brazos rígidos, sin empujar el peso)

Los parámetros de carga para el segundo tiempo con impulso son:

Semana 1: 2 x 3, 2 x 2
Semana 2: 2 x 3, 1 x 2, 1 x 1
Semana 3: 1 x 3, 1 x 2, 1 x 1
Semana 4: 3 x 2

D. Sentadilla con salto con barra

Mantenemos este fino movimiento de potencia para asegurarnos que usted mantenga una alta capacidad de producción de potencia durante esta fase de entrenamiento.

Posición inicial:
1. Párese con la barra en la parte posterior de sus hombros

Ejecución:
1. Descienda a un cuarto de sentadilla y explote hacia arriba
2. Aterrice en el suelo, flexione sus rodillas para absorber la caída

Los parámetros de carga para la sentadilla con salto con barra son:

Semana 1: 2 x 10
Semana 2: 5 x 10
Semana 3: 3 x 6
Semana 4: 2 x 6

Los siguientes pesos resultan apropiados:

225kg+ sentadilla: 25kg
135-225kg sentadilla: 20kg (barra olímpica sin peso)
90-135kg sentadilla: 15kg (barra más pequeña)
45-90kg sentadilla: 10kg (barra aún más pequeña)

El peso se mantiene constante durante todo el ciclo. El objetivo es aumentar la altura del salto, no el peso a utilizar.

Jueves (Énfasis en la cargada)

Objetivos:
1. Aprender la secuencia apropiada de la cargada
2. Fortalecer los músculos involucrados en la cargada
3. Aumentar la maestría técnica de la cargada

A. Cargada de potencia a media sentadilla desde el suelo

 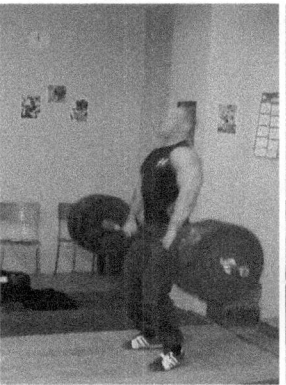 

Este ejercicio se parece al arranque a media sentadilla en que utiliza la misma secuencia de levantamiento que durante una cargada competitiva a sentadilla profunda. Una vez más, usted levanta el peso bajo control hasta las rodillas, luego, ¡explote! Tome la barra en posición de media sentadilla para acostumbrase a deslizarse bajo la barra.

Posición inicial:

1. Los pies al ancho de caderas, dedos girados ligeramente hacia afuera
2. Las rodillas se flexionan ligeramente (alrededor de 100-120 grados)
3. El tronco está flexionado, la espalda firmemente arqueada
4. Los hombros están frente a la barra
5. Los brazos están rectos
6. Los trapecios están estirados
7. Vista al frente

Tirón:

1. Del suelo a las rodillas levante la barra bajo control manteniendo un ángulo de torso estable
2. Apenas la barra esté sobre las rodillas, explote hacia arriba con una potente extensión de piernas y espalda
3. La barra debe mantenerse cerca de su cuerpo en todo momento
4. Los trapecios se contraen fuertemente para acelerar aún más la barra

Toma:

1. Tome la barra en una posición de media sentadilla
2. Tome la barra sobre sus hombros girando sus brazos de modo que los codos estén apuntando hacia delante, no abajo

Los parámetros de carga para la cargada a media sentadilla son los siguientes:

Semana 1: 2 x 3, 2 x 2
Semana 2: 2 x 3, 2 x 2, 1 x 1
Semana 3: 1 x 3, 1 x 2, 2 x 1,
Semana 4: 2 x 2

Nota: Puede que usted haya notado que yo no brindé un porcentaje o carga a utilizar. Bueno, ¡debido a que la mayoría de ustedes jamás ha realizado una cargada antes, sería bastante injustificado usar porcentajes para planificar su carga de entrenamiento! Aunque después de la primera y segunda fase de entrenamiento usted debe tener una buena idea acerca del peso que puede manejar.

B. Cargada a sentadilla profunda desde el suelo

Seguimos la misma lógica que con el arranque a sentadilla profunda. Usted ahora debe combinar un potente tirón con un rápido deslizamiento bajo la barra. La clave es mantener el torso sólido mientras toma la barra en la posición de sentadilla profunda. Al igual que en el arranque a sentadilla profunda, comience con el mismo peso que utilizó para el arranque a media sentadilla. Con práctica usted será capaz de manejar un 10-20% más de peso en este ejercicio.

Los parámetros de carga para la cargada a sentadilla profunda desde el suelo son los siguientes:

Semana 1: 2 x 3, 2 x 2
Semana 2: 2 x 3, 2 x 2, 1 x 1
Semana 3: 1 x 3, 1 x 2, 2 x 1,
Semana 4: 2 x 2

C. Tirón de cargada

El tirón de cargada es la progresión lógica del peso muerto con toma de cargada. Idealmente, usted debe usar exactamente el mismo movimiento de tirón que el de la cargada a media sentadilla. Concéntrese en elevar los talones y contraer los trapecios al mismo tiempo.

Los parámetros de carga para el tirón de cargada son los siguientes:

Semana 1: 2 x 4, 2 x 3
Semana 2: 3 x 4, 3 x 3, 1 x 2
Semana 3: 1 x 3, 1 x 2, 1 x 1
Semana 4: 3 x 2

D. Sentadilla por delante

Usted ahora utilizará dos ejercicios de sentadilla por semana para poner a punto la fuerza de sus piernas y desarrollar cierta comodidad en la posición de cargada a sentadilla profunda.

Los parámetros de carga para la sentadilla por delante son:

Semana 1: 2 x 5
Semana 2: 5 x 5
Semana 3: 3 x 3. 1 x 2
Semana 4: 2 x 3

Viernes (Ejercicios correctivos)

Objetivo:

1. Fortalecimiento general de los músculos involucrados en los levantamientos olímpicos

A. Press de banca

Mantendremos en uso al press de banca de modo que usted pueda mantener la fuerza de empuje de su tren superior. Sin embargo, puede substituirlo por el press inclinado si desea mayor variación.

Los parámetros de carga para el press de banca son:

Semana 1: 2 x 5
Semana 2: 5 x 5
Semana 3: 3 x 3, 1 x 2
Semana 4: 3 x 3

Use pesos grandes para este ejercicio, pero no acorte su rango de movimiento. Toque el pecho y ¡explote hacia arriba!

B. Sentadilla por detrás

Reintroduciremos la sentadilla por detrás en nuestra rutina para dar un pequeño "empujón" a la fuerza de las piernas. A medida que gana maestría técnica en los levantamientos olímpicos completos llegará usted a ser más capaz de usar la fuerza de sus piernas en toda su dimensión, de ahí en la necesidad de enfocarse en la fuerza de las piernas en este punto.

Los parámetros de carga para la sentadilla por detrás son:

Semana 1: 2 x 5
Semana 2: 5 x 5
Semana 3: 3 x 5
Semana 4: 2 x 3

C. Curl Zottman

Usted sube el peso con las palmas hacia arriba y lo baja con las palmas hacia abajo, haciendo trabajar fuerte al músculo tanto en la porción concéntrica como excéntrica del movimiento. Este ejercicio fortalecerá todos los músculos flexores del brazo. Si bien no es de una importancia fundamental en el levantamiento olímpico, el hecho es que la cadena siempre se rompe por el eslabón más débil.

Los parámetros de carga para el curl Zottman son:

Semana 1: 2 x 5
Semana 2: 5 x 5
Semana 3: 3 x 5
Semana 4: 2 x 5

CAPÍTULO 14
Temáticas breves

En este capítulo ...

- Nutrición pre- y post-sesión para maximizar el efecto del entrenamiento
- Posando para ponerse magro y ganar control muscular
- Potenciación post-tetánica
- Correr para perder: 3 estrategias efectivas para pérdida de grasa
- Cambiando hacia el acondicionamiento

Este capítulo incluye temas que o bien yo dejé fuera de este libro, o aquellos que no justificaron un capítulo o sección enteros. Sin embargo vale la pena hablar de ellos. Es además una manera más fácil de terminar su viaje a través de la guarida del Perro de Hielo, con optimismo dándole a usted una vista positiva de todo. Hablaré de diversas materias que no se relacionan directamente, pero a aquellos de ustedes a los que les gusta lo breve y dulce encontrarán este capítulo muy refrescante.

Nutrición pre y post sesión para maximizar el efecto de entrenamiento

Admitiré con agrado que las estrategias nutricionales que utilizo actualmente están basadas en el trabajo del nutricionista de rendimiento, extraordinario e ilustre *imán bebé internacional,* John Berardi. Puedo decir honestamente que sus recomendaciones respecto a las comidas pre y post-sesión (las que le brindaré a usted) han creado un efecto parecido casi como el de droga en mi rendimiento y el de mis atletas. De hecho, ¡yo he ganado tamaño dos veces más rápido usando las estrategias de JB y estoy seguro que usted conseguirá mucho de ellas también!

La ración post entrenamiento es hace mucho conocida para potenciar el efecto del entrenamiento y aumentar la recuperación luego de una sesión agotadora. Esto condujo a muchos entrenadores (incluyéndome hasta cierto punto) a recomendar enormes cantidades de nutrientes post-sesión para tomar completa ventaja de la aumentada recepción de nutrientes por los músculos seguido a un entrenamiento de sobrecarga. Mientras que esta estrategia fue ciertamente un paso en la dirección correcta, la reciente investigación ha encontrado que dividiendo la comida post-sesión en dos raciones más pequeñas pre y post sesión funciona mucho mejor. Conduce a menor destrucción muscular, mayor recepción de aminoácidos por parte del músculo y más rápida re-síntesis de glicógeno. En términos simples, ¡usted se pone grande, rápido!

El plan de Berardi propone un batido pre-sesión inmediatamente antes de cada sesión para inundar la sangre con aminoácidos y glucosa, así como también un batido post-sesión inmediatamente después de cada sesión para comenzar el proceso de recuperación.

La manera más simple de hacer esto es beber una medida del Surge de Biotest pre-sesión y una medida post-sesión. Esto realmente evita la molestia de mezclar todo su batido ya que posee todos lo ingredientes adecuados. Pero usted siempre puede hacer un batido "casero" usando proteína de suero, maltodextrina y creatina. Si ese es el caso lo siguiente es apropiado:

Proteína: 25-35g
Carbohidratos: 35-45g
Creatina: 5-10g

Agregando aminoácidos ramificados a la mezcla usted probablemente haga maravillas también.

Ahora, dependiendo de sus objetivos usted puede querer cambiar la composición de sus bebidas.

Si usted desea maximizar la ganancia muscular (y no le concierne demasiado ponerse magro)

Proteína: 25-35g
Carbohidratos: 60-70g
Creatina: 5-10g

Si desea ponerse magro rápido (y no le importa no ganar demasiada masa muscular)

Proteína: 35-45g
Carbohidratos: 25-35g
Creatina: 5-10g

Si usted está usando la pre-mezcla Surge y desea utilizar la opción 1 (ganancia muscular), simplemente agregue una medida de polvo Gatorade a cada bebida. Si desea hacer uso de la opción 2 (pérdida de peso), corte el Surge a la mitad y agregue una cucharada de proteína (preferentemente Low Carb Grow!).

Volviéndose magro y muscular a través de una rutina de poses

Me recuerdo vagamente siendo un frágil muchacho de 14 años de edad casi perdido en un gimnasio, escuchando a un gran culturista gritar "Hey muchachos, hoy tenemos entrenamiento de espejo". Para estos tíos, que eran culturistas competitivos, "entrenamiento de espejo," o posar, era importante porque podía influir en cómo lo harían en el show.

Una cosa que advertí es que cuando estaban practicando sus poses ellos parecían aumentar su densidad muscular y su grado de delgadez a una tasa mucho más rápida que la usual. Esto me intrigó al extremo. Ahora entiendo que la práctica de poses en realidad involucra mucho control muscular y contracciones musculares estáticas y casi estáticas máximas. Si bien no resultan suficientes para estimular ganancias de hipertrofia, este tipo de entrenamiento puede aumentar el gasto de energía así como mejorar la activación neural de los músculos (creando por tanto mayor tono en reposo).

No me malinterprete, no recomiendo dedicarle un día de entrenamiento a posar en el gimnasio (¡mutantes!). Sin embargo, cuando su objetivo es ponerse muy magro y denso, incluir una sesión semanal de pose de 30-45 minutos de duración (¡preferentemente en casa cuando está solo!) puede hacer realmente una diferencia en su apariencia. Yo recomendaría sostener cada pose obligatoria de culturismo (hay 7 de ellas, 8 si Ud. cuenta el "más musculado") por 60 segundos y repetir el ciclo 2 o 3 veces. Concéntrese en contraer por completo los músculos en todo momento, la contracción debe ser máxima.

¡Este consejo puede sonar vano o narcisista, pero está realmente basado en la ciencia! El control muscular es de veras mejorado y así también el tono muscular en reposo. Como resultado esto le hará verse más denso, muscular y le ayudará en realidad con su rendimiento en los levantamientos. Ahora, ¿quién se suma a algo de "entrenamiento de espejo"?

Facilitación / potenciación post-tetánica (¿qué dijo?)

El mundo del entrenamiento de la fuerza fue introducido al término facilitación post-tetánica por el autor y entrenador de fuerza Charles Poliquin en uno de sus artículos (El principio 1-6 disponible en T-mag). Poliquin explica este fenómeno diciendo que realizar un levantamiento pesado le permitirá a usted rendir mejor durante las series posteriores. Así es como Poliquin lo explica:

"En pocas palabras, si usted realiza 6RM (el máximo peso que es capaz de levantar para 6 reps) de carga después de 3-10 minutos de haber realizado 1RM, usted puede usar mayor carga de la que hubiese utilizado de no hacer esa serie de 1RM ".

Esto es muy verdadero y muy efectivo de hecho. Pero últimamente mucha gente ha preguntado qué es exactamente el fenómeno de la facilitación post-tetánica, ¡de modo que aquí va!

1. Potenciación

Una actividad física / muscular puede afectar otras actividades subsecuentes. La actividad previa puede: o bien disminuir el rendimiento en el ejercicio posterior (mayormente debido al factor fatiga) o bien aumentar el rendimiento durante el ejercicio posterior (Abbate y col. 2000).

En el segundo caso el rendimiento es mejorado a través de un fenómeno llamado potenciación. Potenciación se refiere a un aumento en la producción de fuerza como resultado de una activación muscular previa (Abbate y col. 2000). Hay muchas clases posibles de potenciación. Las dos más conocidas son la potenciación post-tetánica y la potenciación de pulso inicial de alta frecuencia.

2. Potenciación post-tetánica

El tétano refiere a un estado de activación muscular que ocurre o bien durante una contracción muscular larga (causado entonces por fatiga muscular) o bien por una contracción muscular muy intensa (causada entonces por una contracción máxima). El tétano puede ser explicado como la suma de todas las unidades motoras disponibles.

Se ha encontrado que la fuerza de contracción de una fibra muscular es más importante después que antes de un breve tétano. Este efecto se halla presente incluso 5 minutos después del tétano (O'Leary y col. 1997). De hecho, durante un tétano de 7 segundos, la capacidad de aplicar fuerza disminuye un 15% mientras que esta capacidad aumenta un

28% después de 1 minuto, un 33% después de 2 minutos y un 25% después de 5 minutos (O'Leary y col. 1997). De modo que parece que la capacidad de producir fuerza es mayor en los 2-3 minutos posteriores a la cesación del esfuerzo tetánico.

Este aumento en la capacidad de producir fuerza luego de un cierto estímulo es llamado potenciación post-tetánica (PPT). La manera más efectiva de promover una gran PPT es colocar un intenso estímulo en el músculo a través de una contracción de máximo esfuerzo / máxima tensión durante un período de 5-10 segundos (Brown y von Euler, 1938, Vandervoort y col. 1983).

La PPT puede incrementar la fuerza de contracción, especialmente en fibras de contracción rápida (Bowman y col. 1969, Standeart, 1964). La PPT además mejora la ratio de desarrollo de la fuerza (Abbate y col, 2000).

La PPT trabaja aumentando la fosforilación de las cadenas de miosina livianas, que hace a la actina-miosina más sensible al calcio en la contracción subsiguiente (Grange y col. 1993, Palmer y Moore 1989, O'Leary y col. 1997). Esto no es fundamentalmente importante, pero, si usted desea, puede tomar un libro de texto de fisiología y revisar la teoría del deslizamiento de los filamentos en la contracción muscular para ver cómo esto aumenta la capacidad de producir fuerza.

3. Potenciación inicial de alta frecuencia de pulso (PIAF)

Si bien este fenómeno se encuentra fuera del alcance de este artículo, entienda que la PIAF ocurre al inicio de movimientos balísticos (Abbate y col. 2000) y que este aumenta la producción de potencia, la ratio de desarrollo de fuerza y la fuerza máxima (Mardsen y col. 1971, Burke y col. 1981, Hennig y Lomo, 1985).

4. Facilitación post-tetánica (o potenciación post-tetánica)

La facilitación post-tetánica (FPT) es simplemente otro nombre para la potenciación post-tetánica. Ambos significan la misma cosa. FPT significa que el tétano facilita el esfuerzo subsiguiente, mientras PPT significa que el tétano aumenta el potencial para un esfuerzo subsiguiente. ¡De modo que es básicamente un juego de palabras que significa la misma cosa! Solo para darle una idea, aún existe un término más para describir el fenómeno, potenciación post-activación (PPA). Los términos son complejos, pero no permita que ellos le engañen ... la premisa básica es simple:

Una contracción, o esfuerzo muscular cercano al máximo / máximo, aumenta la capacidad de producir fuerza y potencia por hasta 5-10 minutos, con un pico que ocurre 2-3 minutos después del esfuerzo máximo.

5. Aplicaciones de la PPT

El entrenador Poliquin nos brinda una buena manera de usar la PPT para aumentar la fuerza y tamaño con su entrenamiento 1-6. Nos brinda además una buena forma con su enfoque de carga en oleaje. Pero la PPT puede ser usada para otros propósitos.

Por ejemplo, usted puede continuar una serie de esfuerzo máximo con una serie de levantamiento explosivo (debido a que la PPT aumenta la ratio de desarrollo de la fuerza). Por ejemplo, usted podría realizar un peso muerto pesado, descansar 3 minutos, luego realizar una serie de cargadas de potencia.

¡Entendiendo la premisa básica de la PPT usted será capaz de encontrar su propia manera de aplicar este fenómeno a su entrenamiento personal!

Correr para perder

Para ponerse muy magro y muscular usted debe tener todo bastante en orden. Desde la dieta, el descanso, al entrenamiento. Mientras que un apropiado entrenamiento de fuerza le ayudará a ponerse magro, es verdaderamente difícil alcanzar un alto grado de definición sin algo de "trabajo de pista". Como la mayoría de ustedes probablemente ya sabe, no soy un gran admirador del trabajo de cardio de baja intensidad. Mientras resulta adecuado para la pérdida de peso, siento que puede tener un efecto negativo en la fuerza y, en última instancia, en la masa muscular. Creo que el entrenamiento intervalado y/o los trabajos de velocidad sobre distancias largas son óptimos para la pérdida de peso al tiempo que conservan la masa muscular. Voy a presentarle tres métodos posibles para utilizar para quedar definido: **corridas de 400m**, **carreras intervaladas** y mi favorito: **carreras intervaladas de acumulación**.

Corridas de 400m

He descubierto la alta potencia para quemar grasa de los 400m en velocidad sin realmente buscarlo. Usé mucho las carreras de 400m con mis jugadores de hockey, mayormente porque desarrolla el sistema de energía que más requieren durante un partido. Sin embargo, advertí rápidamente lo magro que se ponían poco después de empezar las corridas de 400m. ¡Además, ellos se ponían magros pero más fuertes!

Luego yo experimenté con los 400m para propósitos de descenso de peso y hallé una y otra vez lo eficaz que realmente eran. Hoy en día aún creo que pocas cosas se pueden igualar con los 400m para pérdida de grasa.

La siguiente tabla le dará un buen punto de partida. Solo realice un entrenamiento de 400m por semana.

Condición	Semana 1	Semana 2	Semana 3	Semana 4	Semana 5	Semana 6	Semana 7	Semana 8
Mal estado	2 x 400m 120 seg. Pausa	3 x 400m 120 seg. Pausa	4 x 400m 120 seg. Pausa	3 x 400m 120 seg. Pausa	4 x 400m 90 seg. Pausa	5 x 400m 90 seg. Pausa	6 x 400m 90 seg. Pausa	4 x 400m 90 seg. Pausa
Estado promedio	3 x 400m 120 seg. Pausa	4 x 400m 120 seg. Pausa	5 x 400m 120 seg. Pausa	4 x 400m 120 seg. Pausa	5 x 400m 90 seg. Pausa	6 x 400m 90 sec. Pausa	7 x 400m 90 sec. Pausa	5 x 400m 90 sec. Pausa
Buen estado	3 x 400m 90 seg. Pausa	4 x 400m 90 seg. Pausa	5 x 400m 90 seg. Pausa	4 x 400m 90 seg. Pausa	5 x 400m 70 seg. Pausa	6 x 400m 70 seg. Pausa	7 x 400m 70 seg. Pausa	5 x 400m 70 seg. Pausa
Gran estado	4 x 400m 90 seg. Pausa	5 x 400m 90 seg. Pausa	6 x 400m 90 seg. Pausa	5 x 400m 90 seg. Pausa	6 x 400m 70 seg. Pausa	7 x 400m 70 seg. Pausa	8 x 400m 70 seg. Pausa	6 x 400m 70 seg. Pausa
Atleta de elite	5 x 400m 90 seg. Pausa	6 x 400m 90 seg. Pausa	7 x 400m 90 seg. Pausa	6 x 400m 90 seg. Pausa	7 x 400m 60 seg. Pausa	8 x 400m 60 seg. Pausa	9 x 400m 60 seg. Pausa	7 x 400m 60 seg. Pausa

Carrera intervalada

La carrera intervalada es otra gran manera de quemar grasa corporal sin bastardear sus esfuerzos para ganar músculo y fuerza. Combina trabajo de baja intensidad y alta intensidad para un mayor efecto de quema de grasas. Básicamente, usted alternará entre carrera a ritmo lento (trote suave) y carrera a ritmo alto (velocidad).

Un buen programa a utilizar es ilustrado en la siguiente tabla.

Condición	Semana 1	Semana 2	Semana 3	Semana 4	Semana 5	Semana 6	Semana 7	Semana 8
Mal estado	60 s. trote 15 s. velocidad x 5	60 s. trote 15 s. velocidad x 6	60 s. trote 15 s. velocidad x 7	60 s. trote 15 s. velocidad x 6	60 s. trote 15 s. velocidad x 7	60 s. trote 15 s. velocidad x 8	60 s. trote 15 s. velocidad x 9	60 s. trote 15 s. velocidad x 6
Estado promedio	60 s. trote 15 s. velocidad x 6	60 s. trote 15 s. velocidad x 7	60 s. trote 15 s. velocidad x 8	60 s. trote 15 s. velocidad x 7	60 s. trote 15 s. velocidad x 8	60 s. trote 15 s. velocidad x 9	60 s. trote 15 s. velocidad x 10	60 s. trote 15 s. velocidad x 7
Buen estado	60 s. trote 30 s. velocidad x 5	60 s. trote 30 s. velocidad x 6	60 s. trote 30 s. velocidad x 7	60 s. trote 30 s. velocidad x 6	60 s. trote 30 s. velocidad x 7	60 s. trote 30 s. velocidad x 8	60 s. trote 30 s. velocidad x 9	60 s. trote 30 s. velocidad x 6
Gran estado	60 s. trote 45 s. velocidad x 6	60 s. trote 45 s. velocidad x 7	60 s. trote 45 s. velocidad x 8	60 s. trote 45 s. velocidad x 7	60 s. trote 45 s. velocidad x 8	60 s. trote 45 s. velocidad x 9	60 s. trote 45 s. velocidad x 10	60 s. trote 45 s. velocidad x 7
Atleta de elite	60 s. trote 45 s. velocidad x 7	60 s. trote 45 s. velocidad x 8	60 s. trote 45 s. velocidad x 9	60 s. trote 45 s. velocidad x 8	60 s. trote 45 s. velocidad x 9	60 s. trote 45 s. velocidad x 10	60 s. trote 45 s. velocidad x 11	60 s. trote 45 s. velocidad x 8

Carreras intervaladas de acumulación

Esta es mi estrategia "quema grasas" favorita. Las CIA están basadas en varios de los principios del entrenamiento intervalado regular, pero en cada ciclo (o cada intervalado) la duración de las fases de carrera de velocidad y trote aumentan en longitud.

He aquí un ejemplo:

Porción intervalada	Velocidad	Duración
1a	Trote	30 segundos
1b	Velocidad	20 segundos
2a	Trote	60 segundos
2b	Velocidad	30 segundos
3a	Trote	90 segundos
3b	Velocidad	40 segundos
4a	Trote	120 segundos
4b	Velocidad	50 segundos
5a	Trote	150 segundos
5c	Velocidad	60 segundos
6a	Trote	180 segundos
6b	Velocidad	70 segundos
Total		15 minutos

Este es el entrenamiento que yo mismo he usado. Lo utilicé 3 veces por semana y me condujo a un marcado descenso de grasa corporal. Para atletas puede que no sea el método más especifico disponible, pero si todo en lo que usted está interesado es en perder grasa dele a la CIA una probadita. ¡No se arrepentirá!

Cambiando hacia el acondicionamiento

En mi vida yo solamente tengo cuatro certezas, cuatro cosas que me mantienen con los pies sobre la tierra y me recuerdan que sin importar lo que pase en mi vida siempre tendré algo sólido a lo que aferrarme:

1. Cuando despierto por la mañana, un nuevo día comienza
2. Soy particularmente aficionado a las chicas con grandes senos
3. Un entrenamiento sólido debe girar alrededor de ejercicios "multiarticulares"
4. El trabajo de Preparación Física General (PFG) es una de las claves del éxito atlético

¡Eso es todo! Suceda lo que suceda en mi vida puedo mantenerme a flote recordándome cosas que no cambian, cosas que son tan sólidas como una roca.

Quisiera tomarme un tiempo para tratar la cuarta de mis certezas, ya que probablemente sea la más difícil de entender y visualizar como concepto.

Permita que primero le diga que sin importar cuánto trabajo especializado usted realice, si usted no está en buena condición física no será capaz de rendir al máximo. Esto es cierto sin importar el deporte o actividad de elección. El objetivo de cualquier programa de entrenamiento es el de llevarlo a un estado de forma máximo. Bueno, es imposible desarrollar un estado de forma máximo sin una base apropiada de acondicionamiento general sólida como una roca.

Además, el trabajo de PFG puede en realidad ayudarlo a recuperarse y desarrollar cualidades específicas para su deporte.

Algunas de las más recientes y populares formas de trabajo PFG incluyen arrastre de trineo, trasladar objetos, llevar una carretilla, la caminata del granjero, correr en colinas, etc. Estas formas de entrenamiento, así como sus beneficios, están bien documentadas. Pero existe una forma de PFG que ha sido completamente olvidada, mas es una de las mejores maneras de desarrollar rendimiento deportivo, flexibilidad, fuerza y potencia. No voy a mantenerlo esperando mucho más, esta forma "especial" de trabajo PFG no es otra que el "¡swinging!".

Por "swinging" no significo el ir a clubes especiales en los que usted puede prestar a su esposa a algún otro individuo quien le permitirá usar a su amada en retribución. Concuerdo que esta forma de actividad también pudiera ser una manera de PFG, pero estoy divagando…

Nota: No confunda el *estilo de vida* swinging con el entrenamiento de swinging

"Swinging" se refiere al balanceo de los brazos y el torso mientras se sostiene una fuente de resistencia. Las fuentes de resistencia y los ejercicios que voy a mostrar incluyen:

    a. Clavas
    b. Martillos
    c. Kettlebells o mancuernas

El objetivo es balancear uno de estos objetos durante un plazo de tiempo específico (3-15 minutos dependiendo de su nivel de acondicionamiento). Estos movimientos pueden construir una tremenda fuerza resistencia, fuerza rotacional y potencia de todo el cuerpo. Además, el "swinging" constituye una forma de entrenamiento de flexibilidad dinámica (tanto el método de entrenamiento como el estilo de vida encajan en este último punto).

Rutina de PFG con clavas

Una clava es un madero que se parece a un gran palo de boliche. Pueden pesar entre 1 y 10kg (inclusive existen algunos más pesados). Las clavas hace tiempo se han estado utilizando para desarrollar la musculatura del tren superior, la flexibilidad y estabilidad del hombro. Los ejercicios utilizados eran varios tipos de circunducciones con los brazos mientras se sostenían las clavas en las manos.

Todavía existen algunas de estas clavas por ahí y usted puede comprarlas por internet. Sin embargo, resultan bastante costosas. Para nuestros propósitos de PFG sugiero reemplazar las clavas por los antiguos palos de madera de béisbol (cuanto más pesados mejor), o incluso un par de mancuernas (2,5-5kg).

La rutina ha utilizar es similar en estructura al programa de salto a la cuerda del entrenador John Davies. Esto significa que usted realiza 4 ejercicios diferentes con clavas, cada uno durante 30 – 60 segundos y repite el esquema hasta que alcance el tiempo total de PFG.

Parámetros de ejercicios con clavas		
Ejercicio	Duración	Comentarios
Círculos hacia atrás	30 segundos	Vaya atrás lo más posible, mantenga estable el tronco
Elevaciones frontales	30 segundos	Muñeca de gallo al final del movimiento
Elevaciones alternadas	30 segundos	Enfatice un rango de movimiento completo, ritmo lento
Pequeños círculos frontales	30 segundos	Círculos rápidos, mantenga completamente extendidos los brazos

Cada ciclo de 4-ejercicios es de 2 minutos de duración. Los principiantes deben intentar completar 3 ciclos sin descanso (total de 6 minutos). Un practicante más avanzado (y uno mejor acondicionado) debe tener por objetivo completar 8 ciclos completos sin pausa (total de 16 minutos). Esta es una **tarea muy dura**. No deje que la simpleza o el aparente "look femenino" de estos ejercicios le engañen. Esta rutina le brindará:

1. Hombros revestidos en acero
2. Fantástica fuerza-resistencia en los músculos del hombro
3. Flexibilidad dinámica a la articulación del hombro
4. Mayor estabilidad del hombro en todos los planos del movimiento
5. Tremenda fuerza en el manguito rotador

Por estas razones, creo que **cada atleta** involucrado en un deporte en el cual las lesiones del manguito rotador sean comunes debe utilizar esta forma de entrenamiento de PFG.

Rutina de PFG con martillo

Debo darle crédito al Dr. Mike Hartle por esta idea de PFG. El buen doctor escribió un artículo en 7 partes sobre cómo utilizar un martillo para el trabajo de PFG. Resulté inmediatamente subyugado por este concepto y en seguida contacté a Mike para decirle cuán fantástica era su idea. La premisa básica del trabajo de martillo es que en el gimnasio a menudo desarrollamos la capacidad de aplicar fuerza verticalmente. Raramente desarrollamos la capacidad de mejorarla horizontal o diagonalmente. El entrenamiento con martillo puede ser así un fantástico complemento al entrenamiento de fuerza convencional colocando un énfasis real en la fuerza lateral y rotacional, ambas muy importantes en muchos deportes.

¡Además, el trabajo con martillo construirá un agarre de acero y los antebrazos de un oso!

Yo le daré algunos ejemplos básicos de balanceo con martillo, pero lo aliento a encontrar sus propias ideas. El Dr. Hartle recomienda usar un neumático grande como blanco de modo que absorba los golpes sin romperse.

Parámetros de ejercicios con martillo

Ejercicio	Duración	Comentarios
Balanceo hacia abajo	4 minutos	Inicie el balanceo hacia abajo con flexión de tronco
Cruzado a la derecha del cuerpo	3 minutos	Dirija con la mano derecha, la mano izquierda solo ayuda a levantar de nuevo el martillo
Cruzado a la izquierda del cuerpo	3 minutos	Dirija con la mano izquierda, la mano derecha solo ayuda a levantar de nuevo el martillo

Un ciclo completo de estos ejercicios tiene una duración de 10 minutos. Si usted es capaz de hacer 2 ciclos sin pausa es tiempo o bien de aumentar el peso del martillo o bien aumentar la densidad de sus golpes. El objetivo debe ser golpear tantas veces como sea posible dentro del patrón de tiempo prescripto.

El trabajo con martillo va a:

1. Construir un tronco sólido como una roca
2. Desarrollar en modo óptimo cada músculo del cinturón abdominal
3. Aumentar la fuerza de los brazos y torso
4. Aumentar la fuerza de las manos

Rutina de PFG con kettlebell o mancuerna

Un kettlebell es un antiguo aparto de entrenamiento ruso. Se parece a una pequeña bola de boliche con una abrazadera de metal. Es uno de los precursores de la mancuerna moderna.

El balanceo con kettlebell ha ganado popularidad gracias al trabajo de Pavel Tsatsouline y el entrenador John Davies. Ambos son proponentes del kettlebell muy exitosos. Personalmente soy muy aficionado a los "ejercicios" con kettlebell, sin embargo no pienso que el kettlebell conlleve una ventaja significativamente mayor a usar una mancuerna.

De hecho, por sobre todo, los kettlebells tienen la desventaja de solo venir en ciertos pesos (4, 8, 16, 24, 32, y 40kg) y debido a su alto costo, pocos individuos son capaces de costearse uno, mucho menos un set completo.

Diría que la razón principal para el éxito de los kettlebells es que son diferentes al material usual del gimnasio y puede que tengan así una mística que resulta muy seductora.

Todavía pienso que un programa de PFG basado en el balanceo del kettlebell / mancuerna es muy efectivo para desarrollar resistencia y tamaño muscular. Sin embargo, usted no tiene que usar kettlebells, las mancuernas lo harán bien.

Parámetros de ejercicios con mancuerna / kettlebell		
Ejercicio	**Repeticiones**	**Comentarios**
Balanceo a dos brazos	30	Levante con las caderas primero y finalice con los hombros
Balanceo del brazo izquierdo en tijera	10	Tijera adelante con la pierna izquierda
Balanceo del brazo derecho en tijera	10	Tijera adelante con la pierna derecha

Todos esto tres ejercicios deben ser ejecutados como en una serie gigante (sin pausa entre ellos), esto construirá hombros como bola de cañón y trapecios voluminosos como ninguna otra cosa, ¡PUNTO! Usted usa el mismo peso para todos los ejercicios. Para los balanceos a un brazo en tijera comience con su brazo más débil.

Para la mayoría de los individuos yo recomiendo sólo una serie gigante por sesión de entrenamiento, ¡usted se dará cuenta pronto de cuán duro es! Pero individuos entusiastas, e individuos con gran capacidad de recuperación, pueden realizar hasta 3 series gigantes por sesión de entrenamiento.

Articulando el balanceo a la semana de entrenamiento

Existen tres opciones sobre cómo incluir el entrenamiento de balanceo a su rutina semanal:

1. Escoja los tres métodos y realice cada uno una vez a la semana en distintos días. Usted puede agregar arrastre de trineo en un cuarto día de entrenamiento

2. Únicamente elija uno de estos métodos y úselo 2-3 veces por semana luego de sus entrenamientos regulares

3. Escoja los tres métodos y realícelos todos los tres durante un "día especial de entrenamiento PFG", durante el cual usted solo realizará trabajo de PFG.

Todas estas tres opciones funcionarán bastante bien. Es apenas cuestión de hallar cual encaja mejor a sus necesidades. Si usted desea enfatizar las habilidades atléticas generales entonces la opción 1 puede que sea la mejor. La opción 2 encaja mejor en individuos que quieran especializarse en un único tipo de trabajo de PFG, mientras la opción 3 se ajusta bien a individuos que deseen ponerse en buena condición física mientras intentan ganar tanta fuerza como sea posible.

Pero el punto importante a recordar es que este tipo de trabajo especial de PFG hará un mejor atleta de usted y hará maravillas en la prevención de lesiones. ¡Y eso es una certeza!

CAPÍTULO 15
Más ejemplos de programas

En este capítulo ...
- Programas para principiantes
- Programas intermedios
- Programas avanzados

PROGRAMAS DE ENTRENAMIENTO PARA PRINCIPIANTES

He aquí algunas muestras de programas de entrenamiento para principiantes que deseen ganar masa muscular. Recuerde que sin una apropiada nutrición, descanso, esfuerzo y suplementación; incluso los mejores programas de entrenamiento no podrán construir una cantidad significativa de músculo. Usted notará que los programas para el nivel principiante son algo básicos en su naturaleza. Ellos no utilizan demasiadas técnicas de entrenamiento avanzadas. Esto se debe a que los principiantes no necesitan técnicas avanzadas para crecer. De hecho, utilizar métodos avanzados muy temprano puede limitar futuras ganancias. Utilice siempre la menor cantidad de métodos avanzados posibles para obtener los máximos resultados y a medida que sus ganancias se hagan más lentas, aumente gradualmente el nivel del programa.

Programa para principiante nivel 1.

División de entrenamiento
Lunes: Movimientos compuestos para todo el cuerpo
Martes: Abdominales
Miércoles: Movimientos de aislamiento para todo el cuerpo
Jueves: Descanso
Viernes: Movimientos compuestos para todo el cuerpo
Sábado: Abdominales
Domingo: Descanso

Lunes

Ejercicio	Nombre	Series	Reps	Método	Tempo	Pausa
A1.	Sentadilla por detrás	4	15/12/10/8	Alternado	Controlado	45 seg.
A2.	Peso muerto romano	4	15/12/10/8	Alternado	Controlado	120 seg.
B1.	Press de banca	4	12/12/10/10	Alternado	Controlado	45 seg.
B2.	Remo sentado	4	12/12/10/10	Alternado	Controlado	120 seg.
C1.	Press militar	4	12/12/10/10	Alternado	Controlado	45 seg.
C2.	Dorsales en polea alta	4	12/12/10/10	Alternado	Controlado	120 seg.

Martes

Ejercicio	Nombre	Series	Reps	Método	Tempo	Pausa
A1.	Exprimidas del serrato	5	12-15	Serie triple	Controlado	Ninguna
A2.	Exprimidas arrodillado c/cable	5	12-15	Serie triple	Controlado	Ninguna
A3.	Exprimidas con pelota suiza	5	máximo	Serie triple	Controlado	90 seg.

Miércoles

Ejercicio	Nombre	Series	Reps	Método	Tempo	Pausa
A.	Sentadilla búlgara	5	15/12/10/12/15	Normal	Controlado	90 seg.
B.	Curl de piernas	5	15/12/10/12/15	Normal	Controlado	60 seg.
C.	Press inclinado con MC	5	12/10/8/10/12	Normal	Controlado	90 seg.
D.	Tirones a brazos extendidos	5	12/10/8/10/12	Normal	Controlado	60 seg.
E.	Curl con barra	3	10-12	Normal	Controlado	45 seg.
F.	Extensión de tríceps con cable	3	10-12	Normal	Controlado	45 seg.
G.	Vuelos laterales	3	12-15	Normal	Controlado	30 seg.
F.	Vuelos posteriores	3	12-15	Normal	Controlado	30 seg.

Viernes

Ejercicio	Nombre	Series	Reps	Método	Tempo	Pausa
A.	Press de piernas	4	12/12/15/15	Normal	Controlado	120 seg.
B.	Buenos días	4	12/12/15/15	Normal	Controlado	90 seg.
C.	Press de banca inclinado	4	10/10/12/12	Normal	Controlado	90 seg.
D.	Remo inclinado con barra	4	10/10/12/12	Normal	Controlado	90 seg.
E.	Press con MC sentado	4	12/12/15/15	Normal	Controlado	90 seg.
F.	Remo de pie	4	12/12/15/15	Normal	Controlado	60 seg.

Sábado

Ejercicio	Nombre	Series	Reps	Método	Tempo	Pausa
A.	Exprimidas con peso	3	10-12	Normal	Controlado	60 seg.
B.	Inclinaciones laterales	3	10-12 por lado	Normal	Controlado	60 seg.
C.	Exprimidas pullover	3	12-15	Normal	Controlado	45 seg.
D.	Twist soviético con balón	3	12-15 por lado	Normal	Controlado	45 seg.
E.	Jacknife sentado	3	Máximo	Normal	Controlado	30 seg.
F.	Exprimida doble	3	Máximo	Normal	Controlado	30 seg.

Programa para principiante nivel 2.
División de entrenamiento
Lunes: Tren inferior
Martes: Abdominales
Miércoles: Tren superior
Jueves: Descanso
Viernes: Movimientos compuestos para todo el cuerpo
Sábado: Abdominales
Domingo: Descanso

Lunes

Ejercicio	Nombre	Series	Reps	Método	Tempo	Pausa
A1.	Sentadilla tijera	3	8-10 por lado	Post-fatiga	Controlado	Ninguna
A2.	Sentadilla búlgara	3	12-15 por lado	Post-fatiga	Controlado	120 seg.
B1.	Peso muerto romano	4	8-10	Post-fatiga	Controlado	Ninguna
B2.	Curl de piernas	4	12-15	Post-fatiga	Controlado	120 seg.
C1.	Press de piernas	2	12-15	Post-fatiga	Controlado	Ninguna
C2.	Extensión de piernas	2	15-20	Post-fatiga	Controlado	120 seg.

Martes

Ejercicio	Nombre	Series	Reps	Método	Tempo	Pausa
A.	Exprimidas c/cable arrodillado	4	12-6-6*	*Serie en caída	Controlado	90 seg.
B.	Exprimidas c/cable sentado	4	12-15	Iso-din.	Sostener 3 seg.	60 seg.
C.	Exprimida con pelota suiza	3	máximo	Normal	Controlado	45 seg.

Miércoles

Ejercicio	Nombre	Series	Reps	Método	Tempo	Pausa
A1.	Press inclinado con MC	3	8-10	Post-fatiga	Controlado	Ninguna
A2.	Aperturas con cable	3	12-15	Post-fatiga	Controlado	90 seg.
B1.	Remo sentado	3	8-10	Post-fatiga	Controlado	Ninguna
B2.	Remo a 1 brazo	3	12-15 por brazo	Post-fatiga	Controlado	90 seg.
C1.	Press sentado con MC	3	8-10	Post-fatiga	Controlado	Sin pausa
C2.	Vuelos laterales	3	12-15	Post-fatiga	Controlado	90 seg.
D1.	Curl predicador	3	12-15	Alternado	Controlado	Ninguna
D2.	Tríceps acostado con MC	3	12-15	Alternado	Controlado	60 seg.

Viernes

Ejercicio	Nombre	Series	Reps	Método	Tempo	Pausa
A.	Sentadilla por detrás	6	10/10/8/8/12/12	Normal	Controlado	120 seg.
B.	Press de banca	6	10/10/8/8/12/12	Normal	Controlado	120 seg.
C.	Remo con barra	6	10/10/8/8/12/12	Normal	Controlado	120 seg.

Sábado

Ejercicio	Nombre	Series	Reps	Método	Tempo	Pausa
A.	Exprimidas del serrato	4	10-12	Normal	Controlado	90 seg.
B.	Exprimidas con cable de pie	4	12-15	Iso-din.	Sostener 3 seg.	60 seg.
C.	Twist soviético sobre pelota	4	12-15 por lado	Normal	Controlado	45 seg.

Programa para principiante nivel 3.

División de entrenamiento
Lunes: Tren inferior (peso)
Martes: Tren superior (peso)
Miércoles: Abdominales (peso)
Jueves: Tren inferior (densidad)

Viernes: Tren superior (densidad)
Sábado: Abdominales (densidad)
Domingo: Descanso

Lunes

Ejercicio	Nombre	Series	Reps	Método	Tempo	Pausa
A.	Sentadilla por detrás	6	6-8	Normal	Controlado	150 seg.
B.	Peso muerto sumo	6	6-8	Normal	Controlado	150 seg.
C.	Press de piernas	3	8-10	Normal	Controlado	90 seg.
D.	Buenos días	3	8-10	Normal	Controlado	90 seg.
E.	Extensión de piernas	2	12-15	Normal	Controlado	60 seg.
F.	Curl de piernas	2	10-12	Normal	Controlado	60 seg.

Martes

Ejercicio	Nombre	Series	Reps	Método	Tempo	Pausa
A.	Press de banca declinado	6	6-8	Normal	Controlado	150 seg.
B.	Remo en esquina	6	6-8	Normal	Controlado	150 seg.
C.	Press inclinado	3	8-10	Normal	Controlado	90 seg.
D.	Remo sentado	3	8-10	Normal	Controlado	90 seg.
E.	Press militar	2	12-15	Normal	Controlado	60 seg.
F.	Tirones en polea	2	10-12	Normal	Controlado	60 seg.

Miércoles

Ejercicio	Nombre	Series	Reps	Método	Tempo	Pausa
A.	Exprimidas con cable sentado	6	6-8	*Serie en caída	Controlado	90 seg.
B.	Exprimidas del serrato	4	8-10	Iso-din.	Sostener 3 seg.	60 seg.
C.	Inclinaciones laterales	4	8-10 por lado	Normal	Controlado	45 seg.

Jueves

Ejercicio	Nombre	Series	Reps	Método	Tempo	Pausa
A1.	Sentadilla adelante	3	6-8	Serie triple	Controlado	Ninguna
A2.	Sentadilla Hack	3	10-12	Serie triple	Controlado	Ninguna
A3.	Extensión de piernas	3	15-20	Serie triple	Controlado	180 seg.
B1.	Peso muerto regular	4	6-8	Post-fatigue	Controlado	Ninguna
B2.	Curl de piernas	4	12-15	Post-fatiga	Controlado	180 seg.

Viernes

Ejercicio	Nombre	Series	Reps	Método	Tempo	Pausa
A1.	Cruzamientos con cable	3	12-15	Pre/Post	Controlado	Ninguna
A2.	Press plano con mancuernas	3	6-8	Pre/Post	Controlado	Ninguna
A3.	Extensión de tríceps con cable	3	12-15	Pre/Post	Controlado	120 seg.
B1.	Tirones a brazos extendidos	3	12-15	Pre/Post	Controlado	Ninguna
B2.	Remo con barra	3	6-8	Pre/Post	Controlado	Ninguna
B3.	Curl con barra EZ	3	12-15	Pre/Post	Controlado	120 seg.

Sábado

Ejercicio	Nombre	Series	Reps	Método	Tempo	Pausa
A1.	Exprimidas con cable sentado	4	6-8	Circuito	Controlado	Ninguna
A2.	Exprimidas con peso	4	8-10	Circuito	Controlado	Ninguna
A3.	Inclinaciones laterales	4	8-10 por lado	Circuito	Controlado	Ninguna
A4.	Exprimidas en pelota suiza	4	Máximo	Circuito	Controlado	Ninguna
A5.	Jacknife sentado	4	Máximo	Circuito	Controlado	120 seg.

PROGRAMAS INTERMEDIOS

Continuamos ahora nuestra búsqueda del reino del músculo con otros 3 programas con un nivel de dificultad ligeramente superior. Deseo hacerlo claro para la mayoría de la gente: incluso para aquellos que han estado martillando en el gimnasio por bastante tiempo, los programas para principiantes presentados arriba serán muy efectivos. Estos próximos tres tienen el potencial de brindarle mayores resultados, pero únicamente si usted ha construido una base decente de capacidad de trabajo y masa muscular.

Programa intermedio nivel 1.

División de entrenamiento
Lunes: Tren inferior (peso)
Martes: Tren superior (peso)
Miércoles: Abdominales (peso)
Jueves: Tren inferior (densidad)
Viernes: Tren superior (densidad)
Sábado: Descanso
Domingo: Descanso

Lunes

Ejercicio	Nombre	Series	Reps	Método	Tempo	Pausa
A.	Sentadilla por detrás	5	5 x 1*	*Racimo	Controlado	120 seg.
B.	Peso Muerto Romano	5	5 x 1*	* Racimo	Controlado	120 seg.
C.	Sentadilla Hack	4	5+3+1*	*5 extendidas	Controlado	120 seg.
D.	Press de piernas; pies elevados	4	5+3+1*	*5 extendidas	Controlado	120 seg.

Martes

Ejercicio	Nombre	Series	Reps	Método	Tempo	Pausa
A.	Press de banca	5	5 x 1*	* Racimo	Controlado	120 seg.
B.	Remo con barra	5	5 x 1*	* Racimo	Controlado	120 seg.
C.	Press militar	4	5+3+1*	*5 extendidas	Controlado	120 seg.
D.	Tirones en polea	4	5+3+1*	*5 extendidas	Controlado	120 seg.

Miércoles

Ejercicio	Nombre	Series	Reps	Método	Tempo	Pausa
A.	Exprimidas sentado con cable	6	10/7/5/10/7/5	Normal	Controlado	90 seg.
B.	Exprimidas del serrato	6	10/7/5/10/7/5	Normal	Controlado	90 seg.
C.	Inclinaciones laterales	6	10/7/5/10/7/5	Normal	Controlado	90 seg.

Jueves

Ejercicio	Nombre	Series	Reps	Método	Tempo	Pausa
A1.	Sentadilla adelante	4	4-6	Post-fatiga	Controlado	Ninguna
A2.	Sentadilla búlgara	4	12-15	Post-fatiga	Controlado	90 seg.
B1.	Buenos días	4	4-6	Post-fatiga	Controlado	Ninguna
B2.	Curl a 1 pierna	4	12-15	Post-fatiga	Controlado	90 seg.
C1.	Pantorrillas de pie	4	6-8	Post-fatiga	Controlado	Ninguna
C2.	Pantorrillas sentado	4	6-8	Post-fatiga	Controlado	60 seg.

Viernes

Ejercicio	Nombre	Series	Reps	Método	Tempo	Pausa
A1.	Press de banca declinado	4	4-6	Post-fatiga	Controlado	Ninguna
A2.	Aperturas con cable	4	12-15	Post-fatiga	Controlado	90 seg.
B1.	Remo sentado	4	4-6	Post-fatiga	Controlado	Ninguna
B2.	Remo a 1 brazo	4	12-15	Post-fatiga	Controlado	90 seg.
C1.	Curl reverso	4	6-8	Post-fatiga	Controlado	Ninguna
C2.	Tríceps con barra	4	6-8	Post-fatiga	Controlado	60 seg.

Programa intermedio nivel 2
División de entrenamiento
Lunes: Tren inferior (peso y potencia)
Martes: Tren inferior (peso y potencia)
Miércoles: Abdominales (peso)
Jueves: Tren inferior (densidad)
Viernes: Tren superior (densidad)
Sábado: Descanso
Domingo: Descanso

Lunes

Ejercicio	Nombre	Series	Reps	Método	Tempo	Pausa
A.	Cargada de potencia desde colgado	6	7/5/3/7/5/3	Oleaje	Explosivo	120 seg.
B.	Sentadilla por detrás	6	7/5/3/7/5/3	Oleaje	Controlado	120 seg.
C.	Peso muerto piernas estiradas	5	5	Iso-dinámico	Pausa 3 seg.	120 seg.
D.	Estocadas	4	6	Iso-dinámico	Pausa 3 seg.	120 seg.

Martes

Ejercicio	Nombre	Series	Reps	Método	Tempo	Pausa
A.	Press con impulso	6	7/5/3/7/5/3	Oleaje	Explosivo	120 seg.
B.	Press de banca	6	7/5/3/7/5/3	Oleaje	Controlado	120 seg.
C.	Remo con barra-T	5	5	Iso-dinámico	Pausa 3 seg.	120 seg.
D.	Tirones en polea alta	4	6	Iso-dinámico	Pausa 3 seg.	120 seg.

Miércoles

Ejercicio	Nombre	Series	Reps	Método	Tempo	Pausa
A.	Exprimidas con cable arrodillado	10	10	Normal	Controlado	60 seg.
B.	Exprimidas del serrato	5	8	Iso-dinámico	Pausa 3 seg.	90 seg.
C.	Exprimidas con pelota suiza	5	máximo	Iso-dinámico	Pausa 3 seg.	60 seg.
D.	Inclinaciones laterales	4	6	Exc. lento	Excéntrico 9 seg.	90 seg.

Jueves

Ejercicio	Nombre	Series	Reps	Método	Tempo	Pausa
A1.	Sentadilla adelante	4	4-6	Serie triple	Controlado	Ninguna
A2.	Estocadas	4	12-15	Serie triple	Controlado	Ninguna
A3.	Sentadilla peso corporal	4	máximo	Serie triple	Lento	120 seg.
B1.	Peso muerto sumo	4	4-6	Serie triple	Controlado	Ninguna
B2.	Buenos días	4	12-15	Serie triple	Controlado	Ninguna
B3.	Curl de piernas	4	20-30	Serie triple	Controlado	120 seg.
C2.	Pantorrillas sentado	4	20-30	Normal	Controlado	60 seg.

Viernes

Ejercicio	Nombre	Series	Reps	Método	Tempo	Pausa
A1.	Fondos con peso	4	4-6	Serie triple	Controlado	Ninguna
A2.	Press inclinado con MC	4	12-15	Serie triple	Controlado	Ninguna
A3.	Cruzamientos	4	20-30	Serie triple	Controlado	120 seg.
B1.	Remo con barra	4	4-6	Serie triple	Controlado	Ninguna
B2.	Remo sentado	4	12-15	Serie triple	Controlado	Ninguna
B3.	Tirones a brazos extendidos	4	20-30	Serie triple	Controlado	120 seg.
C1.	Curl predicador	3	15-20	Superserie	Controlado	Ninguna
C2.	Extensión de tríceps con cable	3	12-15	Superserie	Controlado	60 seg.

Programa intermedio nivel 3
División de entrenamiento
Lunes: Pectorales (press)/ Espalda (horizontal) / Hombros (vuelos)
Martes: Cuádriceps (compuesto)/ Isquiotibiales (aislamiento) / Brazos
Miércoles: Abdominales (peso)
Jueves: Pectorales (aducción)/ Espalda (vertical) / Hombros (press)
Viernes: Isquiotibiales (compuesto Cuádriceps (aislamiento) / Brazos
Sábado y Domingo: Descanso

Lunes

Ejercicio	Nombre	Series	Reps	Método	Tempo	Pausa
A1.	Press de banca	6	8/6/4/6/4/6	Alternado	Controlado	90 seg.
A2.	Remo con barra	6	8/6/4/6/4/6	Alternado	Controlado	120 seg.
B1.	Press inclinado con MC	4	8-10	Alternado	Controlado	90 seg.
B2.	Remo sentado al cuello	4	12-15	Alternado	Controlado	120 seg.
C1.	Vuelos Laterales	3	12-15	Alternado	Controlado	90 seg.
C2.	Vuelos Inclinado	3	12-15	Alternado	Controlado	120 seg.

Martes

Ejercicio	Nombre	Series	Reps	Método	Tempo	Pausa
A1.	Sentadilla por detrás	6	8/6/4/6/4/6	Alternado	Controlado	90 seg.
A2.	Curl de piernas	6	8/6/4/6/4/6	Alternado	Controlado	120 seg.
B1.	Press de piernas	4	8-10	Alternado	Controlado	90 seg.
B2.	Curl a 1 pierna	4	8-10	Alternado	Controlado	120 seg.
C1.	Curl Zottman	3	12-15	Alternado	Controlado	90 seg.
C2.	Tríceps con barra	3	12-15	Alternado	Controlado	120 seg.

Miércoles

Ejercicio	Nombre	Series	Reps	Método	Tempo	Pausa
A.	Exprimidas con cable arrodillado	10	10	Normal	Controlado	60 seg.
B.	Exprimidas del serrato	5	8	Iso-dinámico	Pausa 3 seg.	90 seg
C.	Exprimidas con pelota suiza	5	máximo	Iso-dinámico	Pausa 3 seg.	60 seg.
D.	Inclinaciones laterales	4	6	Exc. lento	Excéntrico 9 seg.	90 seg.

Jueves

Ejercicio	Nombre	Series	Reps	Método	Tempo	Pausa
A1.	Aperturas con cable	6	12-15	Alternado	Controlado	90 seg.
A2.	Tirones en polea	6	8-10	Alternado	Controlado	120 seg.
B1.	Cruzamientos con cable	4	12-15	Alternado	Controlado	90 seg.
B2.	Tirones en polea c/triángulo	4	8-10	Alternado	Controlado	120 seg.
C1.	Press militar	3	6-8	Alternado	Controlado	90 seg.
C2.	Remo de pie	3	8-10	Alternado	Controlado	120 seg.

Viernes

Ejercicio	Nombre	Series	Reps	Método	Tempo	Pausa
A1.	Peso muerto romano	6	8/6/4/6/4/6	Alternado	Controlado	90 seg.
A2.	Sentadilla búlgara	6	8-10	Alternado	Controlado	120 seg.
B1.	Buenos días	4	12-15	Alternado	Controlado	90 seg.
B2.	Extensión de piernas	4	8-10	Alternado	Controlado	120 seg.
C1.	Curl reverso	3	8-10	Alternado	Controlado	90 seg.
C2.	Tríceps acostado con MC	3	6-8	Alternado	Controlado	120 seg.

PROGRAMAS AVANZADOS

¡Los practicantes avanzados están más cerca de un buey que de un ser humano! ¡Su desarrollo muscular se encuentra significativamente por encima de su prójimo hombre y su fuerza rivaliza con la de un camión motorizado por HEMI! Como tal espécimen requieren el uso de métodos de alto estrés para estimular aún más ganancias de masa muscular. Además ellos cambian con más frecuencia de programa que los practicantes principiantes e intermedios. Los principiantes pueden seguir el mismo programa por alrededor de 6-8 semanas y aún continuar progresando, los intermedios pueden seguir con el mismo régimen por aproximadamente 4 semanas ¡mientras que un practicante avanzado necesita cambiar su programa tan a menudo como cada dos semanas en ciertos casos! Cambiar un programa de entrenamiento no significa necesariamente utilizar un programa de entrenamiento completamente diferente. Usted puede modificar una rutina simplemente cambiando una de las 9 variables de entrenamiento críticas del programa. Usted advertirá también que la frecuencia de entrenamiento para cada grupo muscular es menor. Esto se debe a que cada entrenamiento individual es más estresante y por tanto el músculo requerirá mayor tiempo de recuperación.

Frecuencia optima de variación del programa					
Principiante		Intermedio		Avanzado	
Fuerza	Hipertrofia	Fuerza	Hipertrofia	Fuerza	Hipertrofia
4-6 semanas	6-8 semanas	3-4 semanas	4-6 semanas	1-2 semanas	2-4 semanas

Programa avanzado nivel 1
División de entrenamiento
Lunes: Cuádriceps / Isquiotibiales
Martes: Pectorales / Espalda
Miércoles: Descanso
Jueves: Bíceps / Tríceps
Viernes: Abdominales
Sábado: Hombros
Domingo: Descanso

Lunes

Ejercicio	Nombre	Series	Reps	Método	Tempo	Pausa
A.	Sentadilla por detrás	5	5 x 1*	*Racimo	Controlado	120 seg.
B.	Peso muerto	5	5 x 1*	*Racimo	Controlado	120 seg.
C.	Press de piernas	4	5+3+2	5 Extendidas	Controlado	120 seg.
D.	Buenos días	4	5+3+2	5 Extendidas	Controlado	120 seg.
E1.	Extensión de piernas	3	15-20	Superserie	Controlado	Ninguno
E2.	Curl de piernas	3	6-8	Superserie	Controlado	120 seg.

Martes

Ejercicio	Nombre	Series	Reps	Método	Tempo	Pausa
A.	Press de banca	5	5 x 1*	*Racimo	Controlado	120 seg.
B.	Remo con barra	5	5 x 1*	*Racimo	Controlado	120 seg.

Ejercicio	Nombre	Series	Reps	Método	Tempo	Pausa
C.	Press de banca declinado	4	5+3+2	5 Extendidas	Controlado	120 seg.
D.	Remo sentado	4	5+3+2	5 Extendidas	Controlado	120 seg.
E1.	Cruzamientos con cable	3	15-20	Superserie	Comprimir 2 seg.	Ninguna
E2.	Tirones en polea	3	6-8	Superserie	Sostén 3 seg.	120 seg.

Jueves

Ejercicio	Nombre	Series	Reps	Método	Tempo	Pausa
A.	Press de banca toma angosta	5	5 x 1*	*Racimo	Controlado	120 seg.
B.	Curl con barra	5	5 x 1*	*Racimo	Controlado	120 seg.
C.	Tríceps acostado con MC	4	5+3+2	5 Extendidas	Controlado	120 seg.
D.	Curl predicador	4	5+3+2	5 Extendidas	Controlado	120 seg.
E1.	Extensión de tríceps con cable	3	8-12	Superserie	Controlado	Ninguna
E2.	Curl predicador reverso	3	8-12	Superserie	Controlado	120 seg.

Viernes

Ejercicio	Nombre	Series	Reps	Método	Tempo	Pausa
A.	Exprimidas del serrato	5	8+4+2	Serie en caída	Controlado	60 seg.
B.	Exprimidas con cable sentado	5	8+4+2	Serie en caída	Controlado	60 seg.
C.	Inclinaciones laterales	4	8-12	Normal	Controlado	60 seg.
D.	Exprimidas con peso	4	8-12	Normal	Controlado	60 seg.
E1.	Exprimidas con pelota suiza	3	máximo	Superserie	Controlado	Ninguna
E2.	Elevación de rodillas sentado	3	máximo	Superserie	Controlado	90 seg.

Sábado

Ejercicio	Nombre	Series	Reps	Método	Tempo	Pausa
A.	Press con impulso	5	5 x 1*	*Racimo	Explosivo	120 seg.
B.	Cargada de potencia desde bloques	5	5 x 1*	*Racimo	Explosivo	120 seg.
C.	Press con MC sentado	4	5+3+2	5 extendidas	Controlado	120 seg.
D.	Encogimientos con barra	4	5+3+2	5 extendidas	Controlado	120 seg.
E1.	Vuelos laterales	3	8-12	Superserie	Controlado	Ninguna
E2.	Vuelos posteriores	3	8-12	Superserie	Controlado	120 seg.

Programa avanzado nivel 2

División de entrenamiento
Lunes: Cuádriceps / Isquiotibiales
Martes: Pectorales / Espalda
Miércoles: Descanso
Jueves: Bíceps / Tríceps
Viernes: Abdominales
Sábado: Hombros
Domingo: Descanso

Lunes

Ejercicio	Nombre	Series	Reps	Método	Tempo	Pausa
A.	Sentadilla adelante 1 ½ *	5	5	*1 ½	Controlado	120 seg.
B.	Peso muerto romano 1 ½	5	5	*1 ½	Controlado	120 seg.
C.	Sentadilla Hack	3	8	Contraste de tempo**	Vea nota	120 seg.
D.	Press de piernas pies elevados	3	8	Contraste de tempo**	Vea nota	120 seg.
E.	Extensión a 1 pierna	3	6x4***	Pausa-descanso	Controlado	90 seg.
F.	Curl a 1pierna	3	6x4***	Pausa-descanso	Controlado	90 seg.

* 1 ½ = realice media rep seguida de una rep completa. Esto es igual a una rep en la serie

** Contraste de tempo = 2 reps superlentas; 2 reps rápidas; 2 reps superlentas; 2 reps rápidas

*** Pausa-descanso a 1 pierna = Cada serie tiene 6 "mini-series" de 4 reps cada una. Realice las 4 reps con una pierna, luego 4 con la otra y luego comience de nuevo 4 con la pierna inicial. Realice esto 6 veces (un total de 24 reps por pierna). Utilice un peso que usted pueda levantar 8-10 veces.

Martes

Ejercicio	Nombre	Series	Reps	Método	Tempo	Pausa
A.	Press plano con MC	5	5	*1 ½	Controlado	120 seg.
B.	Remo con barra	5	5	Iso-dinámico	Sostén 3 seg.	120 seg.
C.	Press de banca declinado	3	8	Contraste de tempo**	Vea nota	120 seg.
D.	Tirones en polea	3	8	Iso-dinámico	Sostén 3 seg.	120 seg.
E.	Press inclinado con MC	3	5+3+2	5 extendidas	Controlado	90 seg.
F.	Remo con MC a 1 brazo	3	6x4***	Pausa-descanso	Controlado	90 seg.

* 1 ½ = realice media rep seguida de una rep completa. Esto es igual a una rep en la serie

** Contraste de tempo = 2 reps superlentas; 2 reps rápidas; 2 reps superlentas; 2 reps rápidas

*** Pausa-descanso a 1 brazo = Cada serie tiene 6 "mini-series" de 4 reps cada una. Realice las 4 reps con un brazo, luego 4 con el otro y luego comience de nuevo 4 con el brazo inicial. Realice esto 6 veces (un total de 24 reps por brazo). Utilice un peso que usted pueda levantar 8-10 veces.

Jueves

Ejercicio	Nombre	Series	Reps	Método	Tempo	Pausa
A.	Tríceps con barra	5	5	*1 ½	Controlado	120 seg.
B.	Curl con barra	5	5	*1 ½	Controlado	120 seg.
C.	Tríceps acostado con barra	3	8	Contraste de tempo**	Vea nota	120 seg.
D.	Curl martillo	3	8	Contraste de tempo **	Vea nota	120 seg.
E.	Ext. tríceps a 1-brazo con soga	3	6x4***	Pausa-descanso	Controlado	90 seg.
F.	Curl con máquina a 1 brazo	3	6x4***	Pausa-descanso	Controlado	90 seg.

* 1 ½ = realice media rep seguida de una rep completa. Esto es igual a una rep en la serie

** Contraste de tempo = 2 reps superlentas; 2 reps rápidas; 2 reps superlentas; 2 reps rápidas

*** Pausa-descanso a 1 brazo = Cada serie tiene 6 "mini-series" de 4 reps cada una. Realice las 4 reps con un brazo, luego 4 con el otro y luego comience de nuevo 4 con el brazo inicial. Realice esto 6 veces (un total de 24 reps por brazo). Utilice un peso que usted pueda levantar 8-10 veces.

Viernes

Ejercicio	Nombre	Series	Reps	Método	Tempo	Pausa
A.	Exprimidas del serrato	5	8+4+2	Serie en caída	Controlado	60 seg.
B.	Exprimidas con cable sentado	5	8+4+2	Serie en caída	Controlado	60 seg.
C.	Inclinaciones laterales	4	8-12	Normal	Controlado	60 seg.
D.	Exprimidas con peso	4	8-12	Normal	Controlado	60 seg.
E1.	Exprimidas con pelota suiza	3	máximo	Superserie	Controlado	Ninguna
E2.	Elevación de rodillas sentado	3	máximo	Superserie	Controlado	90 seg.

Sábado

Ejercicio	Nombre	Series	Reps	Método	Tempo	Pausa
A.	Press militar	5	5	*1 ½	Controlado	120 seg.
B.	Remo con cable de pie	5	5	Iso-dinámico	Sostén 3 seg.	120 seg.
C.	Press sentado con MC	3	8	Contraste de tempo**	Vea nota	120 seg.
D.	Remo sentado al cuello	3	8	Iso-dinámico	Sostén 3 seg.	120 seg.
E.	Lateral inclinado a 1-brazo.	3	6x4***	Pausa-descanso	Controlado	90 seg.
F.	Vuelos posteriores a 1 brazo	3	6x4***	Pausa-descanso	Controlado	90 seg.

* 1 ½ = realice media rep seguida de una rep completa. Esto es igual a una rep en la serie

** Contraste de tempo = 2 reps superlentas; 2 reps rápidas; 2 reps superlentas; 2 reps rápidas

*** Pausa-descanso a 1 brazo = Cada serie tiene 6 "mini-series" de 4 reps cada una. Realice las 4 reps con un brazo, luego 4 con el otro y luego comience de nuevo 4 con el brazo inicial. Realice esto 6 veces (un total de 24 reps por brazo). Utilice un peso que usted pueda levantar 8-10 veces.

Programa avanzado nivel 3

División de entrenamiento
Lunes: Cuádriceps / Isquiotibiales
Martes: Pectorales / Espalda
Miércoles: Descanso
Jueves: Bíceps / Tríceps
Viernes: Abdominales
Sábado: Hombros
Domingo: Descanso

Lunes

Ejercicio	Nombre	Series	Reps	Método	Tempo	Pausa
A.	Sentadilla por detrás	6	5/4/3/5/4/3	Normal	Controlado	120 seg.
B.	Peso muerto sumo	6	5/4/3/5/4/3	Normal	Controlado	120 seg.
C1.	Press de piernas 2/1	5	4 por pierna	Técnica. 2/1*	Vea nota	Ninguna
C2.	Curl de pierna 2/1	5	4 por pierna	Técnica. 2/1*	Vea nota	120 seg.

* Técnica 2/1 = Levante explosivamente con 2 piernas; descienda lento (5-6 segundos) con una pierna.

Martes

Ejercicio	Nombre	Series	Reps	Método	Tempo	Pausa
A.	Press de banca	6	5/4/3/5/4/3	Normal	Controlado	120 seg.
B.	Remo con barra	6	5/4/3/5/4/3	Normal	Controlado	120 seg.
C1.	Press inclinación variable con MC*	5	8+8+8	Incl. Var.*	Controlado	Ninguna
C2.	Remo sentado 2/1	5	4 por brazo	Téc. 2/1**	Vea Nota	120 seg.

* Inclinación variable = 8 reps alta inclinación, 8 reps a baja inclinación, 8 reps banca plana (sin pausa entre las mini-series)

* Técnica 2/1 = Levante explosivamente con 2 brazos; descienda lento (5-6 segundos) con un brazo.

Miércoles

Ejercicio	Nombre	Series	Reps	Método	Tempo	Pausa
A.	Press declinado toma angosta	6	5/4/3/5/4/3	Normal	Controlado	120 seg.
B.	Curl con barra	6	5/4/3/5/4/3	Normal	Controlado	120 seg.
C1.	Extensión de tríceps 2/1 con soga	5	4 por brazo	Téc. 2/1**	Vea nota	Ninguna
C2.	Curl con máquina 2/1	5	4 por brazo	Téc. 2/1**	Vea nota	120 seg.

* Técnica 2/1 = Levante explosivamente con 2 brazos; descienda lento (5-6 segundos) con un brazo.

Jueves

Ejercicio	Nombre	Series	Reps	Método	Tempo	Pausa
A.	Exprimidas del serrato	10	10	Normal	Controlado	60 seg.
B.	Exprimidas con cable sentado	6	5+3+2	5 extendidas	Controlado	60 seg.

Viernes

Ejercicio	Nombre	Series	Reps	Método	Tempo	Pausa
A.	Press con impulso	6	5/4/3/5/4/3	Normal	Explosivo	120 seg.
B.	Encogimientos de potencia con barra	6	5/4/3/5/4/3	Normal	Explosivo	120 seg.
C1.	Vuelos laterales	5	6-8	Normal	Controlado	Ninguna
C2.	Encogimientos modificados Hise	5	6-8	Normal	Controlado	90 seg.

El Libro Negro de los Secretos de Entrenamiento

Editorial F.Lepine
ISBN 978-0-9783194-5-8
Publicado en 2007

www.ingramcontent.com/pod-product-compliance
Lightning Source LLC
Chambersburg PA
CBHW080728230426
43665CB00020B/2664